科创板与注册制

中国资本市场改革绩效研究

张宗新　等著

中国金融出版社

责任编辑：方　蔚
责任校对：孙　蕊
责任印制：丁淮宾

图书在版编目（CIP）数据

科创板与注册制：中国资本市场改革绩效研究／张宗新著．—北京：中国
金融出版社，2021.1
ISBN 978 – 7 – 5220 – 0909 – 4

Ⅰ.①科…　Ⅱ.①张…　Ⅲ.①资本市场—体制改革—研究—中国
Ⅳ.①F832.5

中国版本图书馆 CIP 数据核字（2020）第 226351 号

科创板与注册制：中国资本市场改革绩效研究
KECHUANGBAN YU ZHUCEZHI：ZHONGGUO ZIBEN SHICHANG GAIGE JIXIAO YANJIU

出版
发行　　**中国金融出版社**

社址　　北京市丰台区益泽路 2 号
市场开发部　（010）66024766，63805472，63439533（传真）
网 上 书 店　http://www.chinafph.com
　　　　　　（010）66024766，63372837（传真）
读者服务部　（010）66070833，62568380
邮编　　100071
经销　　新华书店
印刷　　北京市松源印刷有限公司
尺寸　　169 毫米 × 239 毫米
印张　　14.25
字数　　220 千
版次　　2021 年 1 月第 1 版
印次　　2021 年 1 月第 1 次印刷
定价　　58.00 元
ISBN 978 – 7 – 5220 – 0909 – 4
如出现印装错误本社负责调换　联系电话(010)63263947

本著作是上海国际金融与经济研究院2019年招标课题"试点注册制提升资金配置功能和举措研究"（复旦大学—东北证券联合课题组）研究成果；同时，得到国家自然科学基金项目"基于机器学习算法优化的中国资本市场系统性风险监测、预警和管控研究"（项目批准号：72073035）研究资助。

序　言

　　2019 年 7 月 22 日，上海证券交易所正式推出科创板并试点注册制改革，这在我国证券市场发展史上具有划时代的里程牌意义。科创板并试点注册制改革是中国资本市场系统性再造工程，是 2005 年股权分置改革之后中国资本市场发生的又一次重大变革。当前，中国资本市场基础性制度改革正在加速推进，以科创板改革为突破口，加强资本市场顶层设计，科创板并试点注册制的改革效应正在释放。围绕注册制改革的内涵，科创板在制度设计和改革执行层面进行了深度改革。科创板与试点注册制对中国资本市场改革有重大的再推动作用和催化效应，对经济转型、市场格局、投资结构、市场质量在将来会产生系统性的影响，有利于我国构建更加成熟更加定型的资本市场基础制度体系，提升资本市场服务实体经济能力以及提升资本市场治理能力。

　　科创板与注册制改革是实施国家科技驱动战略与资本市场基础制度改革的战略支点。设立科创板并试点注册制对中国资本市场基础性制度变革具有重大催化效应，基础性制度改革处在资本市场改革"牵一发而动全身"的地位，这项系统性改革工程包括新股发行制度改革、交易机制改革、退市制度改革等一系列改革。全面推进注册制改革是当前中国资本市场基础性制度改革的重中之重。试点注册制是科创板改革最大的制度突破，是整个资本市场改革的风向标。稳步推行注册制改革，在总结科创板试点经验的基础上逐步推广，真正把选择权、定价权交给市场，从而依托市场内在机制提升资本市场资源配置效率，实现资本配置功能回归。2020 年 3 月 1 日，新修订的《证券法》正式实施，标志着 A 股发行注册制改革正在从国家法律层面有序铺开、加速推进。

　　科创板并试点注册制是否"坚守定位"与能否改革成功，直接关系到大国经济到科技强国转型能否实现，直接关系到我国资本市场"二次改革"能否成功，直接关系到我国原有资本市场体系与制度能否优化与帕累托改进，直接关系到资本市场基础性制度改革能否激发市场活力和提高市场效率。科创板与注册制改革推出一年来，中国资本市场改革绩效陆续释放。

"硬科技"与资本正在高度融合并发生科技资本聚变效应、A 股市场结构正在发生明显的结构优化；科创板"改革试验田"效应正在辐射。首先，从科技与资本融合角度看，科创板开市 1 周年，已有 140 家科技创新型企业成功登陆科创板，为"硬科技"企业融资提供了强有力支持，IPO 融资额达到 2060 亿元，而同期创业板与中小板上市 93 家，IPO 融资额为 670 亿元。其次，从 A 股市场结构优化角度看，在科创板并试点注册制改革推动下，A 股市场的结构性难题正在逐步改善并呈现产业结构优化、资源配置效率提升、投资者结构机构化三大变化特征，上证指数行业结构优化主要体现在信息技术等信息产业结构占上市公司市值比重大幅提高，以信息技术为代表的第四次工业革命，决定着大国经济竞争的方向和中国经济竞争力的基本体现，信息技术产业所占上证指数行业比重从 2019 年 3 月末的 5.98% 提升至 2020 年 7 月 22 日的 8.93%，美国 S&P500 指数行业结构权重在上市公司市值中占比 25% 左右，在 S&P500 行业结构比重中一直占首位。在科创板推出 1 周年之际，为体现新经济在中国资本市场的结构性变化，上海证券交易所对上证指数编制进行优化，代表中国资本市场"新经济板块"A 股市场的崛起。科创板与注册制改革对资本配置结构与效率提升效果也十分明显，资金向行业头部公司、景气指数高的新经济上市公司不断引流，引导社会资本向新兴产业部门集聚，而业绩差的 ST 类公司不断受到投资者"用脚投票"与"市场出清"，这正是资本市场配置效率与功能优化的体现；科创板推出后，A 股市场"韧性"明显增强，市场不再呈现"普涨普跌"，而更多体现为结构化特征，由于机构投资者具有研究优势、信息优势和资金优势，投资者结构机构化是 A 股市场发展基本趋势，明星基金经理产品的热销，正是投资者结构机构化的市场体现，同时银保监会进一步将保险资金投资中的权益类资产上限提高至 45%，这也有助于 A 股投资者结构的机构化趋势。再次，从科创板"改革试验田"辐射效应来看，科创板注册制改革成果已经在创业板践行，新股发行询价机制改革、交易机制改革、退市制度改革等一系列改革效应正在陆续释放。

本著作是上海国际金融与经济研究院 2019 年招标课题"试点注册制提升资金配置功能和举措研究"（复旦大学—东北证券联合课题组）研究成果。在研究过程中，同时得到国家自然科学基金项目"基于机器学习算法优化的中国资本市场系统性风险监测、预警和管控研究"（项目批准号：72073035）研究资助。自 2018 年 11 月 5 日，习近平总书记在首届进博会宣布"将在上海证券交易所设立科创板并试点注册制"，科创板与注册制改革成为中国资本市场研究的热点问题。复旦大学—东北证券联合课题组于2019 年上半年启动科创板与注册制改革课题研究，经过课题组一年的专题研究并取得一系列研究成果，相继在《中国金融》等刊物发表。2020 年 7月，联合课题组在上海召开科创板与注册制课题成果研讨会，课题组、学术界、投行界专家对科创板与注册制改革研究观点进行深入探讨，相关观点在《中国证券报》《上海证券报》《证券时报》《国际金融报》刊登并引发较好社会反响，在此特别感谢上海证券交易所总监施东辉教授等专家的大力支持！

在课题开展研究过程中，特别感谢联合课题负责人东北证券股份有限公司董晨副总裁，以及东北证券战略规划部杨丰强博士等的研究与支持。在课题研究和著作出版过程中，周婧仪同学承担了注册制改革对资本市场资源配置效率的优化效应研究（即著作第 3 章第 2—4 节）；李梦梦同学承担了科创板上市标准、科创属性与企业价值研究（即第 4 章第 1、3 节），孔让峰同学承担了科创板企业科创属性与价值创造（即第 4 章第 2 节）；滕俊樑同学承担了注册制询价机制改革研究（即第 5 章第 1、3 节）；吴钊颖同学承担了科创板试点注册制改革的 IPO 效应研究（即第 5 章第 2 节）与科创板试点注册制的市场运行效率评价研究（即第 6 章）；刘曦漫、吴皓月同学承担了注册制信息披露质量研究（即第 7 章第 1、2 节），各位同学为课题研究付出了大量辛苦劳动，在此表示感谢！同时，在本课题的研究过程中，课题组成员邵好、王昱涵、张冰妍、鲁旭东同学等为课题研究付出了大量劳动，任俏荣、殷煦玥、杨宇辰等同学为研究提供了资料支持，为此一并表示感谢。最后，在课题研究成果的出版过程中，对中国金融出版社肖炜、方蔚老师为本书出版付出的大量辛勤劳动表示感谢。

由于作者水平有限，本书肯定存在许多不足之处，希望今后能够得到有关专家和广大读者的批评和指正。

张宗新
2020 年 7 月于上海

目　录

第一章 导 论

1.1 研究背景

科创板与注册制改革是中国资本市场改革的重要里程碑。2018 年中央经济工作会议指出："要通过深化改革，完善交易制度，打造一个规范、透明、开放、有活力、有韧性的资本市场。"实施科创板并试点注册制改革，是深化金融供给侧结构性改革与加强资本市场基础制度建设的国家战略举措，这不但是加快推进资本市场全面深化改革落实落地，打造一个规范、透明、开放、有活力、有韧性的资本市场的重要制度安排，更是完善要素市场优化，推进资本配置效率与国家科技驱动战略实现的重要路径。

当前，中国资本市场基础性制度改革正在加速推进，股票市场是基础性制度改革的关键[①]。2018 年 11 月 5 日，习近平总书记宣布在上海证券交易所设立科创板并试点注册制，标志着中国资本市场改革与创新已升级为国家创新驱动战略和国家竞争力提升的重要组成部分。作为基础性制度重大创新的载体，科创板并试点注册制改革是中国资本市场制度性改革的重要里程碑。2019 年 6 月 13 日，科创板（STAR – MARKT）在陆家嘴论坛正式开板；7 月 22 日，首批 25 家科创企业正式挂牌上市，这预示着我国第一个以信息披露为核心的发行体制正式落地。2019 年 10 月 12 日，明晟公司（MSCI）宣布从 11 月起将科创板上市股票中符合条件的股票纳入 MSCI 全球可投资市场指数（GIMI），这标志着科创板市场初步得到了国际认可。截至

---

① 2019 年 6 月 13 日，国务院副总理刘鹤在"陆家嘴论坛"提到中国资本市场持续健康发展时，明确指出"加快推行股票发行、退市等基础制度改革""以加强公司治理与信息披露为重点，提高上市公司质量""以更加市场化、便利化为导向推进交易机制改革"是当前尤其需要抓好的几个重点问题。2019 年 9 月 11 日，中国证监会主席易会满在《人民日报》发表《努力建设规范、透明、开放、有活力、有韧性的资本市场》署名文章，进一步强调了稳步、分步推进资本市场基础性制度改革，这直接关系到资本市场的稳定健康发展，因此对于金融风险防控和经济高质量发展具有重要意义。

2020 年 12 月 31 日，已有 215 家科技创新型企业成功登陆科创板，总市值达到 3.48 万亿元，占上海证券交易所股票市值比重达到 7.6%。

上海证券交易所设立科创板并试点注册制，是国家推动实体经济、科技创新和现代金融融合发展的一项科技兴国的重要战略举措。科创板不仅是中国资本市场基础制度的重大创新，更是关系到大国经济到科技强国转型的能否实现，体现了资本市场对我国关键核心技术创新能力的服务水平和能力。2019 年 11 月 5 日，习近平总书记再次定调科创板："科创板并试点注册制要坚守定位，支持和鼓励'硬科技'企业上市"，"要强化科技创新策源功能，努力实现科学新发现、技术新发明、产业新方向、发展新理念从无到有的跨越，成为科学规律的第一发现者、技术发明的第一创造者、创新产业的第一开拓者、创新理念的第一实践者，形成一批基础研究和应用基础研究的原创性成果，突破一批卡脖子的关键核心技术。要强化高端产业引领功能，坚持现代服务业为主体、先进制造业为支撑的战略定位，努力掌握产业链核心环节、占据价值链高端地位"。2020 年 3 月 20 日，中国证监会发布《科创属性评价指引（试行）》，明确了科创属性具体的评价指标体系，采用"常规指标+例外条款"的结构，对科创企业的科创属性进行了明确界定。

当前，中国资本市场基础性制度改革正在加速推进，以科创板改革为突破口，加强资本市场顶层设计，科创板并试点注册制的改革效应正在释放。围绕注册制的内涵，科创板在制度设计和改革执行层面进行了深度改革。科创板与试点注册制改革是否成功，直接关系到大国经济到科技强国转型能否实现，直接关系到我国资本市场"二次改革"能否成功。为深刻理解科创板并试点注册制这一国家战略举措，重点要抓住以下两个维度：

第一个维度是科创板试点注册制，使国家科技驱动战略找到了市场的支点。通过中国经济战略转型与科技驱动战略，落实资本市场对我国关键核心技术创新能力的服务能力，支持上海国际金融中心和科技创新服务能力建设。设立科创板并试点注册制是国家创新发展驱动战略的重要举措，科创板坚持面向世界科技前沿、面向经济主战场、面向国家重大需求，主要服务于符合国家战略、突破性核心技术、市场认可度高的科技创新企业。重点支持新一代信息技术、高端装备、新材料、新能源、节能环保以及生物医药等高新技术产业和战略性新兴产业，推动互联网、大数据、云计算、人工智能和制造业深度融合，引领中高端消费，推动质量变革、效率变革、动力变革。设立科创板并试点注册制是提升服务科技创新企业能力、增强市场包容性、强化市场功能的一项资本市场重大改革举措。通过发行、交易、退市、投资者适当性、证券公司资本约束等新制度以及引入中长期资金等配套措施，增量试点、循序渐进，新增资金与试点进展同步匹配，力争在科创板实现投融资平衡、一级二级市场平衡、公司新老股东利益平衡，并促进现有市场形成良好预期。科创板旨在补齐资本市场服务科技创新的短板，实现资本市场的增量改革，助力国家产业结构升级，同时科创板在规则设计方面给予了中小型科创企业优越的平台、空间和便利，将在盈利状况、股权结构等方面作出更为妥善的差异化安排，增强对创新企业的包容性和适应性。同时，科创板实施的注册制改革将是中国发行制度的重大变革，将实现资本市场的一系列重点突破。

第二个维度是中国资本市场改革"试验田"效应，完善中国资本市场基础性制度，通过 A 股市场边际性改革，实现中国金融供给侧结构性改革，实现中国资本市场"二次变革"。注册制改革是当前中国资本市场基础性制度改革的重中之重。所谓发行注册制，是指证券监管部门对发行人发行证券事先不作实质性审查，仅对申请文件进行形式审查；其核心是信息披露和定价权的市场化。资本市场的核心功能是定价、价值发现、投融资效率，其中定价是最基础的部分，定价效率与定价体系将决定资本市场的有效性程度，定价的错误将导致市场扭曲，导致资源的错配。充分发挥科创板的试验田作用、以增量改革带动资本市场全面深化改革，是科创板改革的重要内涵与意义。稳步推行注册制改革，实现在总结科创板试点经验的基础上逐步推广，真正把选择权、定价权交给市场，从而依托市场内在机制提升资本市场资源配置效率，实现资本配置功能回归。在股票发行承销环节，将强化中介机构责任，形成以机构投资者为参与主体的市场化询价、定价、配售等机制，充分市场化博弈，实现市场化均衡；在交易环节，相比主板交易机制，科创板已引入了一系列创新交易机制安排，对 A 股市场传统交易机制进行了部分改革与创新，其中重点突破了日内股价波动 10% 涨跌幅限制，即上市前 5 日不设涨跌幅限制，之后每日涨跌幅由主板的 10% 放宽至 20%，此外还引入了价格申报范围限制，优化了盘中临时停牌机制、市价订单限价保护、优化融资融券机制，促进多空平衡；建立了盘后固定价格交易制度等，配套完善盘中临时停牌等市场稳定机制。① 从科创板市场运行效果看，放宽涨跌幅限制等交易制度改革并未引起市场过度波动，相反较好地促进了市场充分博弈，加快了均衡价格实现，提高了定价效率，达到了科创板交易机制尝试性改革的预期效果。

1.2 研究意义

1.2.1 科创板与注册制改革对中国资本市场改革的重大催化效应

科创板并试点注册制改革是中国资本市场系统性再造工程，是 2005 年股权分置改革之后中国资本市场发生的又一次重大变革。科创板与试点注册制对中国资本市场改革有重大的再推动作用和催化效应，将对经济转型、市场格局、投资结构、市场质量产生系统性的影响，有利于我国构建更加成熟更加定型的资本市场基础制度体系，提升资本市场治理能力。

2019 年 7 月 22 日，上海证券交易所正式推出科创板，其发行制度一改过去的核准制，采用注册登记制，这在我国证券市场发展史上具有划时代的里程碑意义。"试点注册制是科创板改革最大的制度突破，是整个资本市场改革的风向标。处在资本市场改革'牵一发而动全身'的地位。"② 资本市场体系再造科创板与注册制对中国资本制度改革重要意义，对 A 股资本市场改革有催化效应。

科创板与注册制改革对中国资本市场改革的重大催化效应，一方面体现在以科创板改革为突破口，进一步完善资本市场基础制度。科创板的资本市场制度改革，重点包括以下五方面资本市场制度安排，即构建科创板股票市场化发行承销机制；进一步强化信息披露监管；基于科创板上市公

---

① 2020 年 4 月 27 日，习近平总书记主持召开中央全面深化改革委员会第十三次会议，审议并通过《创业板改革并试点注册制总体实施方案》，创业板实施注册制改革方案总体是在总结科创板注册制改革经验上展开，创业板注册制改革充分借鉴科创板制度成果，涉及发行、上市、信息披露、退市等一系列基础性制度，充分吸收科创板经验。具体见《中国证监会就创业板改革并试点注册制主要制度规则向社会公开征求意见》，中国证监会网站 http：//www. csrc. gov. cn/pub/newsite/zjhxwfb/xwdd/202004/t20200427_374547. html。

② 中国证监会主席易会满在接受新华社记者专访时谈资本市场改革，具体见《改革将从科创板"试验田"稳步推向全市场》，《上海证券报》，2019 年 11 月 4 日。http：//news. cnstock. com/paper，2019 – 11 – 04，1244306. htm。

司特点和投资者适当性要求，建立更加市场化的交易机制；建立更加高效的并购重组机制；严格实施退市制度。在股票发行承销制度安排上实行注册制改革，试点"信息披露为核心"的证券发行制度。科创板推行的市场化交易机制改革，有利于提高股票市场定价效率和提升市场质量。科创板与注册制改革的退市制度安排上，退市环节实施更严格的退市制度，创新退市方式，优化退市指标，简化退市流程，在很大程度上解决了中国资本市场长期存在的资源错配难题，将有利于资源配置优化和配置效率的提高。

一方面科创板与注册制改革对中国资本市场改革的催化效应，另一方面体现了科技驱动要素与资本价值的有效对接，引导资本市场为科技驱动战略提供重要资本支持，催化了资本市场对科技投资的浪潮和投资理念。为鼓励和支持"硬科技"企业上市，科创板实施以包容性强为特征的科创板上市标准安排，制定了五套上市标准，分别从市值、营收、研发投入、现金流和利润等指标进行细化，供各类拥有硬核科技的拟上市企业选择，并允许尚未盈利企业、存在累积未弥补亏损企业及特殊股权架构和红筹企业上市，创新型、成长型企业的 IPO 制度包容性更加适合新技术、新产业、新业态、新模式的创新资本上市，有利于"硬科技"与资本市场高效对接，推动创新型科创资本市场体系形成。

1.2.2 科创板制度变革与政策持续推进，将引发中国资本市场生态革命

设立科创板并实行注册制，预示着中国资本市场改革进入了新阶段，以科创板为载体进行的自主创新将改善中国资本市场的生态，将对中国资本市场生态产生系统性影响，引发资本市场生态革命。科创板并试点注册制改革对中国资本市场生态系统的再造，可从基础性制度体系再造、资源配置与功能再造、资本市场体系再造等多维度进行解读。

首先，从 A 股市场基础性制度体系再造角度看，科创板并试点注册制改革是资本市场基础性制度的变革与重建过程，尤其是适应国际化与市场化趋势对现有资本市场制度进行边际性改革并逐步渐次性推进，是中国资本市场制度生态的一次革命。与科创板并试点注册制改革的快速推进相配套，从国家法律法规层面的法律法规制度也逐步落地，通过系统性法律法规体系建设，推进科创板并试点注册制的改革。在国家法律层面，新《证券法》修订并于 2020 年 3 月 1 日正式实施，标志着资本市场注册制改革的法律实施；中国证监会层面，发布《关于在上海证券交易所设立科创板并

试点注册制的实施意见》《科创板首次公开发行股票注册管理办法（试行）》《科创属性评价指引（试行）》等；上交所层面，作为市场一线的上海证券交易所，推进科创板试点注册制改革相关配套规则修订与完善是其重要工作，持续完善科创板发行上市审核标准，细化科创板定位把握标准、优化科创属性论证程序；在科创板总结经验基础上，进行深化科创板并试点注册制改革，以"科创板2.0版"持续推进中国资本市场深化改革。2020年4月，中央全面深化改革领导小组通过《创业板改革并试点注册制总体实施方案》，标志着中国资本市场注册制改革正在沿着"科创板—创业板—中小板—主板"的改革路径陆续展开；2020年8月24日，创业板试点注册制改革首批18家企业挂牌上市，标志着注册制改革已经正式在创业板落地。2020年11月，十九届五中全会审议通过《中共中央关于制定国民经济和社会发展第十四个五年规划和二〇三五年远景目标的建议》，进一步明确提出"全面实行股票发行注册制，建立常态化退市机制，提高直接融资比重。"

其次，从A股市场资源配置与功能再造角度看，科创板并试点注册制改革是资本市场基础配置功能的重建过程，是资本市场发挥资源配置枢纽作用的重要实现形式。通过资本市场基础制度建设，激发市场活力并提高要素生产率，是当前我国经济金融改革深化与金融支持实体经济的重要使命。资本市场的核心功能是资源配置功能，资源配置功能的发挥是依托资产定价、价值发现、投融资效率实现的，其中定价功能是资本市场基本制度的基础，定价效率与定价体系将决定资本市场的有效性程度，定价的错误将导致市场扭曲，导致资源的错配。

"发挥好资本市场的枢纽作用，不断强化基础性制度建设"，是国家对资本市场功能的再定位。[①] 要发挥好资本市场的枢纽作用，充分发挥市场配置资源的决定性作用，尤其离不开资本市场基础性制度建设，这直接关系到中国股票市场的根基和资源配置功能的实现机制。我国股票市场实施注册制改革正是完善股票市场基础制度的重要范畴。坚持市场化、法制化改革市场，改革完善股票发行、交易、退市等制度，完善投资者保护制度，推动完善具有中国特色的证券民事诉讼制度，完善主板、科创板、中小企业板、创业板和全国中小企业股份转让系统（新三板）市场建设，是当前

---

① 具体见《国务院金融稳定发展委员会召开第二十五次会议》，中国政府网，2020年4月7日。http://www.gov.cn/xinwen/2020 – 04/08/content_5500373.htm。

我国要素市场化配置体制机制改革的基本方向。① 注册制在本质上体现了市场机制在资源配置中的决定性作用，对发行、交易、退市和投资者保护等制度完善具有重要影响，其是建立在严格法律法规基础之上的信息充分披露制度，投资者以筹资者提供的真实、完整、准确的信息进行决策，市场信息引导进行资产定价和资源配置。

充分发挥科创板并试点注册制"改革试验田"作用、以增量改革带动资本市场全面深化改革，是科创板改革的重要内涵与意义。稳步推行注册制改革，实现在总结科创板试点经验基础上逐步推广，真正把选择权、定价权交给市场，从而依托市场内在机制提升资本市场资源配置效率，实现资本配置功能回归。

最后，从资本市场体系再造的角度看，在科创板市场边际改革基础上将资本市场改革经验复制并推广，最终实现整个资本市场重建过程。设立科创板的政策初衷与本位，在于资本市场边际改革实现资本市场体系再造，支持更多"硬科技"企业上市并培育伟大的科技企业，从而实现科技驱动国家战略。衡量科创板并试点注册制改革是否成功有两个维度或重要标志：第一个维度或重要标志是能否培养出伟大的科技企业；第二个维度或重要标志是科创板并试点注册制改革经验可复制、可推广。

科创板坚守定位，要发挥科创板"改革试验田"作用，形成可复制可推广的经验，以此带动资本市场全面深化改革。科创板"改革试验田"推广，不是简单复制而是有序安排，持续推进制度改革与制度优化，统筹各层次市场功能定位，根据实际情况，在充分评估论证、确保市场稳定的前提下，稳妥有序推进改革。深化资本市场改革提出要充分发挥科创板的"试验田"作用，逐步推广科创板行之有效的制度安排，系统推进发行、上市、交易、信息披露等基础制度改革。根据资本市场基础制度的内涵、外延以及改革的思路举措，坚守科创板定位，加快推进创业板改革并试点注册制，深化新三板改革，促进健全具有高度适应性、竞争力、普惠性的现代金融体系。

科创板并试点注册制改革如何有序拓展经验，"改革试验田"作用如何发挥？2019年1月30日，中国证监会发布《关于在上海证券交易所设立科创板并试点注册制的实施意见》，明确提出科创板并试点注册制改革实施效

---

① 具体见《中共中央、国务院发布关于构建更加完善的要素市场化配置体制机制的意见》，新华社，2020年4月9日。

果评估与制度持续优化；2019 年 11 月 25 日，中国人民银行发布《中国金融稳定报告（2019）》，明确提出应建立科创板动态评估机制，强调在科创板试点注册制过程中，定期对相关制度安排进行动态评估，试点成熟一项推广一项；需要进一步改进的，尽快根据试点相关情况进行完善，形成可复制、可推广的经验。2020 年 4 月，上交所再次强调要坚守科创板定位，不断增强科创板的包容性、承载力、覆盖面，做好上市服务和市场推广，发挥科创板示范效应、规模效应，发挥科创板资本市场"改革试验田"作用，努力形成可复制可推广的改革经验。以科创板建设为龙头，带动资本市场全面深化改革措施在上交所落实落地。2020 年 4 月 27 日，习近平总书记主持召开中央全面深化改革委员会第十三次会议，审议并通过《创业板改革并试点注册制总体实施方案》，创业板注册制改革首次进行将增量与存量改革同步推进的资本市场重大改革，涉及发行、上市、信息披露、退市等一系列基础性制度。创业板改革吸收科创板经验，充分借鉴科创板制度成果。同时，创业板改革与科创板改革"错位发展""适度竞争"，明确创业板的板块定位，要适应发展更多依靠创新、创造、创意的大趋势，主要服务成长型创新创业企业，支持传统产业与新技术、新产业、新业态、新模式深度融合，体现与科创板的差异化发展。

1.2.3 推进注册制改革是当前中国资本市场基础性制度改革的重中之重

科创板试点注册制改革是我国资本市场最专业、与国际惯例最为接轨、效率最高的一次改革（胡汝银，2019）。注册制是国际上通行的先进经验，科创板作为资本市场改革的"试验田"，从顶层设计出发，全面试点注册制这一基础性制度并在总结上海科创板并试点注册制的经验基础上，稳步、有序、全面推行新股发行注册制度。科创板并试点注册制是否"坚守定位"与能否改革成功，直接关系到我国原有资本市场体系与制度能否优化与帕累托改进，直接关系到我国战略性新兴产业发展和国家科技战略实现，直接关系到资本市场基础性制度改革能否激发市场活力和提高市场效率。

2019 年 12 月 28 日，十三届全国人大常委会审议通过新修订的《证券法》（以下简称新《证券法》），并于 2020 年 3 月 1 日起正式施行。新《证券法》贯彻落实了十八届三中全会关于注册制改革的有关要求和十九届四中全会完善资本市场基础制度要求，在总结上海证券交易所设立科创板并试点注册制的经验基础上，按照全面推行注册制的基本定位，明确提出

"全面推行证券发行注册制度"。新《证券法》实施，标志着我国资本市场进入了崭新的时代，注册制纳入法律框架体系、违法违规成本大幅提高、中小投资者保护等一个个重大变化都将对资本市场产生深远影响。按照全面推行注册制的基本定位，对注册制作出了较为系统的规定：一是精简优化证券发行条件。将现有的对发行股票应当"具有持续盈利能力"要求，改为"具有持续经营能力"。二是调整证券发行程序。取消发行审核委员会制度，明确按国务院和国务院证券监督管理机构的规定，证券交易所等可以审核公开发行证券申请，并授权国务院规定证券公开发行注册的具体办法。三是强化证券发行中的信息披露。按照注册制"以信息披露为核心"的要求，增加了对发行人报送的证券发行申请文件，应当充分披露投资者作出价值判断和投资决策所必需的信息，内容应当真实、准确、完整的规定。四是为实践中注册制的分步实施留出制度空间，并规定了由国务院规定证券发行注册制的具体范围、实施步骤。

科创板试点注册改革是以"选择权交给市场"为导向对政府和市场关系的深度重构，是坚持"以信息披露为核心"的监管体系的去权力化的市场化重构。新《证券法》实施之后，市场最期待的A股市场全面推行注册制改革已扫清制度障碍。当然，从股票发行核准制到注册制，是一个逐步实施的渐次过程。稳步推进证券公开发行注册制，首先是分步实施股票公开发行注册制改革。证监会要会同有关方面，进一步完善科创板相关制度规则，提高注册审核透明度，优化工作程序，并在科创板改革试点基础上，在证券交易所其他板块和国务院批准的其他全国性证券交易场所实行股票公开发行注册制的方案。[①]2020年4月27日，中央全面深化改革委员会第十三次会议审议通过《创业板改革并试点注册制总体实施方案》，正式启动创业板注册制改革，这标志着科创板试点注册制改革经验拓展和"改革试验田"效应进一步向证券交易所其他板块释放；5月22日，中国证监会发布《创业板首次公开发行证券发行与承销特别规定（征求意见稿）》，该方案是在总结近年来新股发行承销制度改革，尤其是科创板试点注册制改革实践经验的基础上，复制推广科创板注册制改革市场化询价与定价等主要制度并进行优化，结合创业板存量改革特点，增强制度安排的包容度，保留创

① 注册制改革是试点基础上稳步推进的"增量+存量"相结合的制度性安排，在证券交易所有关板块和国务院批准的其他全国性证券交易场所的股票公开发行实行注册制前，继续实行核准制。具体见国务院颁发的《关于贯彻实施修订后的证券法有关工作的通知》，2020年2月29日。

业板现行直接定价制度并完善市场重大变化情况下的应对机制。①

1.3 本书框架与研究体系

本书以我国设立科创板并试点注册制改革对中国资本市场绩效影响为研究主线，对科创板市场生态重构、资源配置优化、科创属性与价值创造、注册制改革询价机制与 IPO 定价效率、二级市场交易机制、信息披露监管制度和投资者保护等运行体系进行综合评估，在科创板市场现行制度评估和效率评价的基础上，对科创板制度与机制优化进行论证，对科创板建设与上海科创中心建设的协同效应进行论证，进而为我国设立科创板和试点注册制这一资本市场重大改革提供系统性评估和优化方案，为科创板国家科技驱动战略与试点注册制的资本市场基础性制度变革提供研究决策依据。

本书研究重点从中国资本市场基础性制度变革的研究视角，运用规范性理论分析与规范实证方法，系统性论证科创板并试点注册制的中国资本市场改革绩效，对科创板并试点注册制的改革效果进行科学评价，并对市场参与主体行为与制度设计目标之间的经济机理与影响机制进行深入剖析，旨在为我国设立科创板并试点注册制这一资本市场重大改革提供系统性评估和优化方案。

本书研究框架主要包括以下七个方面：科创板与试点注册制对中国资本市场生态的重构效应，科创板与试点注册制对我国资本市场资源配置优化效应，科创板上市标准、科创属性与价值创造，科创板询价机制与 IPO 定价效率，科创板与试点注册制的市场运行效率研究，科创板信息披露监管与投资者保护研究，科创板建设与上海科创中心建设的协同效应。具体内容如下：

1. 科创板与试点注册制对中国资本市场生态的重构效应

从中国资本市场基础性制度改革的研究视角，刻画科创板与注册制改革对我国资本市场生态制度重构的影响效应；深入挖掘我国资本市场制度重大变革对资本市场生态优化的作用机制；剖析科创板与注册制改革推动中国资本市场生态优化效应。

---

① 具体见中国证监会颁发《创业板首次公开发行证券发行与承销特别规定（征求意见稿）》及其文件《起草说明》，2020 年 5 月 22 日。http：//www.csrc.gov.cn/pub/zjhpublic/zjh/202005/t20200522_376832.htm。

2. 科创板与试点注册制对我国资本市场资源配置优化效应

推动资本要素市场化配置，是资本市场基础性功能发挥的关键。科创板试点注册制能否对我国资本市场资源配置效应优化，这是本书的重点研究内容。本书首先对当前我国资本市场资源配置效率现状进行评估；在此基础上深入挖掘设立科创板对我国资本市场资源配置效率的作用机制。在实证研究中，采用数据包络分析方法（DEA）建模分析注册制改革对我国资本市场资源配置优化效率的影响效应。

3. 科创板上市标准、科创属性与价值创造

首先，梳理上交所科创板企业 5 套上市标准，并对科创板上市企业的"科创属性"进行评价；其次，对科创板上市企业的"科创属性"与价值创造进行研究并进行实证检验；在此基础上，探究专利、研发投入与企业价值之间的关系，进一步拓展至创业板市场进行验证。

4. 科创板询价机制与 IPO 定价效率

本书重点对科创板采用的 IPO 询价机制、机构询价行为进行挖掘，对科创板并试点注册制改革的 IPO 效率进行有效评估，对注册制改革与 IPO 定价机制进行探讨。

5. 科创板与试点注册制的市场运行效率研究

建立更加市场化的交易机制，是科创板试点注册制改革对资本市场基本制度完善的重要内容。本书主要应用市场微观机制理论构建的实证方法与指标体系，分析评价科创板推出后的市场运行效率；着眼于科创板交易制度改革视角，对科创板交易机制改革的实施效果进行客观评价；基于学理分析及规范实证方法，充分论证科创板与注册制改革对市场效率的影响效应。

6. 科创板信息披露监管与投资者保护研究

信息披露与投资者保护是注册制改革的核心所在。本书通过系统梳理科创板的信息披露规则设计与监管要求，对比 A 股市场主板与创业板的信息披露制度设计，论证科创板信息披露监管的制度安排特征及其对投资者保护的改善功能；在现行科创板与注册制改革评价的基础上，对科创板信息披露制度优化进行论证，进而为科创板信息披露监管与投资者保护提供系统性优化方案。

7. 科创板建设与上海科创中心建设的协同效应研究

建设全球具有影响力的科创中心城市是中央交给上海市的重要战略任务。上海证券交易所设立科创板是上海建设全球科创中心城市的"破题"

举措。科创板并试点注册制与上海科创中心建设应发挥"双轮驱动"的协调效应，本书从科创板推出与上海建设科创中心任务的协同视角，论证科创板与上海科创中心建设的制度路径与实践安排。

1.4　本书创新与不足之处

1.4.1　研究创新点

本书的创新之处主要体现在以下三个方面：

首先，对科创板并试点注册制的资本市场改革效应进行系统性深刻研究，建立科创板并试点注册制的资本市场改革绩效的系统性研究框架，为中国资本市场基础性制度改革提供决策依据。本书将中国资本市场生态下的科创企业、中介机构、注册制改革与 IPO 询价效率、发行市场与二级市场交易机制设计纳入统一的理论分析框架，探究了市场参与主体行为与制度设计目标之间的运行机理与影响机制，系统性论证科创板并试点注册制的中国资本市场改革效应。本书不但对科创板与试点注册制这一重大制度改革进行综合性评价，而且为中央决策层与监管部门推进中国资本市场基础性制度改革提供研究依据。

其次，对科创板并试点注册制的运行效率与制度评价，为科创板与注册制改革的绩效评估提供科学的理论依据。针对 A 股市场发行制度改革和本书立足于 A 股市场新股发行制度改革与 IPO 定价难题，深入挖掘制度设计及企业成长等微观机制，由此为科创板与注册制改革的绩效评估提供科学的理论依据。试图从注册制改革视角解决困扰中国资本市场的"老大难"问题，助力稳步推行注册制改革，并在总结科创板试点经验基础上遵循"科创板—创业板—主板"板块市场有序逐步推广，实现真正把选择权、定价权交给市场，从而依托市场内在机制提升资本市场资源配置功能。

最后，构建科创板设立与上海科创中心建设的协同效应与"双轮驱动"机制。上海证券交易所设立科创板并试点注册制是上海市建设全球科技创新中心战略目标进行"破题"的重要举措。本书通过对科创板建设与上海科创中心建设的协同效应研究，探索科创板并试点注册制改革的中国资本市场优化效应与国际金融中心的资源配置效应协同机制，推动科创企业的成长机制与科创中心建设路径的协同化效应，提出科创板并合理试点注册制与上海科创中心建设的"双轮驱动"模式和协同效应机制。

1.4.2 本书研究的不足

本书研究的不足主要体现在以下三个方面：

首先，样本数据可得性问题。科创板并试点注册制改革推出时间相对较短，本书对科创板与注册制改革的研究样本与数据可得性相对不足，这在一定程度上会影响到本书研究论证与研究结论的可靠性程度。

其次，注册制改革与市场参与者行为模式转变问题。A 股市场注册制改革是以科创板试点并在创业板市场逐次有序开展，由于注册制改革推出与新《证券法》颁布实施的时间均较短，无论是证券监管部门、投资者、新股发行主体、中介机构等市场参与者等，角色再定位与行为模式转变仍需要一个较长过程，从而导致新股发行定价机制与定价效率在很大程度上仍受制约于传统定价行为模式的影响，IPO 询价机制改革的效应仍有待于释放。

最后，市场参与博弈行为与市场效率问题。科创板试点注册制与 IPO 询价定价改革是以市场化为导向，在市场化改革设计导向下市场参与者通过充分的博弈实现市场化均衡定价与市场效率提升。然而，我国资本市场基础性制度重大变革与市场化改革是一个循序渐进的演进过程，资本市场制度改革绩效的释放和市场化效率的提升同样存在一个帕累托渐次改进的过程。

第二章　科创板注册制改革对资本市场生态优化效应

2.1　科创板试点注册制改革推动中国资本市场生态体系重构

打造一个规范、透明、开放、有活力、有韧性的资本市场，必须以有序的市场竞争秩序和良好的资本市场生态为基础。中国资本市场诞生30年来，证券市场规模得到快速发展，上市公司数量超过3900家，股票市值规模仅次于美国，居全球第2位，上海证券交易所市值居全球第4位。图2-1显示了全球主要证券交易所市值排名情况。在中国证券市场规模迅速扩张的同时，证券市场运行质量也不断提高。衡量一个国家或地区证券市场质量的重要指标就是市场生态与资源效率。从大量的实证研究和实践证明，近年来中国资本市场的定价效率已经大大提高，价值投资理念已经得到越来越多投资者的认可和青睐，中国股市已经从20世纪90年代的"投机市场"和"赌博场所"①，正在向投资市场和资源配置场所转变。但是，相对于发达资本市场而言，中国资本市场生态环境仍有很大的发展空间。

资本市场是一个多市场主体参与、有机运行、自我演化、机理复杂的生态系统。中国资本市场生态特征主要体现在三个重要方面：新经济不足；投资者结构不合理，以个人投资者为主；投行集中度不高（杨宗杭等，2019）。因此，如何重构中国资本市场体系，推动产业结构优化、投资者生态与定价机制优化，进而引导资源配置效率提升就成为中国资本市场制度性改革的关键性命题。

---

① 2000年10月，《财经》杂志发表震惊中国资本市场的"基金黑幕"报道，揭露了当时中国证券投资基金行为与散户追涨杀跌类似，肆无忌惮的违法操作手段如对倒、对敲、关联交易、内幕交易、高位接货等行为与庄家也并无不同，这引起中国基金业、证券界乃至整个财经业界，甚至政府监管部门的巨大反响。

图表内容：

交易所	市值
纽约证券交易所	23.06
纳斯达克证券交易所	11.02
日本交易所集团	5.67
上海证券交易所	4.79
泛欧交易所	4.24
香港交易所	4.21
伦敦证券交易所集团	3.94
深圳证券交易所	3.06
印度国家证券交易所	1.96
德国证券交易所	1.90
瑞士证券交易所	1.58
韩国证券交易所	1.51

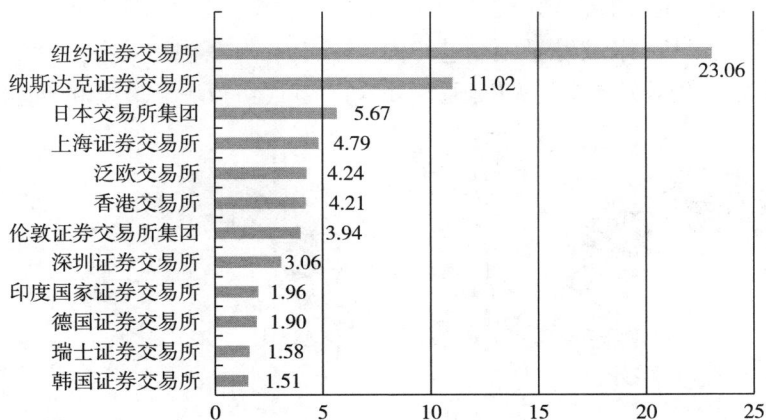

注：（1）单位：万亿美元；（2）数据截至2019年2月。

图 2 – 1　全球主要证券交易所市值排名

（数据来源：World Federation of Exchanges（WFE））

从产业结构的重构看，科创板与注册制改革具有明显的产业优化效应。上交所推进科创板战略实施以来，中国资本市场的产业结构得到明显优化。以信息技术为代表的第四次工业革命，决定着大国经济竞争的方向和中国经济竞争力的基本体现。对比中美股票市场的产业结构，美国标普500指数行业结构权重中，信息技术、医疗保健、金融和通信是市值权重前四大行业，四大行业约占市值总额的59%；其中，信息技术在上市公司比重中占绝对优势，2019年第一季度末的数据为21.12%，2020年第一季度美国股市受到新冠肺炎疫情冲击发生多次熔断后逐步复苏，而信息技术在上市公司比重占绝对优势进一步上升，占上市公司市值权重的27.16%。对比中国上市公司行业结构，上证指数行业结构权重中，金融、工业、原材料和日常消费品行业是市值权重前四大行业，占市值总额的60%~65%；其中，金融行业则是上证综指行业结构第一大权重板块，占总体市值32%的权重，而信息技术产业所占比重从2019年3月末的5.98%提升至2020年7月22日的8.93%，信息产业从行业权重排名第7位上升至第4位；若考虑到科创板上市企业的信息产业口径，则信息技术产业所占比重会提高到10%左右，资本市场产业结构将得到明显优化。更重要的是，新增的科创板的行业比重中，信息产业在科创板比重中高达40%，有力地弥补了我国信息行业等硬核产业的资本市场"短板"，为我国在全球新一轮产业革命的综合实力竞争中提供了有力的资本支持。

在科创板推出 1 周年之际，为体现新经济在中国资本市场的结构性变化，上海证券交易所对上证指数编制进行优化同时科创 50 同步发布，上证指数优化与科创 50 指数发布，代表中国资本市场"新经济板块"A 股市场的崛起。

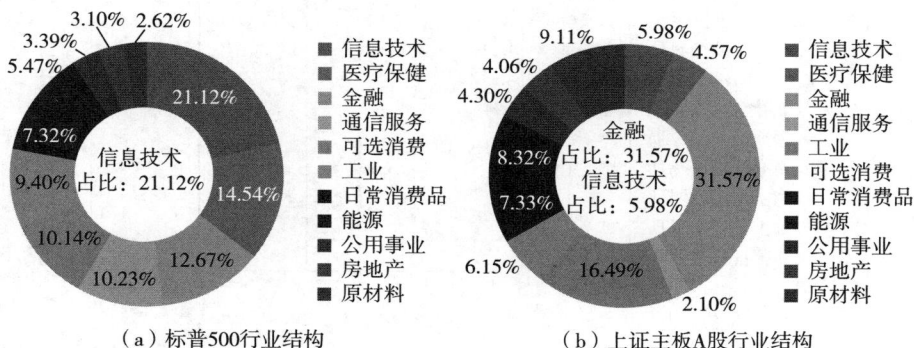

（a）标普500行业结构　　　　（b）上证主板A股行业结构

注：数据截至 2019 年第一季度末。

图 2－2　科创板推出前，中美股市结构对比

（数据来源：Bloomberg）

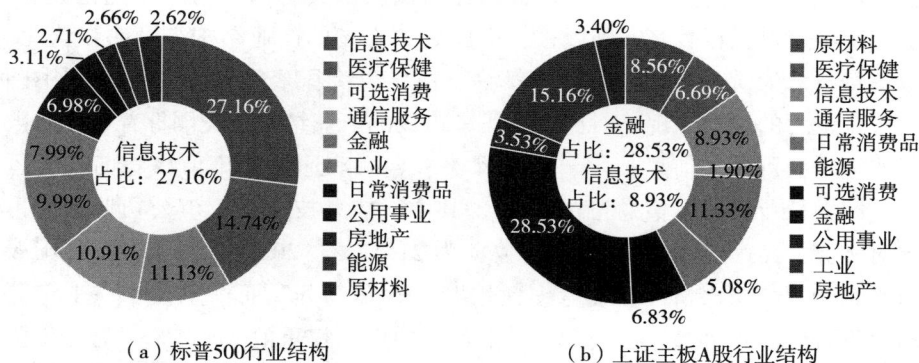

（a）标普500行业结构　　　　（b）上证主板A股行业结构

注：数据截至 2020 年 7 月 22 日。

图 2－3　科创板推出 1 周年，中美股市结构对比

（数据来源：Bloomberg）

2020 年 4 月 9 日，中共中央、国务院发布《关于构建更加完善的要素市场化配置体制机制的意见》，进一步提出"完善主板、科创板、中小企业板、创业板和全国中小企业股份转让系统（以下简称新三板市场）市场建设，是当前我国要素市场化配置体制机制改革的基本方向"。① 对标美国纳

---

① 具体见《中共中央、国务院发布关于构建更加完善的要素市场化配置体制机制的意见》，新华社，2020 年 4 月 9 日。

斯达克（National Association of Securities Dealers Automated Quotations，NAS-DAQ）而推出的中国科创板（China STAR），是以注册制为发行体制根基，聚焦信息技术、生物制药、新能源、新材料等新兴产业。美国纳斯达克市场是科技股为主导的市场，此外还有场外柜台交易系统（Over the Counter Bulletin Board，OTCBB），而在 Nasdaq 市场崛起之前，OCTBB 也曾十分火爆；纳斯达克崛起之后，OCTBB 逐渐小众化。实际上，美国 OTCBB 对标中国的新三板市场，美国 OTCBB 市场高峰阶段企业数量超过 1 万多家，这与目前我国新三板挂牌企业情况非常相似；同时，OTCBB 市场上市标准比较低、信息不够透明、流动性较差，OCTBB 衰落和 NASDAQ 崛起实际上是同一过程。因此，中国科创板设立与注册制改革的持续性推进，使资本市场更好地为中国宏观经济转型和产业升级提供资本支持，是中国多层次资本市场建设的新突破，有利于实现金融资本与科技产业的高度融合。[①]

2.2 我国 A 股市场 IPO 制度变革及其资本市场生态机制影响

2.2.1 我国 IPO 制度历史沿革与试点注册制改革

我国 A 股市场发展 30 年来，新股发行审核制度的演变史也正是我国股票市场的成长史，厘清其演变过程是 A 股市场 IPO 制度改革的重要前提。我国新股发行制度主要历经了"审批制→核准制→注册制"的制度性演化。第一阶段是审批制度阶段，该阶段内又可细分为额度管理阶段和指标管理阶段；第二阶段是核准制度阶段，又可细分为通道制阶段以及保荐制阶段。目前我国 IPO 市场仍处于保荐制阶段，但由于市场环境、投资者成熟度、监管规范程度、新股发行速度均较以前有了明显改善，已经具备全面推行注册制改革的制度条件。

一、审批制阶段（1990—1999 年）

审批制是我国在股票市场发展初期所采用的一种特色 IPO 制度，该制度产生于 A 股初创阶段，并可进一步划分为额度管理制度和指标管理制度。

---

① 具体见张宗新：《科创板创新将改善中国资本市场生态》，中国新闻网，2019 年 4 月 12 日，http：//www.chinanews.com/cj/2019/04 - 12/8807802.shtml。

1993—1995 年，我国处于"额度管理"阶段。20 世纪 90 年代我国股票市场初立，股票发行方式实行"总量控制，额度管理"的审批制。企业上市过程，首先需要获得企业主管部门及地方政府的批准，然后才可以开启上市程序。总额度由国务院证券管理部门根据当年的资本市场需求和经济发展状况确定，进一步分配至各省及各国家部委，再由他们来确定最终发行股票的企业（国企为主）。这一阶段历时近 3 年，其间两次下达共计105 亿股的发行指标，先后于 1993 年下达了 50 亿股和 1995 年下达了 55 亿股的指标，这些指标为 200 多家企业募资超 400 亿元。

1996—2000 年，我国处于"指标管理"阶段。这一阶段仍处于审批制的大环境下，与额度管理阶段的不同是，该阶段由"总量控制，额度管理"变为"总量控制，限报家数"，即由上市额度的管理变为上市企业家数的管理，其他具体操作方法与额度管理类似。这一阶段共发行上市企业达 700 余家，超过 4000 亿元的股票成功发行。虽然自 1999 年 7 月 1 日《证券法》正式实施后不再确定发行指标，但 1997 年指标的有效性一直持续至 2001 年。

审批制度作为我国股票市场最早采用的发行制度，一出生便带有浓厚的行政干预和计划经济的色彩，因其无法更有效地配置资源且难以满足经济飞速发展下国内的巨大融资需求而曾饱受诟病。

二、核准制阶段（2000—2019 年）

2000 年 3 月 17 日，中国证监会颁布《股票发行核准程序》，我国股票发行进入核准阶段。2001 年 3 月，随着股票发行核准制正式启动，行政色彩浓厚的审批制退出了历史舞台。在核准制阶段，证券主管部门首先就企业申报信息和材料的全面性、真实性和准确性进行审查，然后对公司的投资价值是否符合法律或证券监管者规定的必要条件进行实质审查，并判断其是否符合发行条件，企业在收到核准函后方可发行证券。该阶段较审批制阶段已有了较大的市场化进步，将更多的主动权交予企业本身，使更多优质的企业有机会申请上市。但该阶段同样存在弊端，一方面长时间的核准周期容易导致 IPO 排队拥堵，即所谓的 IPO 堰塞湖现象，由此新股具有稀缺性而导致 IPO 抑价率居高不下，企业上市圈钱现象屡见不鲜；另一方面核准制下由于相关部门权力较大，而企业融资需求较大、上市愿望强烈，这样的一种环境关系下容易产生权力寻租和腐败。我国经历的核准制又可细分为通道核准制及保荐代表人制。

2001—2004 年，是"通道制"阶段。2001 年 3 月 17 日，我国开始正式实施核准制，这一阶段处于核准制下的"通道制"阶段，这个阶段中具有主承销资格的综合类券商具有两个到九个通道（通道数即可申报 IPO 家数），具体以 2000 年该券商承销项目数为基准，由证券主管部门下达指标，规定其可推荐的 IPO 企业家数。这一政策共实施了 3 年多，其间为 200 多家企业完成股权融资，募集金额超过 2000 亿元。这一阶段与之前的"指标管理"审批制相比，虽然仍旧限定家数，但其将行政权力下放至证券公司的同时也让其承担起了一定的 IPO 风险，较之前的行政干预有本质的区别。

2004 年 10 月至今，是"保荐制"阶段（其中，2019 年 7 月开启主板核准制与科创板注册制的"混合模式"阶段）。自 2004 年 10 月以来，我国实行保荐代表人制度，这是中国证券监管部门目前正在施行的一种股票发行监管制度。保荐制度下由保荐机构及保荐代表负责发行人对标的企业进行推荐上市，券商或资管公司具有两名以上保荐代表负责发行人便可以成为保荐机构。保荐人作为企业上市的第一道门槛，通过对标的企业持续辅导及尽职调查，在履行勤勉尽责义务后推荐优秀企业上市，通过规定保荐人的连带责任督促其为企业的质量、真实性进行把关。该阶段仍存在审核制的诸多短板，如新股投机氛围严重、权力寻租、事前审批机制导致的企业"过度包装"等。但保荐制度下证券监管部门将更多的权力与责任交给保荐机构及保荐人，较之前的发行方式更为市场化、更有效率（从 2016 年 10 月开始，我国 IPO 发行进入加速阶段，较之前更为常态化），同时也为更多的优质企业提供上市的可能。

三、注册制改革与实施（2019 年至今）

2016 年 3 月 1 日，国务院对 A 股市场进行注册制改革并实施授权。然而，2015 年 A 股市场"股灾"和 2016 年初市场"熔断"，导致注册制改革暂时搁浅。2019 年 1 月 30 日，中国证监会发布《关于在上海证券交易所设立科创板并试点注册制的实施意见》，设立科创板并试点注册制，标志着中国 A 股市场注册制正式落地。2019 年 12 月 28 日，十三届全国人大常委会审议通过新修订的《证券法》，并于 2020 年 3 月 1 日起施行。新《证券法》贯彻落实十八届三中全会关于注册制改革的有关要求和十九届四中全会完善资本市场基础制度要求，在总结上海证券交易所设立科创板并试点注册制的经验基础上，按照全面推行注册制的基本定位，明确提出"全面推行证券发行注册制度"。

在股票发行的注册制下，发行人须依法将各种资料完全准确地向证券监管机构申报，证券发行审核机构只对注册文件的真实性、准确性、完整性和及时性进行形式审查，不进行实质判断。注册制的最大特点就在于，将对拟上市公司的"审核权"实质性地交给市场，通过充分而细致的信息披露，让市场各界全面了解企业的具体状况，投资者依据市场信息供给进行价值判断。证券发行人对信息披露的真实、准确、完整进行负责，投行、会计师、律师等中介机构以其职业操守和专业素养为其"背书"，若有关主体（包括证券发行人和中介机构）提供虚假信息，将会受到法律的严惩。股票发行和定价权发挥市场的内生力量，交给市场决定均衡，让市场在资源配置上发挥决定性作用。

同时，在注册制条件下，监管定位和监管理念将发生根本性变化。在科创板试点注册制改革实践中，上交所负责上市公司申请审核，证监会负责发行注册，这体现了市场化监管以及监管下沉，监管部门更多地承担市场"守夜人"角色，从而有利于从根本上保护投资者利益。

表 2-1　股票发行的注册制和审核制比较

项目	注册制	核准制	审批制
审核原则	信息公开原则（以信息披露为核心）	实质性管理原则，强调监管审核	完全行政审批原则
审查内容	仅进行形式审查，不进行实质判断	实质审查（判断是否核准申请）	二级审核制
审核方式	形式审查	实质审查	全面审查（形式及实质审查）
审核主体	中介机构（审核与注册分离）	主管部门（监管部门或中介机构）	主管部门（监管部门）
审核效率	高	相对较低	较低
透明度	高	相对较低（审核机构有较大裁量权）	低（行政审批）
推荐主体	中介机构	中介机构	主管部门
代表市场	美国、日本、中国香港、中国台湾	英国、德国、中国大陆（1999年至今）	中国大陆（1990—1999年）

2.2.2　科创板与注册制改革对我国资本市场制度生态影响路径

设立科创板并试点注册制是资本市场基础性制度的重大变革，是中国资本市场改革与功能的再造工程，是 2005 年股权分置改革之后中国资本市场的又一次重大改革。科创板并试点注册制改革并不仅仅是在交易所层面增加一个市场板块，而是深刻地改变 A 股市场生态和资源配置优化，有利于构建科创驱动型的经济金融体系。科创板与注册制改革是对中国 A 股市场股票发行承销制度、交易机制、定价制度、退市制度与投资者保护制度等的系统改革，是基础性制度的重大变革，将对中国资本市场的经济转型、市场格局、投资者结构与市场质量产生深远影响。

笔者认为，科创板与注册制改革对经济资源配置优化和科创驱动型经济体系构建，主要通过以下三条路径实现：

第一条路径：科创板与注册制改革将实现科创产业与社会资本的投资风险分担和企业成长红利分享。科创板致力于以资本的力量推动战略新兴产业领域中科技创新型企业的发展，对于企业而言，只要有较为完善的法人治理结构、运行规范，并且研发投入在营收中的占比较高，有专利技术优势，成长性突出，在其他方面则更多地体现出某种包容性，符合科创属性特征[①]，即可获得资本市场制度安排，获得社会资本的投资风险分担，同时社会资本也相应获得企业成长红利的分享。科创板与注册制改革，有效地解决了新兴产业发展中的两大难题：金融资本的风险变现和科创企业的持续融资（温建宁，2019）。在传统金融市场体制下，资本要素与科创要素对接机制与链条存在明显阻断特征。由于科创产业生命周期处于产业链条前端，产业周期的初创性决定了科创项目研发投入大、失败率高、创新周期长、风险大等特性，致使社会资本难以与科创企业对接，金融和科创之间的链接被阻断。而上交所科创板设立与快速推进，科创板上市企业聚焦

---

① 根据中国证监会 2020 年 3 月 30 日发布〔2020〕21 号公告《科创属性评价指引（试行）》，具体明确了科创属性的企业的内涵和外延，提出了科创属性具体的评价指标体系。企业若同时满足 3 项常规指标，即可认为具有科创属性；或若不同时满足 3 项常规指标，但是满足 5 项例外条款的任意 1 项，也可认为具有科创属性。3 项常规指标分别是"研发投入金额或研发投入占营业收入比例""发明专利""营业收入或营业收入复合增长率"；5 项"例外条款"主要对"优先支持符合国家战略，拥有关键核心技术，科技创新能力突出的企业到科创板发行上市"进一步细化和落实，是对 3 项常规指标的进一步补充。这种"3 + 5"指标体系的设计在确保科创属性评价过程具有较高可操作性的同时，又保留了一定的弹性空间，体现增强资本市场对科技创新企业包容性的改革导向。

于战略新兴产业领域的"硬科技"企业，上市标准的包容性特征有效解决了科创企业的持续融资难题并提供了金融资本的风险变现渠道，从而打通了科创企业成长路径的"断点"问题，有助于实现科创产业与社会资本的投资风险分担和企业成长红利分享。

第二条路径：科创板与注册制改革是对 A 股市场长期存在的"股市乱象"的综合治理。推行注册制改革，是按照市场化、法制化基本原则进行股票发行，从而彻底摒弃了审核制对发行制度的扭曲。围绕注册制的内涵，科创板在制度设计和改革执行层面进行了深度改革。科创板和试点注册制的不断推进，以及《证券法》等法律法规配套制度，将从制度层面对 A 股市场长期存在的资源配置效率低、违规违法行为惩处力度不足等市场乱象予以相应的化解，注册制改革将还原股票发行的市场化本质，将新股发行、定价权交给市场。

科创板与注册制改革为我国资本市场发行制度提供了市场化、法制化的发展方向，是对 A 股市场长期存在的"股市乱象"的综合治理。长期以来，A 股在新股发行上实施的是审核制，这一发行体制背后实际隐含着有关部门对股票 IPO 发行进行"背书"，以至于从股票发行，到上市以及之后的再融资，这一系列过程中市场力量发挥的作用相对有限。在我国 A 股市场史上，曾数次暂停发行新股，这既不符合行政许可法，也不符合《证券法》等法律法规原则，这不仅增加了 IPO 审核发行的不确定性，扰乱了市场预期，破坏了市场化规则，并在市场低迷期让"暂停发行新股维护股市稳定"成为一种主流舆论导向；而推行注册制改革，是按照市场化、法制化基本原则进行股票发行，从而彻底摒弃了审核制对发行制度的扭曲。与此同时，对于上市公司以及大股东的违规违法行为，惩处力度也不足，违规收益往往远远大于违规成本，无法从根本上抑制股市中各种乱象的出现。而科创板的推出，以及配套进行的注册制试点，将从制度层面对此予以相应的化解，注册制改革将还原股票发行的市场化本质，将新股发行、定价权交给市场。

第三条路径：科创板与注册制改革对中国资本市场改革产生催化效应，重塑市场参与者的投资理念，引导科技驱动要素与资本价值有效对接。从投资者的角度来说，科创板与注册制改革的持续推进将会从投资理念以及操作风格上产生积极的影响，引导资本市场为科技驱动战略提供重要资本支持，催化资本市场对科技投资的浪潮和投资理念。一方面，科创板的高风险与高收益并存的特点，将驱使投资者更深入地挖掘行业与公司，尤其是符合产业技术革命的新产业与新行业，这将进一步促使市场走向机构化主导的投资市场提供市场微观基础；另一方面，新《证券法》实施践行的注册制改革充分信息披露以及对违规违法行为的严厉惩处，也将从根本上抑制各种过度投机行为的出现，倡导理性投资。而投资者行为的规范化，倡导科技导向投资思维，有助于重塑市场参与者的投资理念，为构建科创驱动型经济金融市场体系提供市场化理念与微观基础导向。

从科创板实施注册制改革实践看，科创板上市企业标准与投资者投资选择更多侧重于企业"硬科技"核心技术、科创属性、研发投入、盈利模式等指标，对企业净利润等指标大大放宽，对 VIE 红筹构建、CDR 等政策松绑，企业上市包容性大大提高，科技要素与资本要素的直接对接通道打开，与新《证券法》规定的股票发行注册制改革相配套，对"未盈利"与"具有持续经营能力"新经济企业的上市提供支持。注册制改革更多地将上市标准与定价权交给市场，上市公司投资价值将在严格信息披露标准规范下交给市场自行判断，由投资者自行判断风险并引导资源市场化配置。

2.3 科创板并试点注册制改革对资本市场生态优化机制

科创板与试点注册制系统性改革，是中国资本市场基础制度的重构，将彻底改变中国资本市场生态体系。其中，重点体现在以下五个方面：（1）注册制与 IPO 改革效应；（2）产业结构优化与科技产业创新；（3）信息披露与资源配置优化；（4）交易制度与市场质量提升；（5）退市制度和投资者保护制度重构。

2.3.1 注册制与 IPO 改革效应

科创板并试点注册制改革，对我国新股发行方式改革具有重要影响。首先，科创板并试点注册制改革具有市场化、法制化基本原则。从股票市场发行、交易、退市等系列环节对资本市场基础性制度进行重大改革，将对股票市场运行体系产生系统性影响。其次，注册制推动 IPO 定价市场化，将彻底颠覆传统的 A 股定价模式。我国股票新股"三高"一直是 A 股市场"异象"和困扰中国股票市场的重大难题，注册制市场化改革将改变这一定价难题。在股票发行承销环节，在市场化询价机制改革的同时强化中介机构责任，形成以机构投资者为参与主体的市场化询价、定价、配售等机制，充分市场化博弈，实现市场化均衡。最后，体现企业上市包容性特征，为新经济提供资本市场融资支持。科创板并试点注册制对成长企业上市的包容性提高，为企业成长和资本市场股权融资提供了改革试验，为新《证券法》落实注册制改革提供了实践基础。我国 A 股市场全面推行注册制是中国资本市场趋势，经过科创板试点注册制改革试验，然后 A 股市场"创业板—中小板—主板"依次推进注册制改革，从而实现我国股票发行体制从核准制向注册制有序过渡。新《证券法》中将发行股票要求"具有持续盈利能力"改成"具有持续经营能力"，同时取消发行审核委员会制度，这将有助于降低企业上市门槛，提高新股发行的市场化程度，加快推出注册制，进一步扩大 A 股板块包容性、覆盖面。

2.3.2 产业结构优化与科技产业创新

按照新兴产业的成长曲线特征，科创企业具有新产业、新技术、不确定性与风险较大等特征，如何加大科技企业上市融资的包容性特征是近年来全球主要证券交易所交易制度改革的基本方向之一。我国注册制改革搭载科创板这一市场载体。科创板聚焦战略新兴产业与"硬核科技"，通过注册制制度优势与科创企业的成长机制，发挥科创板的示范效应、集聚效应和规模效应，支持和鼓励更多"硬科技"科创企业上市。

在上交所推进科创板与注册制改革实践，中国证监会发布的《关于在上海证券交易所设立科创板并试点注册制的实施意见》明确强调要准确把握科创板定位，同时上交所颁布的科创企业上市的 5 套标准与科创属性特征，重点支持六大高新技术产业和战略性新兴产业等领域，制定了更具包容性的发行上市条件，满足科创企业多元化的需求。截至 2020 年 7 月 25 日，上交所累计受理申报企业 395 家，申报企业集中于高新技术产业和战略性新兴产业。其中，新一代信息技术产业占 37.22%、生物医药产业占 23.54%、高端装备产业占 16.20%、新材料产业占 10.89%。总体上，科创属性特征明显，发挥了支持科技创新的导向作用。同时，科创板在发行上市条件上的包容性逐步得以体现，目前在审企业中包括未盈利企业、有特殊投票权结构的企业、红筹企业等多种情形。

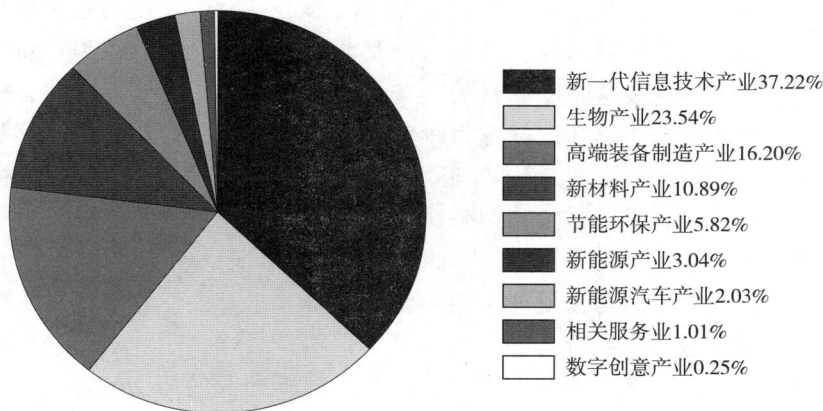

图 2-4   395 家科创板上会企业的行业结构分布

(资料来源：Wind)

2.3.3   信息披露与资源配置优化

如何有效落实以信息披露为核心的证券发行注册制，是科创板并注册制试点改革的关键问题。2019 年 4 月和 7 月的中央政治局会议，特别强调"科创板要坚守定位""真正落实以信息披露为核心的证券发行注册制"。2020 年 3 月 1 日，我国新《证券法》正式实施，在总结上海证券交易所设立科创板并试点注册制的经验基础上，按照全面推行注册制的基本定位，明确提出"全面推行证券发行注册制度"。

证券发行注册制度改革还原了资本市场的资源配置的基本功能，从根本上解决资源错配问题，在很大程度上依赖于切实有效的信息披露制度。信息披露是注册制的核心，充分信息披露、信息披露真实性尤其关键。资产定价、投资选择与风险管理高度依赖信息披露质量（及时、公开、准确）；对于未盈利企业，尤其采取针对性的信息披露制度，如强化行业信息、核心技术、经营风险、公司治理、业绩波动等信息披露，强化信息披露量化指标和信息质量。强化信息披露监管是注册制改革的重点和难点。

上市公司信息披露制度是证券市场运行的基础，它是投资人、债权人和监管机构等进行正确决策的基石所在。上市公司信息披露制度是与证券市场发展到一定阶段相联系的，它是证券市场内在发展要求在证券法律制度层面上的反映。目前，世界各国证券立法都是将上市公司的各种信息披露作为法律法规的重要内容，世界各主要证券市场都建立了较为完备的信息披露制度。信息披露制度的目的本身在于监督和保护投资者权益，但公司管理层为了操控股价却大肆虚报盈利数据或进行会计盈余管理，这显然违背了信息披露制度的初衷。在证券市场运行缺乏信息透明度的条件下，公司大股东或内部股东必然利用公司控制权对中小股东或外部股东进行掠夺，严重打击外部投资者的投资信心，导致证券市场呈现"柠檬化"，信息效率降低，证券市场资源配置功能弱化。同时，在新兴证券市场中，监管者对信息披露违法违规行为的查处力度不严格，法律、法规对信息披露违规行为缺乏明确和完善的制度，特别是缺乏刑事处罚的司法解释，大量的上市公司信息披露等违规违法案件难以得到及时有效处罚，证券监管的事后处罚特征明显，证券违规处罚存在明显时滞效应。近年来，康美药业、康得新、辅仁药业等上市公司财务造假事件，甚至中介机构与上市公司"勾结"进行财务做假对投资者进行欺诈。如国内会计行业"四大"之一的瑞华会计师事务所对上市公司康得新（股票代码：002450）财务审计，2015—2017 年连续三年出具"标准无保留意见"，而根据中国证监会《行政处罚事先告知书》，该公司在 2015—2018 年连续四年财务造假，且"系统性地上下勾结造假"。①

在科创板试点注册制改革过程中，信息披露制度是证券发行注册制改革的核心。注册制试点改革紧紧抓住信息披露这个核心，推动发行人、中介机构、交易所归位尽责，审核注册各环节公开透明，将信息披露核心贯穿在发行上市审核、发行承销定价与询价、上市后的持续监管等不同层面，贯穿于制度设计和执行的全过程与各个环节。在审核制度改革方面，推进发审机构、职能、权限、程序、责任的法定化、公开化和透明化，将审核环节划分为交易所审核和证监会注册两个环节，并在提高审核中贯彻以信息披露为核心的原则，增强了审核环节的规范化和透明度。上交所践行科创板试点注册制改革过程中，紧抓注册制度改革强化信息披露这一核心要求，以信息披露为中心始终贯彻于发行审核、上市监管等各个环节，严把

---

① 具体见 2019 年 7 月 5 日中国证监会《中国证券监督管理委员会行政处罚及市场禁入事先告知书》（处罚字〔2019〕90 号）；2019 年 1 月 22 日中国证监会《中国证券监督管理委员会调查通知书》（编号：苏证调字 2019003 号）。

上市公司入口关。具体而言，主要包括四个方面[①]：一是精简优化发行上市门槛，以严格信息披露要求作为 IPO 审核上市的关键环节，将科创板制度包容性通过信息披露审核进行体现。二是强化发行上市中的信息披露内容，尤其重点结合科创企业特点强化发行人的信息披露质量，要求发行人充分披露行业信息、经营风险、管理层讨论，特别是企业的科创属性和技术先进性等方面信息。三是探索推行以信息披露文件为重点的公开化问询式审核，将发行人和中介机构提交的信息披露文件作为主要审核内容。问询式审核实行公开化、透明化，包括审核标准、审核内容、审核进展、审核结果全公开，同时交易所发行上市审核问询聚焦于财务交易真实性、信息披露重大性、风险揭示充分性、投资者决策有效性。四是明晰以信息披露为核心中各方的职责，发行人承担第一主体责任，要对信息披露的真实、准确、完整负责。中介机构承担好把关责任，对信息披露真实、准确、完整进行核查验证；审核机构承担问询责任，从投资者需求出发进行专业化审核问询；投资者承担投资风险责任，在发行人充分披露与投资决策相关的信息和风险后，自行判断是否买卖企业发行的股票，自担风险。

2.3.4　交易制度改革与市场质量提升

交易制度安排对股票市场运行质量具有极其重要的影响，交易机制设计与市场质量通常可以用市场流动性、波动性、定价效率等市场微观结构的指标进行衡量。A 股市场流动性溢价明显、市场波动性大。对比美国、中国香港等境外股市，不同公司的流动性差异巨大，小公司缺乏流动性；做市商制度安排提供流动性报价的重要支撑。

相比主板交易机制，科创板已引入了一系列创新交易机制安排，例如放宽涨跌幅限制等。作为中国资本市场边际改革和改革"试验田"，科创板引入差异性交易机制安排，尝试对 A 股市场传统交易机制进行部分改革与创新，其中重点突破了日内股价波动 10% 涨跌幅限制，即上市前 5 日不设涨跌幅限制，之后每日涨跌幅由主板的 10% 放宽至 20%，此外还引入了价格申报范围限制，优化了盘中临时停牌机制、市价订单限价保护、优化融资融券机制，促进多空平衡；建立了盘后固定价格交易制度等，配套完善盘中临时停牌等市场稳定机制。从科创板市场运行效果看，放宽涨跌幅限

---

① 上交所卢文道：继续坚守科创板定位进一步支持和鼓励"硬科技"企业上市。http：// www. sohu. com/a/351705748_115433。

制等交易制度改革并未引起市场过度波动，相反较好地促进了市场充分博弈，加快了均衡价格实现，提高了定价效率，达到了科创板交易机制尝试性改革的预期效果。

2.3.5 退市制度和投资者保护制度重构

1. 退市制度与股市生态再造

我国 A 股市场有效退市制度的缺失，是制约资本市场资源优化配置的重要因素，也是中小投资者不能得到有效保护的制度缺陷。缺乏高效市场化且被严格执行的退市制度，一直是我国资本市场的短板。有效退市制度的缺失，垃圾企业不能市场出清，有限的市场资源被占用，必然会造成"劣币驱逐良币"，不仅无法形成良好的淘汰机制，而且会导致市场指数重心不断下移，不利于资本市场有序健康发展，是造成 A 股市场"牛短熊长"的重要原因，更不利于"打造一个规范、透明、开放、有活力、有韧性的资本市场"。经统计，2004—2018 年的 15 年间，A 股市场累计退市 115 家（含吸收合并等），仅占股票市场家数的 1% ~ 2%，远远低于境外市场退市比率。成熟的境外市场，以美国市场为例，美国在 2008 年次贷危机之后进一步加大交易所挂牌企业退市力度，2009—2018 年 10 年间每年退市公司达到 200 多家，与同期上市家数大体均衡，个别年份退市公司数量大于上市家数。新兴市场国家中的印度股票市场也是注册制成功的重要案例，自 1992年推行注册制改革，至 2018 年底的 27 年间，累计有 5379 家公司上市，年均上市 200 家；从 1996 年至 2018 年，累计退市公司 2869 家，年均退市 106家（胡耀亭，2020）。在此，可借鉴美国、印度、中国香港等境外市场注册制成功经验，制定并严格实施退市制度，通过退市常态化实现股市生态再造，基于市场化机制实现科创板公司的有序动态竞争，进而打造"规范、透明、开放、有活力、有韧性的资本市场"。

合理的退市制度安排和畅通多元化退市渠道有利于提高上市公司质量，推动上市公司做优做强，更好地发挥资本市场"晴雨表"功能。2020 年 3月 1 日，新《证券法》实施，为注册制改革全面推进提供国家层面法律的基本保障。2020 年 4 月 9 日，中共中央、国务院发布《关于构建更加完善的要素市场化配置体制机制的意见》，强调股票市场退市制度是完善股票市场基础制度的重要安排，改革完善股票市场发行、交易、退市等制度是资本要素市场配置的基本要义，是提高要素质量和资源配置效率的重要内容。2020 年 5 月 11 日，中共中央、国务院发布《关于新时代加快完善社会主义市场经济体制的意见关于构建更加完善的要素市场化配置体制机制的意见》，再次强调"加强资本市场基础制度建设，推动以信息披露为核心的股票发行注册制改革，完善强制退市和主动退市制度，提高上市公司质量，强化投资者保护"。

伴随 2019 年科创板并试点注册制的快速推进，A 股市场上市公司退市速度明显加快，退市方式也呈现出多样化。据统计，2019 年沪深两市共有 18 家公司退市，9 家为强制退市，退市原因包括财务指标不达标、连续 20 个交易日股价低于面值等；8 家是通过重组方式退市；1 家为通过股东大会决议主动退市。未来阶段，我国《证券法》实施与注册制改革在创业板与主板市场逐步推进，逐渐建立 A 股市场常态化退市制度。

表 2－2　美国上市公司 IPO 与退市情况

年份	上市公司家数				IPO 与退市	
	NYSE	NASDAQ	AMEX	合计	IPO	退市
2018	2012	2633	225	4870	396	264
2017	1990	2520	228	4738	333	282
2016	1994	2473	220	4687	233	302
2015	2029	2501	226	4756	316	241
2014	2025	2432	224	4681	398	238
2013	1966	2335	220	4521	307	267
2012	1949	2309	223	4481	210	291
2011	1966	2366	230	4562	160	324
2010	2002	2477	247	4726	170	205
2009	1934	2573	254	4761	79	57

资料来源：Wind。

2. 投资者保护制度与证券民事诉讼制度重构

长期以来，由于《证券法》等法律法规与中国资本市场快速发展不适应等多重因素制约，中国中小投资者保护制度的执法力度和投资者保护水平偏弱，是制约中国资本市场发展的长期问题之一。投资者保护制度安排和机制设计层面的改革与创新是科创板和注册制能否顺利推进的根本保障，有必要对中小投资者权益保护制度再设计，完善投资者保护法律机制，对中国科创板和注册制的投资者保护制度安排和机制设计进行根本性、系统性的改革与创新。在科创板注册制实践中，科创板大大提高了市场包容性，但以信息披露为核心的监管尤其重要。

完善投资者保护制度，推动完善具有中国特色的证券民事诉讼制度，是我国资本市场基础性资本制度建设的重要内容。2020 年 3 月 1 日，新《证券法》正式实施，在加大违规违法处罚的同时，强化上市公司、中介机构责任强化机制。2020 年 4 月 9 日，中共中央、国务院发布《关于构建更加完善的要素市场化配置体制机制的意见》重磅文件，也特别强调"完善投资者保护制度，推动完善具有中国特色的证券民事诉讼制度"。2020 年 4 月 15 日，国务院金融委会议再次强调"监管部门要依法加强投资者保护，提高上市公司质量，确保真实、准确、完整、及时的信息披露，压实中介机构责任，对造假、欺诈等行为从重处理，坚决维护良好的市场环境"。①为强化投资者保护，提高证券违法行为的违法成本，在加大行政处罚和刑事制裁的同时，应健全集体诉讼制度与赔偿机制等，充分发挥民事赔偿的作用。由于证券民事诉讼具有涉及投资者人数众多，单个投资者起诉成本高、起诉意愿不强等特点，可考虑在民事诉讼法框架内，结合证券民事诉讼的具体特点，有针对性地完善相关制度，有效保护投资者合法权益，并发挥投资者保护机构在证券民事诉讼中的作用，明确投资者保护机构可按照"明示退出、默示加入"的规则，为证券登记结算机构确认的受损害的投资者向法院办理登记，实施提起代表人诉讼制度安排，从而实现赔偿机制重构与我国证券民事诉讼制度完善。

---

① 具体见《国务院金融稳定发展委员会召开第二十六次会议》，中国政府网，2020 年 4 月 15 日。

第三章　注册制改革对资本市场资源配置效率的优化效应

3.1　注册制改革对我国资本市场资源配置效率作用机制

3.1.1　我国资本市场在资源配置枢纽作用的再定位

上海证券交易所推行科创板并试点注册制改革具有政策"起跑优势"，这对我国资本市场配置枢纽作用的功能发挥提供了"改革试验"。自我国股票市场建立以来，资本市场资源配置的制度环境也经历了较大的变化，主要特点是由市场对资源配置的基础性作用转变为决定性作用。当前市场资源配置的制度目标是发挥市场在资源配置中的决定作用，将资本配置选择权交给市场（见表3-1）。尤其2020年以来，中国资本市场基础性制度改革进一步加速，2020年3月1日，新修订的《证券法》正式实施，明确提出"全面推行证券发行注册制度"，并为注册制改革制定了法律基本框架；4月27日，习近平总书记主持召开中央全面深化改革委员会第十三次会议，审议通过了《创业板改革并试点注册制总体实施方案》，预示着中国资本市场进一步铺开并正式进入"注册制时代"。

表 3 - 1　市场资源配置的制度

时期	市场资源配置的制度
股市建立初期 （1990—2005年）	发展社会主义市场经济，必须发挥市场对资源配置的基础性作用。（1998年《政府工作报告》） 更大程度地发挥市场在资源配置中的基础性作用。（2004年《政府工作报告》）

续表

时期	市场资源配置的制度
股市快速发展（2005—2019 年）	深化科技管理体制改革，统筹和优化科技资源配置。（2008 年《政府工作报告》） 使市场在资源配置中起决定性作用，破除制约市场主体活力和要素优化配置的障碍。（2014 年《政府工作报告》）
设立科创板并试点注册制，多层次权益市场体系建设（2019 年）	市场配置资源是最有效率的形式。政府要坚决把不该管的事项交给市场，最大限度地减少对资源的直接配置。（2019 年《政府工作报告》） 科创板并试点注册制改革正式推出。（2019 年 7 月 22 日）
注册制与完善要素市场化配置体制机制（2020 年）	新《证券法》实施为注册制实施提供法律框架（2020 年 3 月 1 日） 充分发挥市场配置资源的决定性作用，畅通要素流动渠道，保障不同市场主体平等获取生产要素，推动要素配置依据市场规则、市场价格、市场竞争实现效益最大化和效率最优化。（2020 年 4 月 9 日，《关于构建更加完善的要素市场化配置体制机制的意见》） 完善主板、科创板、中小企业板、创业板和全国中小企业股份转让系统（新三板）市场建设。（2020 年 4 月 9 日，《关于构建更加完善的要素市场化配置体制机制的意见》） 《创业板改革并试点注册制总体实施方案》审议通过，注册制改革进一步展开。（2020 年 4 月 27 日，中央全面深化改革委员会第十三次会议）

资料来源：《科创板试点单次 T＋0 交易机制的可行性评估》，复旦大学—上交所联合课题报告，2019 年 9 月；《中共中央、国务院发布关于构建更加完善的要素市场化配置体制机制的意见》（简称《完善的要素市场化配置体制机制的意见》），新华社，2020 年 4 月 9 日。

　　注册制改革是资本市场基础性制度的重大变革，是中国资本市场改革与功能的再造工程，是 2005 年股权分置改革之后中国资本市场近十年来最重要的一次资本市场制度重大改革。坚持市场化、法制化改革市场，改革完善股票发行、交易、退市等制度，完善投资者保护制度，推动完善具有中国特色的证券民事诉讼制度，完善多层次资本市场建设，是当前我国要素市场化配置体制机制改革的基本方向。[①] 注册制改革在本质上体现了资源配置的市场化导向，对发行、交易、退市和投资者保护等制度完善具有重要影响。《中共中央、国务院发布关于构建更加完善的要素市场化配置体制机制的意见》从中央顶层设计角度对股票市场基础性制度改革方向进一步

---

　　① 具体见《中共中央、国务院发布关于构建更加完善的要素市场化配置体制机制的意见》，新华社，2020 年 4 月 9 日。

明确，从多层次权益市场建设层面提出股票发行、交易、退市等制度的市场化改革趋势，同时对投资者保护制度进行强调。在此特别指出，这些股票市场改革指引与新《证券法》实施相配套，通过打造一个规范、透明、开放、有活力、有韧性的资本市场，建立市场化、高效率的资本市场，发挥好资本市场在资源配置中的枢纽作用。

3.1.2 资本市场资源配置的信息引导机制

资本配置功能作为证券市场的基本功能，就是要提高资金配置效率进而增进资金使用效率，即通过价格信息的导向作用，以及与之相联系的信息传递和价格形成能力，有效聚集并分配货币资金，引导社会资源在市场机制作用下在资金盈余部门和资金短缺部门及在生产者之间进行优化配置。

证券市场的这种信息导向功能，是依靠市场信息定价能力完成的。按照市场经济作用机制，证券市场有效运行对市场信息予以反映，市场信息形成价格。通过市场定价效率，实现价格信号的有效传导，既保证市场价格的合理形成，又能够实现资本的高效流动，以此发挥市场对社会资源的动员作用与配置效能。在有效率的证券市场上，股票价格的信息含量较高，投资者根据股票价格信息所作出的投资决策就会引导资金及资源向需要资金的公司流动，而且，投资者也能对融资的公司实行有效监控，以保证所投入资金的使用效率，这实质上就是社会经济资源的有效配置。这样，证券价格的定价机制就使得证券市场的收益率等于厂商和储蓄者的边际收益率，从而使稀缺的储蓄（金融资源）被配置到有效率的生产性投资上。市场价格在任何时候都充分反映了与证券定价相关的所有可获得信息，这就是说，证券的有关信息会快速地在证券价格中得到反映。只要证券市场是高效率的，价格就能充分、瞬时地反映所有可以获得的相关信息，金融资产价格是资本配置的准确信号，不存在使投资者持续获得高于市场平均收益率的现象；它只能使投资者收益率与市场平均收益率之间存在较小的随机差异，并且其差异范围通常包含在交易费用之中。因此，只要证券市场是有效率的市场，市场机制的作用就能够充分发挥，通过市场交易机制和市场定价机制，将资本配置到边际收益率高的项目之中，社会资源的有效配置就可以实现。

资金的再配置是证券市场的核心功能，是证券市场上货币资金运动的根源。信息效率是实现有效的资金再配置的基本条件，信息效率越高，资金再配置的效率也就越高。根据有效市场假说理论（Efficient Markets Hypothesis，EMH），信息效率分为三个层次，而信息效率的高低与信息披露及流通的准确性、及时性、充分性及在投资者中的分布直接相关，信息披露及流通越准确、越及时、越充分，并且在投资者中越倾向于均匀分布，市场的信息效率就越高；相应地，资金的再配置效率也越高。信息供给不足，导致投资者尤其是机构投资者通过其他渠道进行搜集信息，加大了市场交易成本，信息不均衡将牺牲证券市场效率，从而降低资本配置效率。强化信息披露监管有助于维护公平的信息披露规则，保障信息披露的准确性、及时性、充分性，降低信息披露中的各种主观操纵行为，保障所有投资者公平获得信息的权利，从而有助于市场信息效率的提高，提高资金再配置效率。

作为直接融资渠道的资本市场，在储蓄—投资转化过程中，由于证券市场信息非对称的基本属性，交易成本较高和市场效率较低。因此，理性投资者为进行投资决策需要有助于他们评估期望收益和风险的信息，即有关企业未来盈利能力和经营风险的信息，这对投资者评估其投资价值起到关键性作用，它是资本流动的前提，决定着资本的流向和流量。同时，投资形成和证券交易的过程，为减少信息不对称性需要专门的信息中介（如财务分析师、会计师事务所、信用评级机构等）进行专门的信息收集、验证、分析和服务，以及进行投资、融资服务的金融中介（如证券公司、风险投资基金、私募股权基金等），这些信息中介和金融中介实现了企业融资需求和投资者投资需求的对接，完成了储蓄—投资的转化。同时，由于市场不完善性，为保证公司披露信息的真实可靠并有利于投资决策以及维护证券市场秩序，各国政府制定了相应的信息披露制度以及金融监管制度以保障证券市场的正常运转。图3-1列示了资本市场中的信息流和资本流的结构框架，图的左侧是资本从投资者向公司流动的过程；图的右侧是信息从公司向投资者和金融中介的流动过程，公司可以通过财务报告或新闻发布直接向投资者披露信息，也可以与金融中介或信息中介进行信息交流，从而将信息传递给投资者。可见，信息流和资本流是证券市场的两大基本要素，围绕两大要素的流动，信息中介和金融中介是中枢，相应的监管或金融制度是信息流和资本流的制度保证，这些因素共同构成资本市场，决定着信息转递的准确性、及时性以及资本配置的效率（Healy and Palepu，2001）。

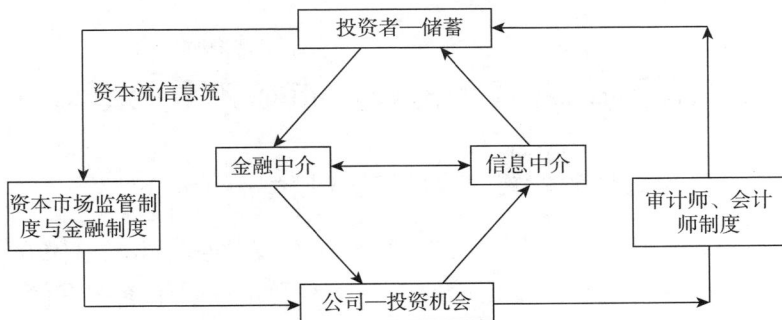

图 3 – 1　信息流、资本流与资本市场

　　在证券市场的运行中，如果信息流不畅或者信息供给虚假，则必然会导致证券市场的错误定价及资本资源的低效配置，证券市场价格对信息的反映能力和反应速度都大打折扣，从而严重影响到投资者进行合理的投资决策和投资判断的能力。通过必要的信息披露监管，可以保证信息流在资本市场运行的畅通，在很大程度上杜绝了虚假披露等欺诈投资者的行为，从而促进了信息股价的速度，这显然有利于经济资源优化配置。因此，信息披露监管是信息流畅通的制度保障，使上市公司财务信息的充分披露能够全面、准确地向市场传递企业运行和财务状态的信息，这一披露不但对社会公众投资者而言是非常重要的，而且为资本市场提供了必要的信息，为资本合理、有序流动提供了必要基础，从而使得经济资源配置更加具有效率。相反，若信息披露监管不力，证券市场缺乏透明度，这不但会导致投资者利益受损，而且可能导致证券市场崩溃甚至引发金融危机。20 世纪90 年代后期捷克证券市场的沉沦和 1997 年的亚洲金融危机，都是这方面的明证。东欧捷克证券市场的萎缩和沦落源于缺乏有力的监管制度和投资者保护，引致投资者丧失参与市场的信心，最终导致整个证券市场萧条和衰退。1997 年亚洲金融危机的根源，同样是金融体系缺乏必要的公开性和透明度，导致金融体系的脆弱性从而进一步引发系统性金融危机产生。在我国多层次资本市场体系构建与资本市场资源配置枢纽作用的再定位过程中，尤其强调 "完善投资者保护制度，推动完善具有中国特色的证券民事诉讼制度"。[①] "发挥好资本市场的枢纽作用"，必须 "坚决打击各种造假和欺诈

---

　　① 　具体见《中共中央、国务院发布关于构建更加完善的要素市场化配置体制机制的意见》，新华社，2020 年 4 月 9 日。

行为"。①

3.2 基于 DEA 模型的资本市场资源配置效率

3.2.1 金融资源配置效率的 DEA 模型

本书研究主要从三个层面界定金融资源配置效率。第一是宏观层面，金融资源是否流向边际回报更高的部门，即是否达到帕累托最优。第二是微观层面，即行业内或微观经济主体的投入产出情况，是否将有限的资源投入于高回报的经营活动中。第三是介于宏观与微观之间的制度效率，即制度如何引导金融资源流向高回报行业或高投入产出效率的微观经济主体。本章的研究遵循了分层界定的思路，主要借鉴 Farrell（1957）、Bain（1992）等经典文献的视角，从市场（宏观）和企业（微观）两个层次界定资源配置效率，综合反映资本从其他经济部门通过金融市场流动到上市公司、被上市公司投入生产经营并产生经济效益的过程。第一，市场层面的资源配置以金融市场为主体，评价其能否通过 IPO 机制有效吸引总体经济中的可用资金、引导资金投入有融资需求的实体企业。金融市场的核心功能是资金融通，IPO 就是发挥股票一级市场融资作用的重要方式。第二，企业层面的资源配置以上市公司为主体，衡量其获取、运用在资本市场所募集资金的效率，即上市公司是否将募集资金投入到计划项目中、是否以扩大生产或支持研发等方式实现公司的业绩增长和价值提升。

资源配置的优化体现于资源配置效率水平的提高。传统的效率度量方法包括模糊评价法、回归分析法、熵值法等，随着生产函数的引入和应用，数据包络分析法（Data Envelopment Analysis，DEA）成为衡量相对效率的有效方法。DEA 是由著名运筹学家 Charnes 等（1978）提出、用于研究相同类型决策单元（Decision Making Unit，DMU）之间相对效率的一种非参数线性规划方法。DMU 表示进行投入产出活动的主体，它可以是宏观的社会系统（如商品市场、资本市场），也可以是微观的决策主体（如股份公司、合伙企业、事业单位）。"decision making"指的是选择投入数量、生产方式并获

---

① 具体见《国务院金融稳定发展委员会召开第二十五次会议》，中国政府网，2020 年 4 月 7 日。http：//www. gov. cn/xinwen/2020－04/08/content_5500373. htm。

得产出的决策过程，任何一个可抽象为投入—产出过程的活动都可以用
DEA 模型衡量效率。

DEA 方法被广泛应用于效率研究领域，具有三点突出优势：一是适用
于多投入—多产出的决策系统，对输入输出变量数无限制且各项指标的量
纲对模型没有影响，无须调整数据单位。二是无须预设各项输入值和输出
值的权重，权重在计算过程中自动被决定，其决定因素包括了所有的样本
DMU，可以避免人为假设权重的主观偏差，保证了计算结果的客观性。三
是 DEA 方法计算的相对效率不仅取决于 DMU 自身，还受同组中其他 DMU
效率的影响，计算结果在比较分析中有天然优势。

下面对 DEA 模型进行简化推导。设有 n 个 DMU，它们是针对同一项经
济活动的可比单元。在这一经济活动中，每个 DMU 都有 m 种输入和 s 种输
出。用 i 表示输入（$i = 1, \cdots, m, m \geqslant 1$），$r$ 表示输出（$r = 1, \cdots, s, s \geqslant$
1）。

则对于 DMU_j，输入、输出向量可表示为

$$x_{ij} = (x_{1j}, \cdots, x_{mj})^T \qquad (3-1)$$

$$y_{rj} = (y_{1j}, \cdots, y_{sj})^T \qquad (3-2)$$

$$x_{ij} > 0, y_{rj} > 0$$

设 x_{ij} 的权重为 v_i，y_{rj} 的权重为 u_r，此处的权重表示输入或输出的重要性
水平。用向量形式表示即为

$$v = (v_1, v_2, \cdots, v_m)^T \qquad (3-3)$$

$$u = (u_1, u_2, \cdots, u_n)^T \qquad (3-4)$$

$$u \geqslant 0, v \geqslant 0$$

在实际应用中，x_{ij}，y_{rj} 为已知数据，而 v_i，u_r 为变量。

基于以上预设，决策单元 DMU_j 的效率评价指数（h_j）表示为

$$h_j = \frac{u^T y_j}{v^T x_j} (j = 1, \cdots, n) \qquad (3-5)$$

不失一般性，我们假设

$$h_j \leqslant 1 (j = 1, \cdots, n) \qquad (3-6)$$

基于规模不变假设，通过 C^2（Charnes&Cooper）变换并引入一个非阿基
米德无穷小量 ε（$\varepsilon > 0$），得到 DEA – CCR 模型：

$$\begin{cases} \min\left[\theta - \varepsilon\left(\sum_{i=1}^{m} s^- + \sum_{r=1}^{s} s^+\right)\right] = h_{j0} \\ \text{s. t.} \sum_{j=1}^{n} \lambda_j x_j + s^- = \theta x_0 \\ \sum_{j=1}^{n} \lambda_j y_j - s^+ = y_0 \\ \lambda_j \geqslant 0 (j = 1, \cdots, n; \theta \text{ 无限制}) \\ s^- \geqslant 0, s^+ \geqslant 0 \end{cases} \quad (3-7)$$

其中，s^-，s^+ 为负、正偏差变量，也就是输入和输出的松弛变量。若 $\theta^0 < 1$，则 DMU_{j0} 为 DEA 无效；若 $\theta^0 = 1$ 且 $\sum_{i=1}^{m} s^- + \sum_{r=1}^{s} s^+ > 0$，则 DMU_{j0} 为弱 DEA 有效；若 $\theta^0 = 1$ 且 $\sum_{i=1}^{m} s^- + \sum_{r=1}^{s} s^+ = 0$，则 DMU_{j0} 为 DEA 有效。

以上模型假设规模不变，若 DMU 规模发生变化，可加入 $\sum_{j=1}^{n} \lambda_j = 1$ 的凸面约束条件。这一方法被称为 DEA – BCC（Banker，Charnes，Cooper）模型，可以表示为

$$\begin{cases} \min\left[\theta - \varepsilon\left(\sum_{i=1}^{m} s^- + \sum_{r=1}^{s} s^+\right)\right] = h_{j0} \\ \text{s. t.} \sum_{j=1}^{n} \lambda_j x_j + s^- = \theta x_0 \\ \sum_{j=1}^{n} \lambda_j y_j - s^+ = y_0 \\ \sum_{j=1}^{n} \lambda_j = 1 \\ \lambda_j \geqslant 0 (j = 1, \cdots, n; \theta \text{ 无限制}) \\ s^- \geqslant 0, s^+ \geqslant 0 \end{cases} \quad (3-8)$$

对比上述推导过程可知，CCR 模型衡量的是综合技术效率（Technology Efficiency，TE，也可表示为 h_{CCR}），BCC 模型衡量的是纯技术效率（Pure Technology Efficiency，PTE，也可表示为 h_{BCC}），两者由规模效率（Scale Efficiency，SE）连接，三者间关系可以表示为

$$TE = PTE \times SE \quad (3-9)$$

其中 $0 \leq SE \leq 1$，$0 \leq TE \leq PTE \leq 1$。

上述模型研究了各个决策单元的相对效率，考虑到金融市场的动态变化，还可以加入时间序列，考察各决策单元在不同年份间的效率变化情况。Malmquist 指数就是一种对 DEA 效率值变化情况进行计算的方式，它不仅考虑了不同时间技术效率的变化，也考虑了技术本身的变化，即生产前沿面的移动。Malmquist 生产率指数定义在规模不变的 CCR 模型所构造的基准前沿面之上，通过几何平均数的方式同时考虑 t 期和 $t+1$ 期的情况，见式（3-10）。

$$
M\left(x^t,\ y^t,\ x^{t+1},\ y^{t+1}\right)=\left(M_t \times M_{t+1}\right)^{1/2}
$$
$$
=\left[\frac{D_c^t\left(x^{t+1},\ y^{t+1}\right)}{D_c^t\left(x^t,\ y^t\right)} \times \frac{D_c^{t+1}\left(x^{t+1},\ y^{t+1}\right)}{D_c^{t+1}\left(x^t,\ y^t\right)}\right]^{1/2} \qquad (3-10)
$$

Malmquist 指数反映了技术进步和技术效率的变化情况，而技术效率的变化依据 BCC 模型又可分解为纯技术效率变化和规模效率变化。因此 Malmquist 指数可以做以下分解：

$$
M=\Delta TE \times \Delta Tech=\Delta PTE \times \Delta SE \times \Delta Tech \qquad (3-11)
$$

其中，ΔTE 为综合技术效率变动，$\Delta Tech$ 为技术变动。综合技术效率变动（ΔTE）可进一步分解为纯技术效率变化（ΔPTE）和规模效率变化（ΔSE）。各项均以 1 为标准，大于 1 表示进步，小于 1 表示退步。

3.2.2　DEA 模型设计与变量分析

评价资本市场的资源配置效率就是把股票一级市场作为资金融通平台，考察其吸引资金投入、供给资金需求的效率。我国注册制改革方兴未艾，其他成熟注册制市场的资源配置水平对 A 股有借鉴意义。本书研究选择了中国 A 股、美国股市（包括 NYSE 和 NASDAQ）、日本股市、中国香港股市、中国台湾股市共五个决策单元（DMU），运用 DEA 模型，衡量金融危机后 10 年（2009—2018 年）的各资本市场的资源配置水平，进行横向和纵向比较分析。美国、中国香港、日本、中国台湾市场注册制特征比较如表 3-2 所示。

本节实证研究以各市场为主体评价资本市场制度改革过程中的资源配置效率水平及变化，借鉴了 DEA 计算金融市场融资效率的代表性研究（见表 3-3），结合现有研究成果和本节研究目的，选择广义货币供应量（M2）的同比增速和 IPO 公司数为 DEA 模型的投入指标，年度 IPO 募集资金额为 DEA 模型的产出指标，具体解释如下：

表 3 - 2 成熟注册制市场比较

	美国市场	中国香港市场	日本市场	中国台湾市场
确立时间	1933 年《证券法》	2003 年《证券及期货条例》	1948 年《证券交易法》	2006 年《证券交易法》
制度特征	双重注册制：联邦和州的双重监管发行和上市的双重监管	双重存档制：联交所形式审查先行证监会实质审查把关	发行审核：形式审查上市审核：形式审查和实质审查	台交所进行实质审查证期局有最终决定权

表 3 - 3 DEA 模型投入—产出变量的 Pearson 相关系数

显著性（双侧）	IPO 募集资金净额（产出变量）	M2 增速（投入变量 1）	IPO 公司数（投入变量 2）
IPO 募集资金净额（产出变量）	1.000	—	—
M2 增速（投入变量 1）	0.206 *	1.000	—
IPO 公司数（投入变量 2）	0.831 ***	0.097 *	1.000

注：*、**、*** 分别表示在 10%、5%、1% 水平下显著。

M2 同比增速为第一个投入指标。从宏观经济的角度，M2 供应量的增长代表整个经济体可使用的广义货币量的增加，这些资源需要被合理配置以发挥最大价值。M2 增量是金融市场可以吸引的增量资源，高效的金融市场可以吸引更多资金配置于有融资需求的企业。将 M2 增速作为市场资源配置效率计算的投入变量，从根本上考虑了金融市场资金来源问题。

IPO 公司数为第二个投入指标，是某一年份（按招股日期划分）发生 IPO 的公司数量。优质的公司通过 IPO 进入公开市场，获得资金，从投入—产出视角，IPO 公司数是股票市场资源配置的投入变量，IPO 公司数量越多，意味着有更多优质企业进入股票市场，也就有更多机会获取股市资金。同时，IPO 公司数量可以反映各股票市场发行审核制度的运行情况，较高的 IPO 公司数反映了完备而流畅的 IPO 发行审核过程。张延良等（2015）和刘文龙（2017）在研究股票市场融资效率时，也使用上市公司数量来代表 IPO 发审制度和定价方式的合理程度，认为越多公司 IPO 成功意味着整体制度安排越合理、运行越顺畅，但不同之处在于前者选择了上市公司存量数据而后者使用上市公司增量数据（即各年度 IPO 数量）。本节研究参照刘文龙（2017）的方法，选择了 2009—2018 年各年的 IPO 公司数作为输入变量。企业是金融资源配置的一个主要方向，IPO 企业数量越多，越可以吸引资金通过资本市场流入企业，市场整体的 IPO 募资净额应该越大，而投入与产出变量具有逻辑上的正相关关系。

产出指标为 IPO 募集资金额，是当年市场上所有 IPO 企业募集资金净额（募资总额扣除发行费用）的总和。IPO 是企业在资本市场的融资行为，其首要目的就是募集资金；从市场角度，募集资金额体现了其资金融通的功能。因此，募集资金净额就是一级市场融资活动的直接结果。累计当期所有 IPO 募资净额之和作为 IPO 市场的产出变量，能直观地反映市场资源配置的效率。本节的研究将募集资金额的范围限定在通过 IPO 募集的资金数额，并在募资总额中扣减了发行费用，考察企业 IPO 的募集资金净额。

研究数据来源于 Wind 金融终端，使用 DEAP – xp1 和 STATA 进行实证研究。DEA 模型投入—产出变量相关度高可以使计算结果更准确，表 3 – 3 展示了投入产出变量相关性检验的结果，两个投入变量与产出变量的相关系数较高，符合模型要求。对样本数据进行统计分析，见图 3 – 2、图 3 – 3、图 3 – 4。五个 DMU 的 M2 增速由低到高分别是美国、日本、中国台湾、中国香港、中国内地。美国 M2 增速始终保持在 0.3% ~ 0.4% 的水平，远低于其他国家，总体经济中的资金水平稳定。日本 M2 增速约为美国的 10 倍，过去十年处于 3% 左右的水平。中国台湾地区 M2 增速高于日本，约为 5%，年度波动较小且近年来呈平稳下降趋势。中国香港地区 M2 增速较高，2011 年至 2014 年间均高于 10%；中国内地 M2 增速最高，2009 年达到 26.5%，虽然呈逐年下降趋势，但直至 2016 年，M2 同比增速仍高于 10%，近两年则分别为 9.3% 和 8.3%，每年有大额增量资金可供配置。

从 IPO 企业数量来看，美股和 A 股市场的 IPO 数量最多，但两者的变化趋势差异明显：美股 IPO 在金融危机后有较稳定的增长（除 2014 年的爆发式增长），A 股在各年度有极大的波动。2010 年和 2017 年为 A 股 IPO 爆发年，这两个年份的上市公司数量是低谷年份（2014 年和 2018 年）的 2 ~ 4 倍，由于 IPO 在中国受到严格监管，市场的波动反映了政策的不稳定性，A 股 IPO 进程的不确定性较大。中国香港市场 IPO 数量低于美股和 A 股市场，但发展趋势稳中有增，并与 A 股的变化呈相反趋势，尤其在 2014 年和 2018 年，沪深 IPO 数量走低，而香港联交所 IPO 公司数量显著上升，这主要是由于部分无法在沪深上市的内地公司选择赴香港 IPO，体现了联交所对沪深交易所的替代作用。日本股市 IPO 在金融危机后持续低迷，受自身金融体制的影响，规模显著小于其他市场，而中国台湾股市的 IPO 则保持在相对平稳的水平，近年来没有明显的增长趋势。

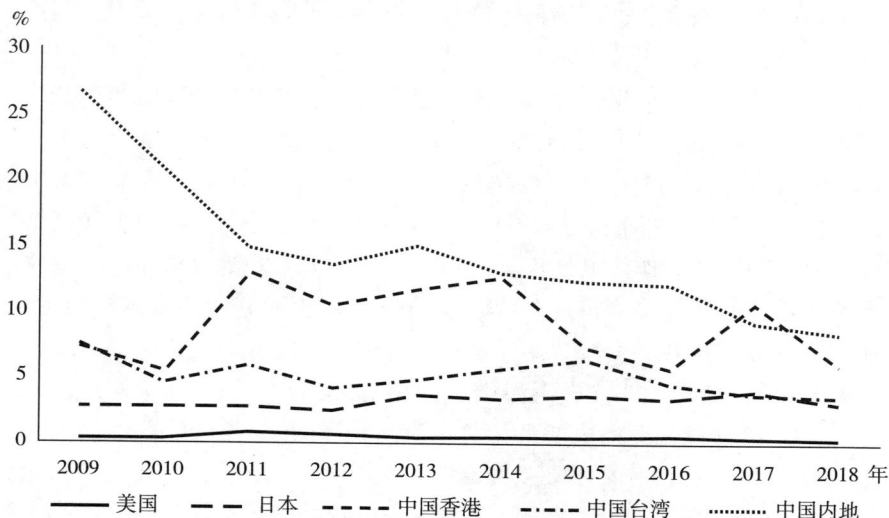

图 3 – 2　美国、日本、中国香港、中国台湾、中国内地 M2 增速比较

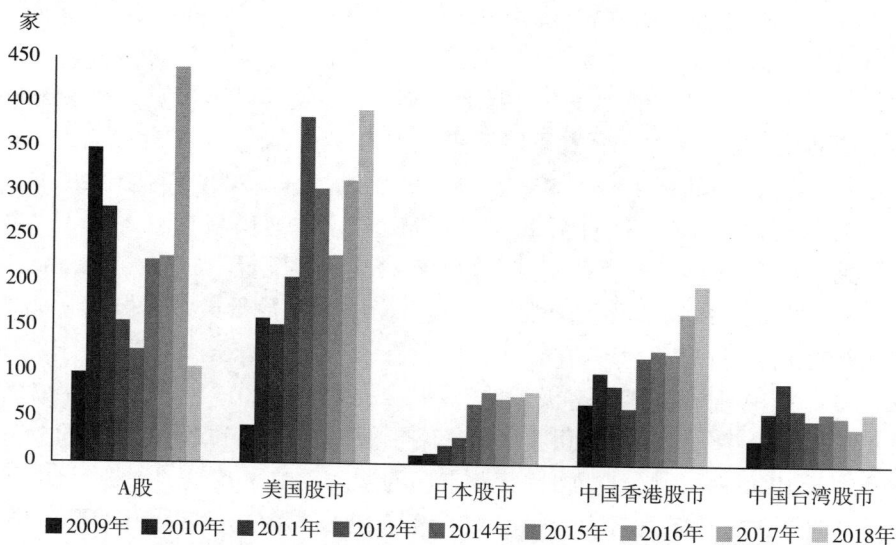

图 3 – 3　A 股、美国股市、日本股市、中国香港股市、中国台湾股市 IPO 数量比较

亿元

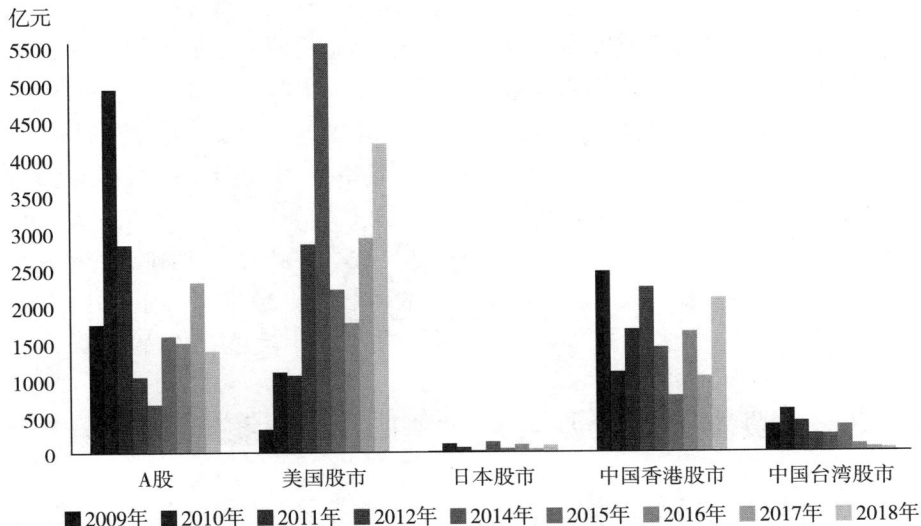

图 3 - 4　A 股、美国股市、日本股市、中国香港股市、中国台湾股市 IPO 募集资金额

募集资金额的变化情况与 IPO 企业数量变化基本一致，仅个别年份有比例性失调。综合两者情况，2010 年、2014 年和 2017 年的市场变化特征值得关注。

2010 年是 A 股的"IPO 之年"，IPO 数量和金额均超过了金融危机前的水平，创下了历史纪录。受金融危机影响，A 股 IPO 自 2008 年 9 月暂停，至 2009 年 6 月重启，其间排队上会的企业累积较多。同时，为了应对危机、提振经济，国家实施了"四万亿"计划，为市场带来巨大流动性。大额 IPO 强力冲击市场，农业银行、光大银行、华泰证券为代表的金融企业上市，仅这三家募集资金总额就超过 1000 亿元。2014 年则是美国股市 IPO 大年，上市公司数量和募集资金额剧增。这主要由两股力量造成：一是来自美国本土的大批医疗、生物医药公司上市，吸收了大量市场资金；二是来自中国的以互联网行业为代表的龙头企业上市。京东商城、陌陌、微博、聚美优品在 2014 年上半年登陆 NASDAQ；阿里巴巴在 2014 年 9 月登陆 NYSE，一举募资 250 亿美元，成为有史以来最大 IPO，也大幅增加了 2014 年美股 IPO 总体募集资金额。反观中国市场，2014 年 IPO 募资金额仅约 700 亿元，远低于美国市场。IPO 规模位居前列的国信证券、陕西煤业、海天味业，分别属于金融、煤炭、轻工业，与在 NYSE 和 NASDAQ 上市的中概股有显著差异。我国的上市制度包容性较低，对股权结构、利润水平等条件有严格要求，使 A 股市场错失了许多优质标的。同年，作为当年的第二大国际市场、背靠中国内地的香港市场也有突出表现。随着沪港通的开启和 A 股市场政策风险的持续，许多内地企业赴香港上市，2014 年内地企业 IPO 募资额占整个香港市场的九成。2017 年是 A 股市场在 2010 年之后经历的另一个"IPO 大年"，全年共 436 家企业成功 IPO，前 9 个月过会率维持在 80% 以上，"闯关"情绪高涨。2017 年 10 月新一届发审委上任，贯彻从严审核的原则，过会率持续下降，至 12 月过会率仅为 56.25%。IPO 加速、清理堰塞湖是 2017 年一级市场的主旋律。2017 年的 IPO 企业数量超过了 2010 年的水平，但由于缺少大型上市项目，总体募集资金额不及 2010 年的一半。

3.3　资本市场资源配置效率的国际比较与实证分析

运用 DEAP – xp1 软件建立 DEA 模型并计算 A 股、美国股市、日本股市、中国香港股市和中国台湾股市的资源配置效率，由于 2013 年 A 股 IPO 停发，无法与其他 4 个股票市场进行横向比较，因此整体剔除 2013 年的数据。

DEA 模型的计算结果见表 3 – 4。首先是综合技术效率（TE），它反映了决策单元投入产出的总体效率水平，在这里表示五个股票市场 IPO 资金融通的投入产出效率。横向比较，在所选取的五个市场中，美国股市的相对效率最高，各年均保持最高效率值为 1，是决策单元中相对效率的标杆，可见美国作为成熟市场的效率优势非常明显；中国香港在 2009—2018 年的效率均值为 0.932，位居所选样本的第二名，市场总体的资源配置效率在 2009 年、2011 年、2012 年、2016 年和 2017 年达到 1，其余年份保持在 0.8 以上，反映出较高的资源配置效率。A 股的资源配置效率均值为 0.642，处于五个市场的中等水平。日本市场资源配置效率均值仅为 0.164，处于五个市场中的最低水平。纵向分析，图 3 – 5 展现了各市场 IPO 资源配置效率的总体变化趋势，TE 在 2010 年均有显著提升，主要源于 2008 年国际金融危机后的经济调整与复苏。美股的资源配置效率一直保持相对最优，港股也仅有小幅波动，体现了成熟注册制市场的韧性和稳定性。A 股与中国台湾市场波动幅度大且波动趋势一致，两个市场资源配置的综合技术效率均在 2010 年和 2015 年有大幅提升，而其他年份处于较低水平。两者的变化趋势自 2016 年开始背离：A 股市场 2017 年资源配置效率稳定且在 2018 年显著提高，而中国台湾市场资源配置效率持续下跌，这可能是受到台湾省近年来经济增速放缓的影响，其他宏观经济数据也显示中国台湾的实体经济投资减少、资源吸引力下降，与计算结果含义一致。在五个决策单元中，日本股市资源配置效率水平相对最低，大部分年份 TE 位于 0.2 以下的低水平，这与日本间接融资为主的金融市场特征相关。2010 年 TE 异常冲高到 0.782，是受当年日本第一生命保险公司高达 110 亿美元的 IPO 影响。这也是 2010年全球最大规模的 IPO，超过以往多年日本 IPO 的总额，对市场冲击极大。

表 3-4 A 股、美国股市、日本股市、中国香港股市、
中国台湾股市综合技术效率（TE）比较

	2009 年	2010 年	2011 年	2012 年	2014 年	2015 年	2016 年	2017 年	2018 年	均值
A 股	0.489	1.000	0.918	0.267	0.373	0.973	0.368	0.388	1.000	0.642
美国股市	1.000	1.000	1.000	1.000	1.000	1.000	1.000	1.000	1.000	1.000
日本股市	0.040	0.782	0.185	0.027	0.148	0.087	0.082	0.027	0.099	0.164
中国香港股市	1.000	0.816	1.000	1.000	0.833	0.834	1.000	1.000	0.909	0.932
中国台湾股市	0.378	0.717	0.387	0.180	0.335	0.867	0.114	0.063	0.075	0.346

注：TE∈[0，1]，1.000 表示综合技术效率达到相对最优。

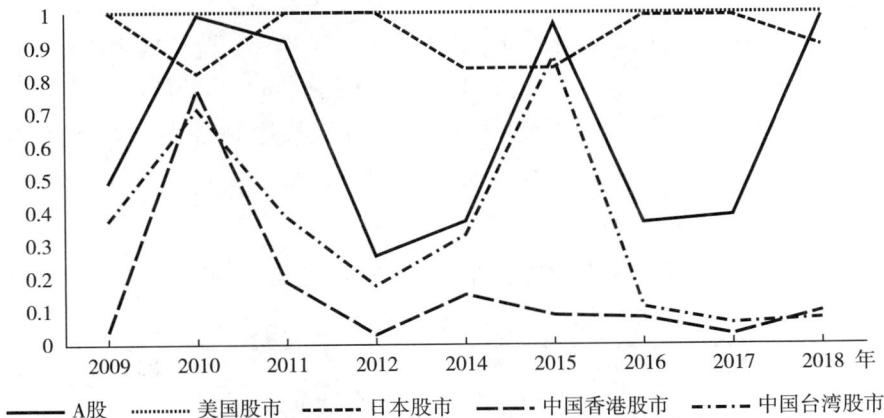

图 3-5 A 股、美国股市、日本股市、中国香港股市、
中国台湾股市综合技术效率（TE）走势

在考虑规模效率的情况下，基于 BCC 模型可将综合技术效率（TE）分解为纯技术效率（PTE）和规模效率（SE）。PTE 是剔除规模效率后的综合技术效率，它由 DMU 自身的技术、管理水平决定，在此处则表示由市场制度和运行机制等因素决定的资金融通效率，是市场资源配置效率的组成部分。表

3－5列示了DEA模型计算的各个市场资源配置的纯技术效率。美国、日本和中国香港市场的PTE均在1左右（在图3－6中重合于最高处PTE＝1的线），符合成熟市场的特征。值得关注的是日本市场，虽然TE排名最低，但在剔除规模因素（SE）影响后，PTE基本保持在相对最高水平，说明日本市场资源配置总体效率低下主要是规模效率低导致的，较高的PTE则反映了日本发行上市制度的完备性和高效性。中国台湾市场在2009—2012年PTE水平相对较低且波动较大，主要是由于金融危机之后中国台湾资本市场经历了较长的振荡期。2012年中国台湾市场PTE达到最低点，可能是"选举年"政治不稳定因素对金融市场的运行造成了影响。刘文龙（2017）使用DEA模型测算A股、美股、中国台湾股市融资效率时也发现2011—2012年中国台湾股市的融资效率处于低谷。但实行单一注册制之后的中国台湾股票市场还是表现出了坚实的制度优势，PTE在2014年后达到1并保持稳定。

A股的资源配置纯技术效率（PTE）均值仅为0.761，在5个股票市场中排名最低。各年间PTE波动大，反映了IPO制度改革进程中的波动和调整，市场的不成熟和不稳定导致资源配置效率在低水平震荡。以2012年、2014年为例，PTE分别为0.397和0.442，处于近10年来的低点，这与2013年的IPO暂停密切相关。2011年A股PTE为1.000，2012年骤降为0.397，反映了制度不合理、市场运行不稳定引发的资本市场资源配置效率下降。同年股市大跌，"一级市场占用资金导致二级市场低迷"的舆论压力和IPO发行审核过程的问题，使证监会在2012年10月起暂停了IPO。这次长达14个月的IPO停发在2014年恢复，一级市场仍处于修复阶段，PTE仅略高于IPO暂停前的2011年。总体来看，A股IPO资源配置效率的PTE低且波动较大。

表3－5　A股、美国股市、日本股市、中国香港股市、
中国台湾股市纯技术效率（PTE）比较

	2009年	2010年	2011年	2012年	2014年	2015年	2016年	2017年	2018年	均值
A股	0.715	1.000	1.000	0.397	0.442	0.984	0.680	0.627	1.000	0.761
美国股市	1.000	1.000	1.000	1.000	1.000	1.000	1.000	1.000	1.000	1.000
日本股市	1.000	1.000	1.000	1.000	1.000	1.000	1.000	0.690	1.000	0.897
中国香港股市	1.000	0.944	1.000	1.000	1.000	0.872	1.000	1.000	0.912	0.970
中国台湾股市	0.485	0.830	0.418	0.264	1.000	1.000	1.000	1.000	1.000	0.777

注：PTE∈[0，1]，1.000表示纯技术效率达到相对最优。

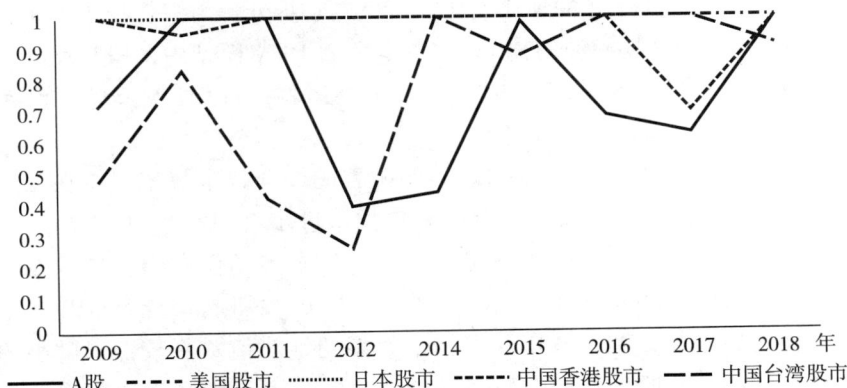

图 3 - 6　A 股、美国股市、日本股市、中国香港股市、
中国台湾股市纯技术效率（PTE）走势

　　表 3 - 6 列示了 DEA 模型计算的各个市场规模效率（SE）情况。规模效率的排名与综合技术效率（TE）保持一致，依次为美国股市、中国香港股市、A 股、中国台湾股市和日本股市。A 股市场较高的规模效率拉高了综合技术效率，而日本市场的低 SE 大幅拉低了 TE。除 2010 年外，日本市场资源配置的 SE 一直不超过 0.4，这是导致综合技术效率低下的首要原因。这与日本的金融体制有关：过去的主银行制对金融体系的深远影响依然存在，日本企业仍以银行信贷为主要融资方式，对股票市场融资的偏好远不及中国企业。

表 3 - 6　A 股、美国股市、日本股市、中国香港股市、
中国台湾股市规模效率（SE）比较

	2009 年	2010 年	2011 年	2012 年	2014 年	2015 年	2016 年	2017 年	2018 年	均值
A 股	0.684	1.000	0.918	0.673	0.844	0.989	0.541	0.619	1.000	0.807
美国股市	1.000	1.000	1.000	1.000	1.000	1.000	1.000	1.000	1.000	1.000
日本股市	0.040	0.782	0.185	0.027	0.148	0.087	0.082	0.391	0.099	0.205
中国香港股市	1.000	0.864	1.000	1.000	0.833	0.956	1.000	1.000	0.997	0.961
中国台湾股市	0.779	0.864	0.926	0.682	0.335	0.867	0.114	0.063	0.075	0.523

　　注：SE $\in$ [0, 1]，1.000 表示规模效率达到相对最优。

　　对 A 股、美国股市、日本股市、中国香港股市和中国台湾股市在 2009—2018 年 IPO 资源配置效率水平的面板数据进行分析，计算 Malmquist 指数，并将其按式（3 - 11）进行分解，结果见表 3 - 7。Malmquist 指数表示全要素生产率（TFP）的环比变化率，可进一步分解为综合技术效率变化率（EFF）和技术进步率（TECH）。在本章的 DEA 模型中，EFF 反映了市场运行改善、监管水平提高等因素对效率的影响，TECH 则反映了经济转型、制度改革等因素对效率的影响。

美国股市在 2009—2018 年 IPO 资源配置的综合技术效率保持在相对最佳水平（EFF = 1），TFP 的提升全部来自技术进步（TECH = 1.197），反映了制度改革与发展对资源配置的优化作用。日本市场仅在综合技术效率方面略有改善，但效率前沿面在后移，说明日本的注册制本身有退步或不能适应经济发展需要。由于各年综合技术效率的绝对值水平较低，微小的效率改进无法给日本股市资源配置效率带来显著提升。中国香港市场总体上保持相对较高的资源配置效率，但 EFF 和 TECH 的均值都略小于 1，总体有下降趋势。近年来，港股的流动性问题突出，曾多次排名 IPO 募资额全球第一的联交所，股票转手率甚至无法进入世界前十。二级市场的低迷影响了一级市场，这也是中国香港股市资源配置效率下降的原因之一。另外，虽然中国香港市场 EFF 和 TECH 的均值相差不大，但两者在 10 年间的走势完全不同：EFF 稳定在 1 左右，极差不超过 0.5，反映出中国香港市场运行机制的稳健性；TECH 波动幅度大，最高和最低分别为 2.462 和 0.458，反映了资本市场制度改革造成的波动。中国台湾股票市场的资源配置效率也有明显波动，综合技术效率在 2011—2012 年和 2015—2016 年有大幅下降，而 2012 年和 2016 年恰好为中国台湾地区"选举年"，政治局势变动可能影响了金融市场的运行稳定性，导致资源配置的综合技术效率下降。

A 股市场在 2009—2018 年资源配置效率的 Malmquist 指数波动较小，但将其分解为 EFF 和 TECH 则发现两项因子波动较大且方向相反，见图 3 – 7。EFF 的变化反映出 A 股资源配置效率总体水平的波动大，而 TECH 的变化则反映了制度改革等因素对资本市场的冲击。EFF 和 TECH 的反向波动可能是因为市场运行对制度改革的适应存在时滞，即制度改革对市场常规运转造成了冲击。另一种解释是：在 EFF 代表的资源配置效率变化率回落时，资本市场运行不畅，需要制度改革解决市场问题，因此需要使代表制度改革的 TECH 指标提升，体现出市场与行政力量协同调节资本市场资源配置的作用。就 A 股总体变化趋势而言，综合技术效率有所改善（EFF = 1.094）而技术进步不足（TECH = 0.891）。从 EFF 角度来看，研究期间内 A 股市场仅在 2011—2012 年和 2015—2016 年这两个时段出现大幅度效率退步（EFF 远小于 1），大部分年份 EFF 大于 1，说明市场制度的运行效率在不断提高。2011—2012 年综合技术效率退步可能是由 2012 年 IPO 规模显著缩减造成的，同年的再融资规模飙升，达到 IPO 募资额的 4 倍，吸引了大量市场资金，使 IPO 严重缩水，反映出 A 股市场各部门间运行不协调的问题。2014—2015 年的综合技术效率退步则主要归咎于股灾：以 2015 年 6 月为分界点的牛熊转换使市场面临严重危机，作为股票源头的 IPO 也被迫停止。市场的剧烈波动和 IPO 发行的被迫暂停说明市场运行仍具有极大不稳定性。从技术进步率（TECH）来看，年度波动较大，3 次显著改善（TECH 远大于 1）和 5 次明显退步（TECH 远小于 1）反映了我国资本市场制度改革造成的效率大幅波动，改革效果具有较大的不确定性，制度改革处于"摸着石头过河"的试验阶段。总体而言，Malmquist 指数在大多数年份均大于 1，说明资本市场的资源配置效率在逐渐提高，渐进性改革取得了一定成效。将 A 股市场资源配置综合技术效率的变动（EFF）分解为纯技术效率（PTE）和规模效率（SE）的改变，EFF 在 2011—2012 年的下降主要由纯技术效率下降导致，PTE 仅为上一年的 39.7%，这也可能是导致 2012 年底至 2013 年底 IPO 停发的原因。2015—2016 年的 EFF 下降由 PTE 和 SE 下降共同导致，其中 ΔSE 的影响更大，SE 仅为上一年的 54.8%，主要是由于当年 IPO 规模大幅缩水。这给 2016—2017 年的 IPO 排队企业"堰塞湖"埋下了隐患，也间接促成了 2017 年 A 股 IPO 数量的爆发。其余年份 A 股市场资源配置效率均有所进步，ΔSE 相对高于 ΔPTE，说明规模优化对资本市场资源配置效率改进的贡献超过市场管理、运行水平提升的贡献。

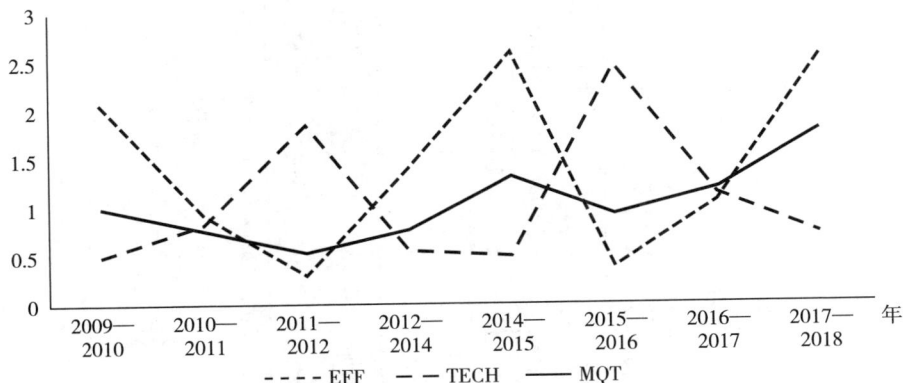

注：MQT 即 Malmquist 指数，表示全要素生产率的变化率；EFF 表示综合技术效率（TE）的变化率；TECH 表示有效前沿的变化。

图 3-7 A 股市场的 IPO 资源配置效率变化情况

表 3-7 A 股、美国股市、日本股市、中国香港股市、中国台湾股市 Malmquist 指数比较

年份	A股			美国股市			日本股市			中国香港股市			中国台湾股市		
	EFF	TECH	MQT	EFF	TECH	MQT	EFF	TECH	MQT	EFF	TECH	MQT	EFF	TECH	MQT
2009—2010	2.047	0.489	1.000	1.000	1.778	1.778	19.683	0.386	7.603	0.816	0.495	0.404	1.896	0.441	0.836
2010—2011	0.918	0.826	0.758	1.000	0.594	0.594	0.236	1.320	0.312	1.226	1.061	1.300	0.539	0.889	0.479
2011—2012	0.291	1.833	0.533	1.000	2.525	2.525	0.144	1.780	0.256	1.000	1.813	1.813	0.467	1.836	0.857
2012—2014	1.399	0.550	0.770	1.000	1.678	1.678	5.568	0.642	3.575	0.833	0.458	0.382	1.855	0.569	1.055
2014—2015	2.605	0.505	1.316	1.000	0.454	0.454	0.586	0.505	0.296	1.000	0.505	0.505	2.591	0.505	1.308
2015—2016	0.379	2.462	0.932	1.000	0.833	0.833	0.943	2.462	2.322	1.199	2.462	2.953	0.131	2.462	0.322
2016—2017	1.054	1.126	1.187	1.000	1.704	1.704	0.328	1.098	0.360	1.000	1.151	1.151	0.552	1.266	0.699
2017—2018	2.576	0.695	1.791	1.000	1.464	1.464	3.700	0.651	2.408	0.909	0.647	0.588	1.191	0.575	0.685
几何平均数	1.094	0.891	0.974	1.000	1.197	1.197	1.121	0.921	1.033	0.988	0.893	0.882	0.817	0.883	0.721

注：MQT 即 Malmquist 指数，表示全要素生产率的变化率；EFF 表示综合技术效率（TE）的变化率；TECH 表示有效前沿的变化。

表 3-8 A 股市场的资源配置综合技术效率变化因素分解

	2009—2010 年	2010—2011 年	2011—2012 年	2012—2014 年	2014—2015 年	2015—2016 年	2016—2017 年	2017—2018 年	几何平均数
ΔPTE	1.399	1.000	0.397	1.114	2.227	0.691	0.923	1.594	1.043
ΔSE	1.463	0.918	0.733	1.256	1.170	0.548	1.142	1.616	1.049
EFF	2.047	0.918	0.291	1.399	2.605	0.379	1.054	2.576	1.094

注：ΔPTE 表示纯技术效率的变化率，ΔSE 表示规模效率的变化率，两者共同影响综合技术效率的变化率（EFF）。

3.4 A 股上市公司资源配置效率研究

3.4.1 DEA 模型设计与变量分析

资本市场资源配置的微观基础是上市公司的资源配置行为。上市公司通过资本市场获得资源,投入生产经营、研发、管理等活动,最终赚取利润并提升企业价值,资源就实现了有效配置。为使研究更有针对性,本节围绕 IPO 事件,研究 A 股上市公司对 IPO 资源的配置行为和效果,评价我国资本市场中上市公司的资源配置水平,为科创板并试点注册制提供参考。

现有文献大多是对企业融资效率的评价,由于 DEA 模型对输入与输出变量含义无明确规定,这些研究的变量选择对本节研究具有一定的参考意义。现有研究在变量选择中的一个普遍问题是没有考虑投入与产出的时间差,大多数变量选择了当期值。如果考察企业融资效率的静态水平,选择当年的投入产出变量是合理的;本节研究上市公司的资源配置效率,即企业是否有效利用从资本市场取得的资源创造业绩回报,而资本市场的融资通常具有长期性,以 IPO 为例,IPO 募集资金投资项目周期大多为 2~5 年,项目回报必然无法在 IPO 当年体现,而是在 IPO 后的中长期内逐步释放到业绩中。考虑到募集资金产生回报的时滞,本节的研究以 IPO 之后三年的平均业绩来衡量产出,弥补了大部分现有研究仅使用当期投入和当期产出的不足。

从投入—产出角度,投入包括股东(原始股东和 IPO 新股东)和债权人向公司提供的以资金为代表的各种资源,产出则应该能够刻画企业的业绩成果,既包括表示总体业务水平的营业收入,又包括表示最终获利水平的净利润和表示实际经营净所得的经营活动现金流量净额。整个 DEA 模型意在研究样本中各上市公司能否在现有资源的基础上合理配置 IPO 所得资金以获得更好的业绩,从而评价 A 股上市公司层面的资源配置效率。投入—产出指标见表 3-9。

表 3 – 9　　衡量 A 股上市公司资源配置效率的 DEA 模型

名称	属性	指标	时间
投入变量	资源	所有者权益	IPO 之前三年
		负债	IPO 之前三年
		IPO 募集资金净额	IPO 时
产出变量	业绩	营业收入	IPO 之后三年
		净利润	IPO 之后三年
		经营活动现金流量净额（OCF）	IPO 之后三年

投入指标中的所有者权益、负债为样本企业 IPO 之前三年的均值，代表企业在上市前所拥有资源的价值及来源。之所以选择上市之前三年的均值而非上市前一年的数据，是因为考虑到我国对企业上市的财务数据披露要求是"三年及一期"，这条要求意在更加完整地了解申请上市企业的历史情况，避免企业做"上市突击"，在短期内主动调整资产负债和盈利状况。另外一项投入指标是 IPO 募资净额，这是上市公司在扣除各项发行费用后通过 IPO 获得的资金净额，代表了发行人 IPO 后可投入生产发展的增量资源。理论上，募集资金应投入已规划并在招股说明书披露的投资项目中，不得随意变更用途。

产出指标中的营业收入、净利润、经营活动现金流量净额分别从销售、盈利、现金流的角度衡量了公司业绩，数据取自 IPO 后三年财务报表期末数的平均值。

根据《首次公开发行股票并上市管理办法》，申请 IPO 的公司需要符合相应的收入、净利润、经营活动现金流净额要求，说明这些指标能在一定程度上反映企业的财务表现和投资价值，因此选择这三项指标作为 DEA 模型的产出变量。

本节研究以 2014—2016 年在上海、深圳证券交易所进行 IPO 的公司为决策单元，选择 2012—2019 年的财务数据计算其 IPO 前、后三年的投入产出指标（2019 年全年数据依 2019 年半年报计算）。由于 DEA 模型在计算生产前沿面时易受极端值影响，因此剔除了极端样本。DEA 模型的经济含义使其不能计算小于零的投入或产出值，部分研究采用了标准化的方法，这又导致数据受极端值影响而被扭曲。考虑到投入、产出指标均由三年数据平均后获得（除募集资金净额），若计算平均值后仍小于零，说明该企业资不抵债或经营业绩持续低迷，可直接判断为资源配置无效。因此，本章的研究剔除了净利润、经营活动现金流量净额为负的样本公司。经过筛选，总共选择 438 个符合要求的决策单元（DMU），其中 87 家企业于 2014 年上市，157 家企业于 2015 年上市，194 家企业于 2016 年上市。根据 IPO 板块划分，157 家在创业板上市，94 家在中小板上市，187 家在主板上市。样本结构见图 3 - 8 和图 3 - 9。

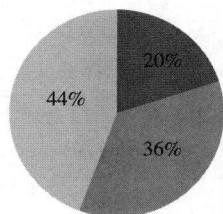

■2014年 ■2015年 ■2016年

图 3 - 8　样本公司 IPO 时间分布

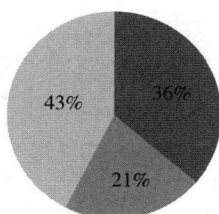

■创业板 ■中小企业板 ■主板

图 3 - 9　样本公司 IPO 板块分布

表 3 - 10　DEA 模型投入—产出变量的 Pearson 相关系数

显著性（双侧）	IPO 后三年营业收入平均值	IPO 后三年净利润平均值	IPO 后三年 OCF 平均值	IPO 前三年所有者权益平均值	IPO 前三年负债平均值	IPO 募资净额
IPO 后三年营业收入平均值（产出变量 1）	1	—	—	—	—	—
IPO 后三年净利润平均值（产出变量 2）	0.614 ***	1	—	—	—	—
IPO 后三年 OCF 平均值（产出变量 3）	0.625 **	0.855 ***	1	—	—	—
IPO 前三年所有者权益平均值（投入变量 1）	0.471 **	0.592 ***	0.636 **	1	—	—
IPO 前三年负债平均值（投入变量 2）	0.132 ***	0.311 **	0.354 *	0.725 **	1	—
IPO 募资净额（投入变量 3）	0.475 **	0.608 *	0.589 ***	0.475 ***	0.138 **	1

注：*、**、*** 分别表示在 10%、5%、1% 水平下显著。

表 3 – 11 投入—产出变量统计分析（按上市时间分组）

年份	样本量	IPO 前三年所有者权益平均值（亿元）	IPO 前三年负债平均值（亿元）	IPO 募资净额（亿元）	IPO 后三年营业收入平均值（万元）	IPO 后三年净利润平均值（万元）	IPO 后三年OCF 平均值（万元）
2014	87	5.28	4.86	4.14	177144.55	17212.58	16268.78
2015	157	5.09	4.26	4.19	159658.82	17808.77	16703.42
2016	194	4.77	4.13	4.15	140498.61	16547.84	16146.09
平均值	—	4.98	4.32	4.16	154645.53	17131.86	16370.23

表 3 – 12 投入—产出变量统计分析（按上市板块分组）

板块	样本量	IPO 前三年所有者权益平均值（亿元）	IPO 前三年负债平均值（亿元）	IPO 募资净额（亿元）	IPO 后三年营业收入平均值（万元）	IPO 后三年净利润平均值（万元）	IPO 后三年OCF 平均值（万元）
创业板	157	2.93	1.84	2.98	79395.71	12053.75	9480.36
中小企业板	94	4.70	4.02	3.80	189537.31	15989.40	16487.80
主板	187	6.85	6.55	5.33	200284.00	21969.57	22095.68
平均值	—	4.98	4.32	4.16	154645.53	17131.86	16370.23

根据 DEA 模型对输入、输出变量相关性的要求，在构建模型前对变量进行了相关性检验，结果见表 3 – 10。输入、输出变量相关度高，符合 DEA 模型的要求。使用 STATA14 进行描述性统计分析，分析结果见表 3 – 11 和表 3 – 12。按照上市时间分组（见表 3 – 11），在投入方面，2014 年的 IPO 企业平均规模大于 2015 年、2016 年的样本，平均所有者权益和平均总负债分别为 5.28 亿元和 4.86 亿元，但平均 IPO 募资净额与 2015 年和 2016 年水平相当。在产出方面，2014 年的样本企业在 IPO 三年后的营业收入均值显著优于 2015 年和 2016 年 IPO 的企业，净利润和经营活动现金流量净额则与其后两年 IPO 的企业相当。这一现象可能与 2013 年证监会开展的财务专项核查和 2014 年的 IPO 重启有关。自 2012 年底开始，IPO 在没有明确公告的情况下进入了实质性停发阶段，众多拟 IPO 企业陷入无期限等待，同时证监会对排队企业进行了以现场检查为主要方式的 IPO 财务专项核查。这一史无前例的严查被认为是处理 IPO "堰塞湖" 的强力措施，2013 年 1 月至 2013 年 10 月，共计 268 家企业提交终止审查申请，占此前已上报 IPO 企业的 30.29%。此次检查效果显著，大量问题企业选择放弃 "闯关"，使 2014 年重启后的 IPO 提速提效，大量优质企业得以顺利上市。同时，2014 年 IPO

重启后的上市审核并未放松，而是以平稳、谨慎的状态推进，全年发行新股共 125 只，其中主板、中小板、创业板分别上市 43 家、31 家、51 家。优质的企业储备和稳健的发审节奏使得 2014 年 IPO 企业的平均资质水平优于其他年份。按上市板块分组（见表 3 - 13），在投入方面，主板 IPO 企业上市前的股权、债权水平最高，中小板其次，创业板最低。创业板上市公司的平均权益水平不足主板的二分之一，平均债务水平不足主板的三分之一，反映出创业板上市企业较小的规模和偏重股权的资本结构。在 IPO 募资净额方面，样本中主板 IPO 平均募资净额达到 5.33 亿元，符合主板作为大规模蓝筹企业融资平台的定位。创业板公司 IPO 平均募资净额为 2.98 亿元，相比其 IPO 前的企业规模，募资效率高于其他两个板块。中小板居于创业板和主板之间，三个板块在募资净额方面的分层明显。在产出变量方面，主板企业 IPO 后三年收入、净利润、OCF 的平均水平最高；创业板 IPO 企业的平均营业收入不足主板的二分之一，OCF 与净利润的平均值差异较大，业绩水平较低且质量较差；中小板居于中间水平，业绩总体较好。

3.4.2 A 股上市公司资源配置效率分析

使用 DEAP - xp1 软件设计 DEA 模型计算 A 股上市公司的资源配置效率，438 家 IPO 企业按上市时间分组后的计算结果见表 3 - 13。综合技术效率（TE）表示企业对 IPO 所取得资源的总体配置效率，可分解为规模效率（SE）和纯技术效率（PTE）。SE 表示一定投入规模下的产出效率，增加或减少投入都会影响规模效率；PTE 表示企业在一定管理水平和技术水平下的投入产出效率，不受规模大小的影响。三项效率指标均为相对效率，最优值为 1。

总体而言，2014—2016 年 IPO 的上市公司资源配置效率较低，TE 均值仅为 0.278，远低于 1。将 TE 进一步分解为 PTE 和 SE，发现 SE 水平相对较高，均值达到 0.831，而 PTE 较低，均值仅为 0.346，可见 TE 低下主要是PTE 低导致的，即 IPO 企业由于决策、管理、运营水平的不足，不能有效地利用 IPO 资源，IPO 后的业绩有待提高。从时间趋势上看，2014 年 TE 优于2015 年和 2016 年，这可能与 2013 年的 IPO 停发与专项检查有关。2013 年初发审委启动了对拟 IPO 企业 2012 年财务报告的专项检查，近一年的严查使 268 家企业提交终止审查申请，超过此前上报的 IPO 企业的 30%。大批闯关企业被排除于 IPO 之列，IPO 排队企业质量提高、审核压力骤减。2014年 IPO 企业资源配置效率较高说明强力的监管检查有助于优化金融资源配置。2015 年 SE 略微上升而 PTE 降低，可能是低迷的宏观经济和"股灾"对 IPO 市场造成了影响。2016 年 SE 和 PTE 都略有下降。

表 3 - 13　DEA 模型效率计算结果

	综合技术效率（TE）	纯技术效率（PTE）	规模效率（SE）
2014	0.295	0.366	0.834
2015	0.285	0.349	0.838
2016	0.264	0.334	0.824
平均值	0.278	0.346	0.831

表 3 - 14　各年份效率相对最优的公司数量统计

	TE = 1		PTE = 1		SE = 1	
	公司数	组内占比	公司数	组内占比	公司数	组内占比
2014	2	2.3%	2	2.3%	3	3.4%
2015	3	1.9%	5	3.2%	3	1.9%
2016	4	2.1%	8	4.1%	7	3.6%
总和	9	2.1%	15	3.4%	13	3.0%

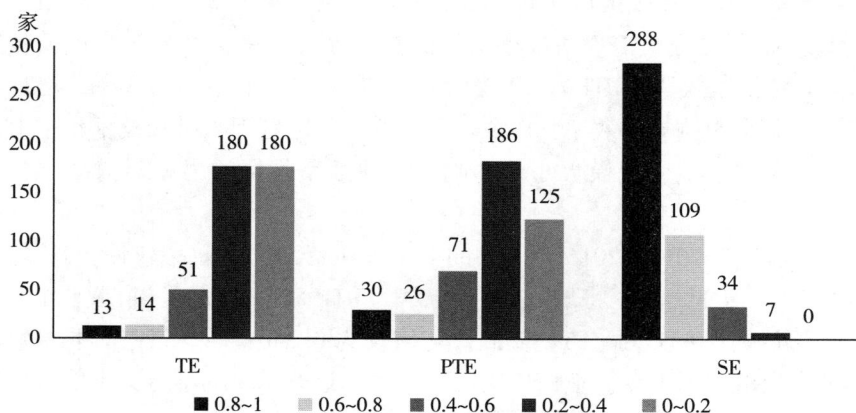

图 3 - 10　样本企业 TE、PTE、SE 的分布

IPO 资源配置效率相对最优的上市公司分布见表 3 - 15。在所选样本中，TE 有效的企业共 9 家，其中 2014 年、2015 年、2016 年分别有 2 家、3 家、4 家。PTE 有效的企业共 15 家，其中 2014 年、2015 年、2016 年分别有 2 家、5 家、8 家。考虑样本量后，发现 PTE 最优的公司占样本的比例在逐年

上升，反映了上市公司制度优化、管理改善带来的 IPO 资源配置能力的提升。SE 有效的企业共 13 家，其中 2014 年、2015 年、2016 年分别有 3 家、3 家、7 家，SE 最优的公司占样本的比例波动较大。

上市公司 IPO 资源配置的综合技术效率（TE）、纯技术效率（PTE）、规模效率（SE）的分布情况见图 3 - 10。TE 在 0.8 ~ 1 和 0.6 ~ 0.8 区间的企业均仅为 3%，有 41% 的样本 TE 分别落在 0.2 ~ 0.4 和 0 ~ 0.2 的效率区间，反映出明显的低效率。PTE 情况略微乐观，高于 0.8 的企业占比达到 7%，大多数企业的 PTE 位于 0.2 ~ 0.4 和 0 ~ 0.2 水平，占比分别为 42% 和 28%。SE 水平则远优于 PTE，438 家样本中有 288 家的规模效率值超过 0.8，占比高达 66%，SE 低于 0.4 的企业仅占 2%。由此可见，IPO 资源配置效率低下的根源在于纯技术效率（PTE）低下，其经济含义是微观主体决策、管理、运营能力不足，具体表现包括战略定位不当、运营管理失效、制度规定不合理、计划执行不到位等，导致企业的投入不能高效地转化为产出。这与现实情况相符：很多企业在 IPO 之后更改募集资金用途，未按计划将募得资金用于提高产能、加强研发等提升企业业绩的项目中；有些企业的募集资金投资项目仅仅为了满足招股说明书的信息披露要求而非出于真实的战略规划；更有甚者 IPO 只为"圈钱"，上市后业绩大幅下滑，募集资金不知去向。总体而言，A 股上市公司的资源配置效率低，无法高效利用从资本市场获得的资源，这正是我国资本市场总体资源配置效率低下的微观原因。如何吸引、筛选资源配置能力强的优质企业，如何督促已上市公司保持高效率经营，是科创板与注册制改革优化资源配置的关键。

表 3 - 15　各板块 IPO 资源配置效率水平比较

	综合技术效率（TE）	纯技术效率（PTE）	规模效率（SE）
创业板	0.280	0.328	0.879
中小企业板	0.277	0.340	0.834
主板	0.276	0.363	0.790

将研究结果按照创业板、中小企业板、主板划分，横向比较各板块 IPO 企业的资源配置效率，见表 3 - 15。从综合技术效率（TE）角度，创业板效率最高，但也只有 0.280，主板效率为 0.276，中小板为 0.277，各板块间差异不大。各板块样本的 PTE 均严重偏低，拉低了总体的资源配置效率。将 TE 分解为纯技术效率（PTE）和规模效率（SE），发现这两项效率值在不同板块的错配现象明显。创业板 SE 最高，达到 0.879，而 PTE 最低，仅

为 0.328，这说明创业板上市企业通过 IPO 获得的资源与企业经营、管理能力匹配度高，但企业本身的资源配置能力较低。主板 PTE 最高，达到 0.363，而 SE 最低，为 0.790，说明相对于创业板和中小板，主板上市企业具有更完备的决策体系、管理机制和更高的技术水平，使其 IPO 资源能够更有效地配置于经营活动中，但是资源的投入规模有待优化。

表 3-16 各板块效率相对最优的样本企业统计

	TE = 1		PTE > 0.95		SE > 0.99	
	组内占比	公司数	组内占比	公司数	组内占比	公司数
创业板	4	2.5%	8	5.1%	18	11.5%
中小企业板	2	2.1%	2	2.1%	9	9.6%
主板	3	1.6%	7	3.7%	20	10.7%
合计	9	—	17	—	47	—

表 3-16 展示了各板块中最优资源配置水平达到相对的企业数量及其组内占比。本章所选的 438 家上市公司仅 9 家达到综合技术效率（TE）最优，其中 4 家为创业板公司，2 家为中小板公司，3 家为主板公司，主板上市公司组内占比最低。在严格意义上，只有在效率值等于 1 时才认为 DMU 在该项活动中是效率相对最优的，但考虑到有相当一部分 DMU 的纯技术效率或规模效率接近 1（但不严格等于 1），即非常接近有效前沿，效率较高（只不过未达到最优），因此将 PTE > 0.95 和 SE > 0.99 分别视为纯技术有效和规模有效，使分析更有现实意义。在纯技术效率（PTE）方面，创业板 IPO 企业表现明显优于中小板和主板，达到纯技术有效的公司数量为 8 家，占样本中所有创业板公司的 5.1%，而中小板和主板的这一数字分别仅为 2 家和 7 家，占各自样本的 2.1% 和 3.7%。创业板 IPO 企业的 PTE 均值最低（见表 3-16），但 PTE > 0.95 在样本组的占比最高，说明创业板上市公司中存在可以高效配置 IPO 资源的优质企业，但同时又有大量低效企业拉低资源配置效率的平均水平。因此，加强对创业板发行人的辨识能力，避免鱼目混珠，是 IPO 制度改革需关注的重点，也是科创板并试点注册制要应对的挑战。在规模效率（SE）方面，样本中达到规模有效的企业共 47 家，创业板和主板 IPO 资源配置规模有效的企业在各自板块样本中的占比高于中小板，说明创业板和主板企业的 IPO 融资量与其本身的资源使用能力匹配度较好，中小板则存在更普遍的资源错配。

表 3 –17　五大行业的 TE、PTE、SE 均值比较

行业	样本占比	TE	PTE	SE
计算机、通信和其他电子设备制造业	11%	0.304	0.376	0.829
专用设备制造业	10%	0.248	0.281	0.886
化学原料及化学制品制造业	9%	0.279	0.336	0.839
医药制造业	8%	0.293	0.386	0.797
软件和信息技术服务业	7%	0.246	0.298	0.877
电气机械及器材制造业	6%	0.254	0.323	0.817

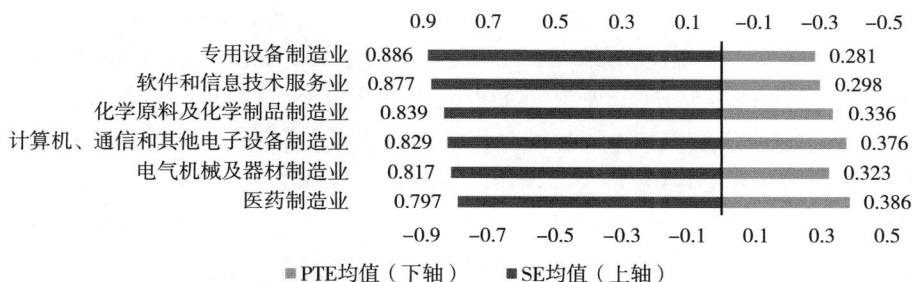

图 3 –11　五大行业的 PTE、SE 均值比较

　　资源配置效率在 PTE 与 SE 之间的错配现象在分行业统计中也有显现。表 3 –17 和图 3 –11 比较了样本中占比前五的行业的纯技术效率和规模效率结构。医药制造业 IPO 公司的 PTE 相对最高而 SE 相对最低,表明此类企业管理和技术水平相对较高,但是却不能通过 IPO 获得充足资源。这一现象在科技创新类中具有代表性,一些管理水平高、拥有先进技术的企业,由于研发投入巨大、研发周期长等原因,无法达到广泛认可的收入、利润要求,难以取得足量资金,有些公司因无法达到上市要求而不能在资本市场上公开融资。设立科创板并试点注册制正是解决这一问题的有效方式,科技创新企业资源配置效率中 PTE 和 SE 错配现象印证了科创板和注册制的必要性。相对传统的专用设备制造业 IPO 公司,其 SE 最高而 PTE 最低,表明在当前的投入规模下,企业的管理、运营、技术水平等因素限制了产出,即未达到当前规模水平的最大产出。目前一些大型集团企业已在成熟行业中占据龙头地位,由于行业回报稳定,因此享有顺畅的融资渠道,但行业内成长空间小且行业外投资机会少,因此没有大量的融资需求或无法高效利用募得的资金。由此可见,优化资源配置效率的方式之一就是识别出 PTE 高的企业,为其提供充足的融资支持,从而提高资本市场资源配置的总体效率。

表 3-18　非规模有效的上市公司规模效率分布

	规模效率递减		规模效率递增	
	公司数	组内占比	公司数	组内占比
创业板	126	80.3%	13	8.3%
中小企业板	80	85.1%	5	5.3%
主板	165	88.2%	2	1.1%
合计/总体占比	371	84.7%	20	4.6%

　　本节研究使用的 DEA-BCC 模型可计算未达到规模有效的 DMU 所处的规模效率阶段，计算结果见表 3-18。总体来说，A 股上市公司普遍存在因投入冗余而导致的规模无效，有 371 家样本公司处于规模效率递减阶段，占样本总体的 84.7%。这一现象在主板尤为突出，88.2% 的主板企业 IPO 资源配置效率规模递减，中小板和创业板上市企业处于规模效率阶段的占比分别为 85.1% 和 80.3%。这些企业的问题在于资源投入过度，增加的投资只能获得低于当前水平的边际回报。从资源的供给端，这可能是 IPO 超额募集资金导致的；从资源的需求端，这可能是受宏观环境、产业政策影响，也可能是受限于企业当时的组织能力和业务水平，无法使大规模资金得到高效利用，造成投入冗余，拉低了企业的资源配置效率。另外，4.6% 的样本企业处于规模效率递增阶段，这些企业的 IPO 投入资源相对于其能力和技术是不足的，企业效能无法完全释放，规模经济有待提升。处于规模效率递增阶段的企业可以通过增加投入来降低平均成本并获得更多产出。创业板 IPO 企业的规模递增效应尤为显著，有 8.3% 的企业处于这一阶段，中小板和主板的这类企业占比分别为 5.3% 和 1.1%，可见募资不足问题主要存在于创业板企业，中小板和主板的募资不足现象较少。总体而言，处于规模效率递减阶段的 IPO 企业占比远多于规模效率递增的 IPO 企业，IPO 规模与企业资源配置能力的不匹配是 IPO 资源配置效率低下的原因之一。我国多层次资本市场的发展应突出板块间差异，有针对性地支持各类企业发展。创业板资源配置的规模递增效应强于主板和中小板，科创板对比创业板更加支持科技创新企业，科创板的发展可能具有更强的规模效率递增趋势，将为科技创新企业提供更有力的支持。

　　总结本章研究，从市场整体和上市公司层面衡量了资源配置效率，为科创板并试点注册制对我国资本市场的资源配置优化提供了参考。在市场层面，运用 DEA 模型衡量了 A 股、美国股市、日本股市、中国香港股市、中国台湾股市的资源配置效率，评价了资本市场吸引金融资源投入实体经济的能力。运用金融危机后十年（2009—2018 年）的数据进行实证研究，发现 A 股市场的资源配置效率低且波动性大，美国、中国香港等成熟注册制市场效率水平高且稳定。注册制促进资源合理配置的优势明显，A 股的注册制改革任重道远。在企业层面，运用 DEA 模型计算了 2014—2016 年 A 股 IPO 公司的资源配置效率，发现综合效率低下且主要是由纯技术效率低下导致的，表明 A 股上市公司的资源配置能力不足。科创板突破了原来的上市标准体系，鼓励更多有价值的科技创新型企业上市，有利于发掘优质企业，提高 A 股上市公司总体的资源配置能力。研究还发现，A 股公司资源配置的纯技术效率和规模效率之间存在错配现象，一些资源配置能力强的企业无法通过资本市场获得充足资源，而一些低效企业却存在投入冗余。从公司层面对资源配置微观机制的研究显示出资本市场的资源配置结构有待优化，注册制改革将强化市场力量的价值判断权，使"无形的手"协助行政力量优化资源配置结构，从而提高资本市场的资源配置效率。

第四章 科创板企业"科创属性" 与公司价值

4.1 科创板五套上市标准与"科创属性"评价

4.1.1 科创板上市标准与行业分布

科创板作为面向世界科技前沿、面向经济主战场、面向国家重大需求的新生板块，主要服务于符合国家战略、突破关键核心技术、市场认可度高的科技创新企业，重点支持新一代信息技术、高端装备、新材料、新能源、节能环保以及生物医药等高新技术产业和战略性新兴产业，推动互联网、大数据、云计算、人工智能和制造业深度融合，引领中高端消费，推动质量变革、效率变革、动力变革。2019 年 3 月 3 日，上海证券交易所发布《上海证券交易所科创板企业上市推荐指引》。其中，要求保荐机构重点推荐新一代信息技术、高端装备、新材料、新能源、节能环保以及生物医药等高新技术产业和战略性新兴产业六大领域的科技创新企业。

表 4-1 科创板重点关注领域

关注行业	主要领域
新一代信息技术	半导体和集成电路、电子信息、下一代信息网络、人工智能、大数据、云计算、新兴软件、互联网、物联网和智能硬件等
高端装备	智能制造、航空航天、先进轨道交通、海洋工程装备及相关技术服务等
新材料	先进钢铁材料、先进有色金属材料、先进石化化工新材料、先进无机非金属材料、高性能复合材料、前沿新材料及相关技术服务等
新能源	先进核电、大型风电、高效光电光热、高效储能及相关技术服务等
节能环保	高效节能产品及设备、先进环保技术装备、先进环保产品、资源循环利用、新能源汽车整车、新能源汽车关键零部件、动力电池及相关技术服务等
生物医药	生物制品、高端化学药、高端医疗设备与器械及相关技术服务等

其中，围绕企业预计市值、营收两大核心指标，科创板设置了五套差异化上市指标。对企业盈利具有"包容性"，允许尚未盈利的企业上市。

同时，允许特殊股权结构企业和红筹企业上市，单独设置标准如下：

（1）预计市值不低于100亿元；

（2）预计市值不低于50亿元，且最近一年营业收入不低于5亿元。

截至2020年5月30日，已经发行上市企业有105家。其中，2020年上市的有35家，2019年上市的有70家。

在相关行业分布上，共涉及十九个行业。计算机、通信和其他电子设备制造业分布最多，为24家；电气机械和器材制造业等九个行业各有1家分布。

表4-2 科创板上市指标

	预计市值	关注重点	具体标准
一	≥10亿元	利润	最近两年净利润均为正且累计净利润不低于5000万元；最近一年净利润为正且营业收入不低于1亿元
二	≥15亿元	研发	最近一年营业收入不低于2亿元；最近三年累计研发投入占最近三年累计营业收入比例不低于15%
三	≥20亿元	现金流	最近三年累计研发投入占最近三年累计营业收入比例不低于15%；最近三年经营活动产生的现金流量净额累计不低于1亿元
四	≥30亿元	市值+营收	最近一年营业收入不低于3亿元
五	≥40亿元	市值	（1）主要业务或者产品需经国家有关部门批准，市场空间大，目前已取得阶段性成果；（2）医药行业企业需至少有一项核心产品获准开展二期临床试验；（3）其他符合科创板定位的企业需要具备明显的技术优势并满足相应条件。

表4-3　科创板企业行业分布

行业		行业	
电气机械和器材制造业	1	铁路、船舶、航空航天和其他运输设备制造业	3
非金属矿物制品业	4	通用设备制造业	1
废弃资源综合利用业	1	橡胶和塑料制品业	2
互联网和相关服务	1	研究和试验发展	2
化学原料和化学制品制造业	4	医药制造业	14
计算机、通信和其他电子设备制造业	24	仪器仪表制造业	1
金属制品业	1	有色金属冶炼和压延加工业	1
软件和信息技术服务业	19	专业技术服务业	1
生态保护和环境治理业	2	专用设备制造业	22
食品制造业	1	总计	105

4.1.2　科创板上市企业的科创属性要求与评价指标

2020年3月20日，中国证监会发布《科创属性评价指引（试行）》（以下简称《指引》），对申报企业是否具有科创属性提出了具体的评价指标体系，从而全面地衡量企业研发投入产出及科技含量。推出定量细化的科创属性评价对于未来拟申报科创板的企业具有深远的影响，进一步明确了科创板的进入门槛。

对于企业科创属性判断，需要满足以下三项常规指标的条件，如表4-4所示。

表4-4　科创板企业科创属性三项常规指标

关注方面	具体要求	特殊处理
研发投入	最近三年研发投入占营业收入比例5%以上，或最近三年研发投入金额累计在6000万元以上	—
发明专利	形成主营业务收入的发明专利达5项以上	软件行业不适用，研发占比应在10%以上
营业收入	最近三年营业收入复合增长率达到20%，或最近一年营业收入金额达到3亿元	采用上市标准（五）可不满足

若三项常规指标不能达到要求，则需满足五条例外条款之一：

（1）发行人拥有的核心技术经国家主管部门认定具有国际领先、引领作用或者对于国家战略具有重大意义；

（2）发行人作为主要参与单位或者发行人的核心技术人员作为主要参与人员，获得国家科技进步奖、国家自然科学奖、国家技术发明奖，并将相关技术运用于公司主营业务；

（3）发行人独立或者牵头承担与主营业务和核心技术相关的"国家重大科技专项"项目；

（4）发行人依靠核心技术形成的主要产品（服务），属于国家鼓励、支持和推动的关键设备、关键产品、关键零部件、关键材料等，并实现了进口替代；

（5）形成核心技术和主营业务收入的发明专利（含国防专利）合计 50 项以上。

对截至 2020 年 5 月 30 日已经发行上市企业的科创属性进行统计分析。其中，研发投入、营业收入等相关数据来自上市公司年报，发明专利有关数据来自上市公司的招股说明书。由于无法准确判断公司的核心技术，相关技术与公司主营业务之间的相关性，故暂不对是否满足五项例外条款作出判断。

1. 研发投入标准分析

从研发投入相关指标来看，有 18 家企业在上市前 3 年的研发投入总和不到 6000 万元，占比为 17.14%。从绝对数额来看，达到比例较高。从研发费用占营业收入比例来看，63 家企业在上市前 3 年全部年份中研发费用占比达到 5%，占比为 60%。22 家企业在上市前 3 年中有 2 年研发费用占比达到 5%，11 家企业在上市前 3 年中仅有 1 年研发费用占比达到 5%，9 家企业在任何一个年份都没有达到条件。

分行业进行统计分析。全部企业最近三年研发投入占营业收入比例的平均数为 705.03%。因为部分医药制造业企业的研发费用投入较多，相应营业收入较少，因而出现较高数值。剔除医药制造业企业数据后，平均数为 10.31%。

表4-5　科创板企业研发投入标准统计

行业	最近三年研发投入/营业收入	行业	最近三年研发投入/营业收入
电气机械和器材制造业	5.59%	铁路、船舶、航空航天和其他运输设备制造业	6.65%
非金属矿物制品业	7.08%	通用设备制造业	9.33%
废弃资源综合利用业	5.23%	橡胶和塑料制品业	4.81%
互联网和相关服务	14.14%	研究和试验发展	24.75%
化学原料和化学制品制造业	3.43%	医药制造业	5220.70%
计算机、通信和其他电子设备制造业	10.78%	仪器仪表制造业	6.09%
金属制品业	3.39%	有色金属冶炼和压延加工业	11.13%
软件和信息技术服务业	14.88%	专业技术服务业	10.78%
生态保护和环境治理业	4.43%	专用设备制造业	8.85%
食品制造业	6.77%	总计	705.03%

2. 发明专利标准分析

所有科创板已上市公司发明专利的平均数为68个，有22家超过平均数，占比为20.95%；超过发明专利标准——拥有不少于5项发明专利的有98家，占比达到93.33%，九成以上公司能够满足专利指标要求。在剔除相关软件企业后，有2家企业拥有的发明专利数量是4个，1家企业拥有2项发明专利。

表4-6　科创板企业发明专利标准统计

行业	平均	总和	行业	平均	总和
电气机械和器材制造业	19	19	铁路、船舶、航空航天和其他运输设备制造业	199	596
非金属矿物制品业	18	73	通用设备制造业	35	35
废弃资源综合利用业	13	13	橡胶和塑料制品业	57	113
互联网和相关服务	24	24	研究和试验发展	16	31
化学原料和化学制品制造业	19	75	医药制造业	48	676

续表

行业	平均	总和	行业	平均	总和
计算机、通信和其他电子设备制造业	96	2308	仪器仪表制造业	176	176
金属制品业	19	19	有色金属冶炼和压延加工业	222	222
软件和信息技术服务业	28	541	专业技术服务业	128	128
生态保护和环境治理业	5	10	专用设备制造业	93	2042
食品制造业	29	29	总计	68	7130

3. 营业收入标准分析

由于采取上市标准（五）上市的公司可以不满足营业收入相关标准，因此剔除了采用第五套标准申报的 2 家企业后，对剩余 103 家企业进行分析。

从营业收入复合增长率指标来看，受理企业最近三年复合增长率的平均数为 64.01%，超过平均数的有 17 家。3 年营业收入复合增长率达到 20% 及以上的有 73 家，占比 70.87%。

从营业收入来看，最近一年营业收入的平均数为 13.19 亿元，超过平均数的有 14 家。超过指引规定的 3 亿元标准的有 71 家，占比为 68.93%。

表 4 - 7　科创板企业营业收入标准统计

行业	平均复合增长率	平均营业收入	行业	平均复合增长率	平均营业收入
电气机械和器材制造业	379.18%	42.05	铁路、船舶、航空航天和其他运输设备制造业	48.92%	139.11
非金属矿物制品业	58.50%	2.77	通用设备制造业	29.23%	2.91
废弃资源综合利用业	94.96%	10.18	橡胶和塑料制品业	84.26%	4.69
互联网和相关服务	71.27%	15.15	研究和试验发展	139.13%	2.95
化学原料和化学制品制造业	18.69%	6.32	医药制造业	39.21%	5.87
计算机、通信和其他电子设备制造业	92.27%	19.83	仪器仪表制造业	8.48%	5.52
金属制品业	35.06%	15.88	有色金属冶炼和压延加工业	268.59%	10.88

续表

行业	平均复合增长率	平均营业收入	行业	平均复合增长率	平均营业收入
软件和信息技术服务业	29.15%	4.24	专业技术服务业	361.08%	25.98
生态保护和环境治理业	101.96%	6.39	专用设备制造业	43.49%	5.39
食品制造业	43.25%	2.86	总计	64.01%	13.19

综合考虑《指引》的三项常规指标，已上市的 105 家企业中，有 10 家企业无法达到研发投入标准，有 7 家企业无法达到专利标准，有 18 家企业无法达到营业收入标准。有 2 家企业同时无法达到研发投入和专利指标，有 1 家企业同时无法达到专利指标和营业收入标准，有 1 家企业三项标准均无法满足。总体来看，已上市公司大都能够通过科创属性检验，具有较高的科技含量。

表 4 – 8　科创板企业达标情况

指标类型	具体内容	达标数量	未达标数量
研发投入	最近三年研发投入占营业收入比例 5% 以上	84	21
	最近三年研发投入金额累计在 6000 万元以上	87	23
发明专利	形成主营业务收入的发明专利 5 项以上 （包括软件行业研发占比 10% 以上）	101	4
营业收入	最近三年营业收入复合增长率达到 20%	72	31
	最近一年营业收入金额达到 3 亿元 （不包括上市标准（五）企业）	71	32
合计		78	27

4.1.3　深交所创业板推广注册制的上市标准

2020 年 4 月 27 日，中央全面深化改革委员会第十三次会议审议通过了《创业板改革并试点注册制总体实施方案》。其中，优化发行上市条件，根据创业板注册制制度设置，制定了多元化的上市条件，以支持不同成长阶段和不同类型的创新创业企业在创业板上市。依据市值、收入、净利润综合设立三套上市标准，如表 4 – 9 所示。

表 4 – 9　创业板企业上市标准

关注重点	标准一	标准二	标准三
净利润	最近 2 年净利润均为正 累积净利润不低于 5000 万元	最近 1 年净利润为正	—
市值	—	预计市值不低于 10 亿元	预计市值不低于 50 亿元
营业收入	—	最近 1 年营业收入不低于 1 亿元	最近 1 年营业收入不低于 3 亿元

新的创业板上市条件删除了经营时间大于三年、净资产以及未弥补亏损的要求，淡化部分利润指标的要求，允许亏损企业上市，发行上市条件更加优化。上市条件更加具有包容性，允许红筹企业和特殊股权结构企业上市，但是标准比科创板更加严格，并为未盈利企业上市预留空间。创业板预留了一定的改革过渡期，未盈利企业在改革实施一年以后可以申请上市。

在红筹及特殊股权结构企业上市方面，2020 年 4 月 30 日，证监会发布了《关于创新试点红筹企业在境内上市相关安排的公告》，增加已上市红筹企业境内上市可选标准，如表 4 – 10 所示。

表 4 – 10　创业板红筹及特殊股权结构企业上市标准

关注重点	已在境外上市的红筹企业	未在上市红筹企业/特殊股权结构企业	
		标准一	标准二
净利润	最近 1 年净利润为正	最近 1 年净利润为正	最近 1 年净利润为正
市值	市值不低于 2000 亿元	预计市值不低于 100 亿元	预计市值不低于 50 亿元
营业收入		营业收入不低于 5 亿元	

2020 年 5 月 27 日，国务院金融委办公室发布消息将于近期推出 11 条金融改革措施。其中第四条为出台《创业板首次公开发行股票注册管理办法（试行）》等四部规章，发布《创业板股票上市规则》等八项主要规则，推进创业板改革并试点注册制，建立健全对创业板企业的注册制安排、持续监管、发行保荐等配套制度。

4.2 科创板企业"科创属性"与价值创造

4.2.1 样本数据与实证模型

（一）样本选择与数据来源

科创板自推出以来便承载着我国科技驱动战略的重担，旨在鼓励和支持拥有"硬科技"的创新型、科技型、成长型公司上市。科创板上市企业是我国科创属性最强、产品市场供给最紧缺，未来发展前景最广阔的上市公司。为了研究科创属性与科创企业价值的内在联系，本书计量研究所选用的样本空间范围是截至 2020 年 4 月 30 日在科创板挂牌上市的 100 家上市企业。科创板上市企业的所有财务数据来源于 Wind 数据库，根据截至 2019年年报披露的最新数据统计获得。科创板上市企业的发明专利数根据招股说明书统计获得。

（二）变量定义与描述性统计

1. 被解释变量

本模型的被解释变量是科创板上市企业的托宾 Q 值，托宾 Q 在数值上等于科创板上市企业的市值与企业账面总资产的比值。托宾 Q 数值越大说明企业市值相较资产重置成本越高，企业未来增加投资的概率更大，具有更高的成长性，因此通过托宾 Q 来衡量科创板上市企业总价值还可以从侧面反映科创企业的成长性。科创板上市企业的托宾 Q 由截至 2020 年 4 月 30日的上市企业总市值与其负债及股东权益账面合计的比值计算得到。

2. 解释变量

本书的解释变量旨在刻画科创板上市企业的科创属性。根据证监会发布的《科创属性评价指引（试行）》，科创企业的科技含量可以通过研发投入、成果产出及其对企业经营的实际影响三方面衡量。本节选用科创企业2016 年至 2019 年的研发投入强度 RD、研发投入强度复合增长率 RDG、累计研发支出对数值 RE 和研发支出复合增长率 REG 四个指标来研究科创板企业的研发投入力度对企业价值的提升作用。上述变量中研发投入强度为年度变量，在数值上等于企业当期的总研发投入与营业收入的比值。在关于创新成果与企业价值的研究中，Griliches（1981）发现美国公司的专利拥有量与公司价值（Tobin's Q）存在显著正相关关系。黎文靖等（2016）研究表明相比于非发明专利，发明专利更能体现出企业的技术创新能力。基于此，本节选用科创企业发明专利数量 *INPAT* 度量其对科创企业价值的影响。本节还将考虑研发投入强度与发明专利数的互相激励效应。为了衡量科创企业的经营成果，本节选用科创板企业 2019 年度的净资产收益率 ROE、2016 年至 2019 年的营业收入复合增长率 *INCOMEG*、2017 年至 2019 年的净利润复合增长率 *PROFITG* 三个指标进行描述，旨在研究具有高营收能力与高盈利能力的科创企业是否能在证券市场中获得更高估值。

3. 控制变量

为保证研究结果的可靠性，本节对影响科创企业价值的重要因素进行必要的控制，共选取股权集中度、总资产规模对数值 *SIZE*、资产负债率 *LEV*、总资产周转率 *TAT* 四类控制变量。股权集中度指标分别选取第一大股东持股比例 *TOP*1 与前十大股东持股比例 *TOP*10，以考察大股东对企业的控制力会如何影响企业价值；总资产规模决定了企业未来价值成长的空间；资产负债率体现了企业的偿债能力，杠杆率越高的企业负债相对越重、偿债能力偏弱，在研发投资决策上会相对谨慎；总资产周转率体现了企业的营运能力，总资产周转率越高的企业利用资产实现营收的能力越强，本节以此考察营运能力对企业价值的影响。

4. 样本描述性统计

图 4-1 至图 4-3 为核心解释变量的频率分布直方图，表 4-11 给出了变量的定义，表 4-12 报告了各样本的描述性统计值。

从图 4-1、图 4-2、图 4-3 中可以看出各核心变量均呈右偏分布，说明样本内存在超过总体均值的极大值。此外各核心变量全距较大，说明科创板企业内部的 Tobin Q 值及科研水平差距较大。科创板企业的 Tobin Q 普遍大于 1，样本均值达到 5.7786，意味着科创板企业总体的市值远高于其账面价值，科创板企业未来极富成长性。根据科创板企业 2019 年年报统计，科创板企业的研发投入强度均值达到 11.87%，样本值普遍高于《科创属性评价指引（试行）》中规定的 5% 标准。科创板企业 2016 年至 2019 年的平均研发支出复合增长率达到 31.65%，表明科创板企业研发投入具有高增长性。科创板企业形成核心技术和主营业务收入的专利数也都高于 50 项。科创板企业的营业收入及净利润复合增长率分别高达 33.26% 和 63.54%，体现了科创板企业不断提升的经营能力和盈利能力。综上可知，科创板上市企业具有良好的科创属性，未来富有较高成长潜力。

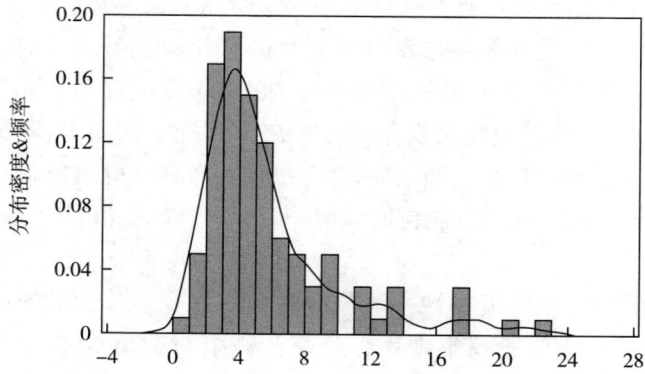

图 4 – 1　**Tobin Q**

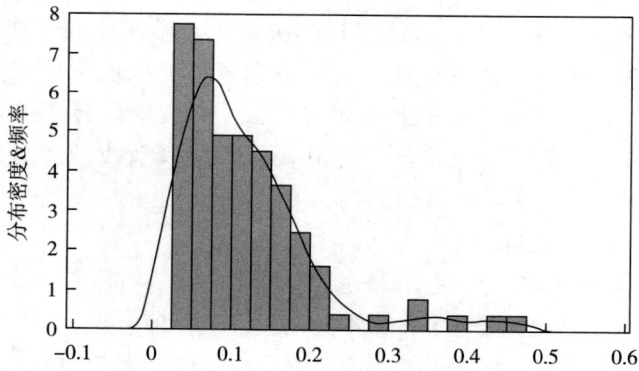

图 4 – 2　**研究投入强度（2019 年）**

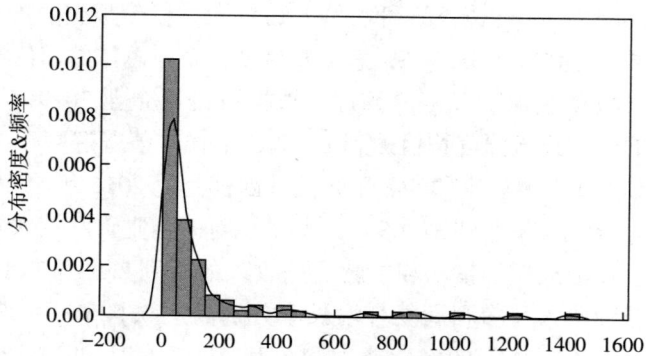

图 4 – 3　**发明专利授权量**

表 4-11 变量定义

变量	变量名称		变量符号	变量含义
被解释变量	托宾 Q		Tobin Q	总市值/负债及股东权益账面价值
解释变量	研发投入指标	研发投入强度	RD	当期研发投入/营业收入
		研发投入强度复合增长率	RDG	$RDG = \sqrt[3]{\dfrac{RD_{2019}}{RD_{2016}}} - 1$
		研发支出合计	RE	2016—2019 年研发支出合计对数值
		研发支出复合增长率	REG	$REG = \sqrt[3]{\dfrac{RE_{2019}}{RE_{2016}}} - 1$
	成果产出指标	发明专利数	INPAT	科创企业发明专利总数
	经营成果指标	净资产收益率	ROE	净利润/平均净资产
		营业收入复合增长率	INCOMEG	$INCOMEG = \sqrt[3]{\dfrac{INCOME_{2019}}{INCOME_{2016}}} - 1$
		净利润复合增长率	PROFITG	$PROFITG = \sqrt[3]{\dfrac{PROFIT_{2019}}{PROFIT_{2017}}} - 1$
控制变量	—	股权集中度	TOP1	上市企业第一大股东持股比例
			TOP10	上市企业前十大股东持股比例
		企业规模	SIZE	上市企业总资产对数值
		资产负债率	LEV	负债/资产总额
		营运能力	TAT	营业收入/总资产额

表 4-12 各变量描述性统计量

变量	变量符号	均值	标准差	最小值	最大值
被解释变量	Tobin Q	5.7786	4.1859	0.6240	22.1200
解释变量	RD_{2019}	0.1187	0.0843	0.0302	0.4502
	RD_{2018}	0.1132	0.0894	0.0264	0.5585
	RD_{2017}	0.1235	0.1183	0.0242	0.8684
	RD_{2016}	0.9795	0.2223	0.4023	2.0189
	RDG	-0.5225	0.1113	-0.6976	-0.0977
	RE	19.0030	1.0236	17.1630	22.3744
	REG	0.3165	0.1873	-0.1137	0.8361

续表

变量	变量符号	均值	标准差	最小值	最大值
解释变量	INPAT	136.4200	250.5488	3	1419
	ROE_{2019}	0.0889	0.4538	−4.0210	0.7169
	INCOMEG	0.3326	0.3127	−0.3673	1.8423
	PROFITG	0.6354	0.8637	−0.4075	3.5730
控制变量	TOP1	0.3041	0.1366	0.1013	0.7500
	TOP10	0.7044	0.0986	0.4129	0.9100
	SIZE	21.1933	0.8756	19.5847	25.3033
	LEV	0.2101	0.1632	0.0198	0.7697
	TAT	0.5534	0.3357	0.00	2.5952

注：表4–12中除了 Tobin Q、SIZE 和 INPAT 外，所有变量的单位均为%。

（三）实证模型设计

本节将从研发投入和发明专利数两方面考察科创板上市企业科创属性对企业价值增值的影响。为分别考察科创属性如何影响营收水平不同的科创企业的企业价值，本节根据上市企业2019年年报披露的营业收入将100家科创板上市企业按照50%分位数划分为高营收和低营收两个子样本，在全样本回归基础上进行分样本回归。

为检验科创属性与公司机制的关系，课题建立如式（4–1）所示的回归模型，在式（4–1）中加入研发投入强度的平方项是为了捕捉研发投入强度对企业未来价值走势的倒U形影响。式（4–1）中回归变量 RD 的下标 t 表示研发投入强度所对应的年度，本节将引入2016年至2019年共四年的指标进行计量回归。$CONTROL_i$ 表示回归模型中的控制变量。

$$
\begin{aligned}
TobinQ_i = \alpha &+ \beta_1 RD_{it} + \beta_2 RD_{it}^2 \\
&+ \beta_3 RDG_i + \beta_4 RE_i + \beta_5 REG_i \\
&+ \beta_6 INPAT_i + \beta_7 ROE_i + \beta_8 INCOMEG_i \\
&+ \beta_8 PROFITG_i + \beta_9 CONTROL_i + \varepsilon_i
\end{aligned} \tag{4-1}
$$

针对假设2，建立如式（4–2）所示的回归模型，在该式中加入研发投入强度与发明专利数的交叉乘积项，是为了检验科创板企业的发明专利授权量与企业各年度的研发投入强度之间是否能够互相激励，进而促进科创企业价值增值。$CONTROL_i$ 表示回归模型中的控制变量。

$$
\begin{aligned}
TobinQ_i = \ & \alpha + \beta_1 RD_{it} \\
& + \beta_2 RDG_i + \beta_3 RE_i + \beta_4 REG_i \\
& + \beta_5 INPAT_i + \beta_6 INPAT_i \times RD_{it} \\
& + \beta_7 ROE_i + \beta_8 INCOMEG_i \\
& + \beta_8 PROFITG_i + \beta_9 CONTROL_i + \varepsilon_i
\end{aligned}
\qquad (4-2)
$$

4.2.2 科创属性价值创造的经验证据

1. 研发投入与科创企业价值的关系

表 4-13 报告了根据式（4-1）进行的回归结果，其中第（1）组回归未包括 2016 年至 2018 年科创板企业研发投入强度的平方项，第（2）组加入了研发投入强度滞后平方项后，模型解释力有所提高，但 RD^2_{2018} 与 RD^2_{2017} 项系数均在 10% 的水平上不显著。以 RD_{2018} 至 RD_{2016} 项系数联合等于 0 为原假设的 Wald 检验的 F 统计量值为 2.6114，在 10% 的水平上拒绝原假设，而以 RD^2_{2018} 至 RD^2_{2016} 项系数联合等于 0 为原假设的 Wald 检验的 F 统计量值为 1.3726，无法在 10% 的水平上拒绝原假设，因此在分样本回归中保留 RD 的滞后项并去除 RD^2 的滞后项。

从全样本估计结果（1）和结果（2）可以看出，研发投入指标中 RD_{2019} 的系数在 5% 的水平上显著为正、RD_{2016} 的系数在 5% 的水平上显著为负，说明科创板企业在上市后的高研发投入强度能够提升企业价值，而科创板企业前期的高研发投入会削减企业价值。产生上述现象的原因可能是，科创板企业当期的高研发投入强度向投资者释放了扩张科技创新活动的信息，传递了企业对未来科创成果产出和公司业绩增长的信心，投资者更愿意长期持有此类科创企业股票，进而导致企业股价上涨、市值上升，然而科创企业在未上市前的高研发投入会因为削减企业留存收益导致企业价值缩水。科创板企业 2019 年的研发投入强度平方项 RD^2_{2019} 的系数分别在 5% 和 1% 的水平上显著为负，说明科创企业价值 Tobin Q 与当期研发投入强度呈倒 U 形相关，假设 1 得到验证。回归结果（2）的 RD^2_{2016} 项系数则在 10% 的水平上显著为正，说明科创板企业的当期价值与 2016 年度的研发投入强度呈先减后增的变化趋势。表 4-13 的第（3）列和第（4）列对于高营收和低营收科创企业的分样本分别进行回归，回归结果与表 4-13 第（1）列的回归结果基本保持一致。低营收科创板企业 RD^2_{2019} 回归系数的绝对值较全样本和高营收科创企业显著更大，说明低营收科创企业的价值随着研发投入强度增加的提升速度更快。与全样本回归不同的是，低营收科创企业的 RD_{2019} 项系数在 10% 的水平上显著为负，说明对于低营收科创企业而言，高研发投入强度在短期内会降低企业市场价值。在其他研发投入指标中，研发投入强度增长率 RDG 在所有样本回归中显著为负。其原因是，研发投入强度的正增长说明科创板企业的研发支出合计增长速度比营业收入增长速度更快，即科创板企业的研发支出无法创造等值甚至更高的营收回报，导致科创板企业的研发活动无法可持续进行且未来经营能力存疑，使得科创板企业价值下降。若科创板企业能在研发支出稳步提升的同时更快实现营收快速增长，尽管研发投入强度会出现负增长却仍然能够提升科创企业价值。从回归中可以看出，科创企业累计研发支出 RE 相较研发支出增长率 REG 能够更显著提高科创企业的价值。累计研发支出 RE 的系数在所有样本中均显著为正且对高营收科创企业价值的促进作用明显更高。科创企业的高累计研发支出能够向投资者传递企业的高科创力度和创新经验，引导投资者形成关于企业基本面的积极预期并通过交易行为在当期提升企业价值。相较低营收科创企业而言，高营收科创企业的高研发支出具有更强的可持续性和成果转化概率，从而更显著地提升企业价值。研发支出增长率 REG 仅在低营收科创企业样本中显著为正，说明投资者在判断低营收科创企业价值时会更看重企业未来的成长性，因而更关注企业的研发增长率。

成果产出指标方面，全样本和高营收样本的 $INPAT$ 项回归系数均为正但不显著，低营收科创企业样本的 $INPAT$ 项回归系数在 10% 的水平上显著为正且影响程度相较高营收科创企业高 1 个数量级，说明拥有更多发明专利授权量的科创企业具有更高价值，发明专利能够通过赋予企业未来科技研发的扩张期权来提升企业价值，发明专利授权量对低营收企业的价值提升影响更为显著。

经营成果指标方面，ROE_{2019} 的系数在全样本回归中显著为正，说明盈利能力更强的科创企业具有更高市场价值。相较于高营收科创企业，低营收科创企业的 ROE_{2019} 系数明显提升且在 1% 的水平上显著为正，说明拥有高盈利能力能够更显著地提升低营收科创企业的价值，其原因可能是盈利能力更强的低营收科创企业的当前市场价值尚未被充分挖掘，随着产品市场的扩张和科创成果转化，未来将具有更高成长价值。此外，$PROFITG$ 的系数在全样本和高营收企业样本中分别在 1% 和 5% 的水平上显著为正，而在低营样本中并不显著。上述回归结果进一步说明了，盈利能力更强的科创企业具有更高企业价值，高盈利增长性对高营收科创企业的促进作用更加

显著。就营收能力而言，低营收科创企业样本的 *INCOMEG* 回归系数在 10%
的水平上显著为正，在全样本和高营收样本中尽管为正但不显著，说明高
营收增长率能够提升企业价值，但对于低营收科创企业的影响更为显著，
营收能力虽然能提升高营收企业价值但不是关键影响因素。综上可知，市
场在评估高营收科创企业价值时更看重盈利能力，而在评估低营收科创企
业价值时，则关注未来成长性和营收能力，即企业存续能力。

控制变量方面，企业的第一大股东持股比例会显著降低科创企业总价
值，但企业总价值与前十大股东持股比例在全样本和子样本中分别在 1% 和
10% 的水平上呈显著正相关关系，说明企业前十大股东持股比例能够显著提
高科创企业总价值；企业规模 *SIZE* 与科创企业价值均呈显著负相关关系，
说明现有规模更大的企业未来价值增值的空间相对较小，成长性相对较弱。

表 4–13　企业价值与研发投入的多元回归结果

样本组合 解释变量	全样本		高营收科创企业	低营收科创企业
	（1）	（2）	（3）	（4）
RD_{2019}	137.2910 ** (2.1448)	216.0750 ** (2.5358)	40.5009 * (1.7916)	−278.9662 * (−1.7654)
RD_{2018}	27.4579 (1.3133)	38.2783 (0.6225)	33.2478 (0.6270)	99.3446 (1.4810)
RD_{2017}	21.2209 * (1.7695)	−14.2847 (−0.2940)	−7.3817 (−0.1893)	−36.1277 (−0.6323)
RD_{2016}	−9.0135 ** (−2.4249)	−31.1268 ** (−2.4977)	−7.5448 (−1.3677)	7.2021 (0.7623)
RD_{2019}^2	−189.3467 ** (−2.5879)	−292.6970 *** (−2.8840)	−149.5464 * (1.7276)	−454.4123 *** (−3.2484)
RD_{2018}^2	—	16.8883 (0.2866)	—	—
RD_{2017}^2	—	26.9839 (0.8130)	—	—
RD_{2016}^2	—	6.5024 * (1.7398)	—	—
RDG	−91.0627 *** (−3.0698)	−121.0748 *** (−3.2211)	−72.7132 * (−1.7806)	−21.7894 * (−1.6985)

续表

样本组合 解释变量	全样本		高营收科创企业	低营收科创企业
	(1)	(2)	(3)	(4)
RE	2.9664 **	3.6788 ***	7.1061 **	2.2385 *
	(2.3880)	(2.7021)	(2.5581)	(1.9144)
REG	-0.1259	-0.1231	-0.7899	5.3508 *
	(-0.0446)	(-0.0430)	(-0.2226)	(1.8237)
INPAT	0.0114	0.0027 *	0.0056	0.0201 *
	(0.8399)	(1.7887)	(1.6501)	(1.8537)
ROE_{2019}	12.1453 **	12.9256 **	16.1539 **	29.6257 ***
	(2.3747)	(2.5288)	(2.2494)	(3.3183)
INCOMEG	2.2746	1.7828 *	3.9875	7.2116 *
	(0.9268)	(1.6820)	(1.1591)	(1.8862)
PROFITG	1.1327 ***	1.1365 ***	1.9382 **	-0.2081
	(2.7461)	(2.7239)	(2.2918)	(-0.4024)
TOP1	-6.3979 **	-6.8515 **	-5.9065 *	2.9713
	(-2.2073)	(-2.3730)	(-1.8415)	(0.8179)
TOP10	12.3095 ***	11.8798 ***	5.6050 *	-5.4066 *
	(3.1197)	(2.9672)	(1.7202)	(-1.8562)
SIZE	-3.3547 ***	-4.0230 ***	-6.5786 **	-2.2862
	(-2.7628)	(-3.0654)	(-2.4322)	(-1.0973)
TAT	-5.6574 **	-6.8175 ***	-11.4177 **	-7.5131
	(-2.4646)	(-2.7635)	(-2.6421)	(-1.2493)
LEV	-6.6549 ***	-7.1253 ***	-7.8830 **	-8.0724 *
	(-2.7513)	(-2.9268)	(-2.6031)	(-1.8611)
α	-41.7744 *	-45.6199 *	-29.3221	72.2822
	(-1.9358)	(-1.8679)	(-0.6976)	(1.2265)
R^2	0.6530	0.6706	0.6880	0.6857
AIC	675.8594	676.6498	278.3711	207.8859
SBC	722.7524	731.3583	311.2866	238.7302
DW Stat	2.2203	2.1490	2.2845	2.6402

注：(1) *、**、*** 分别代表10%、5%与1%显著性水平；(2) 括号内为估计系数的 *t* 值；(3) 以下各表同。

2. 发明专利数与科创企业价值的关系

表 4－14 报告了根据式（4－2）进行回归的结果。从全样本估计结果（1）可以看出，$INPAT$ 的系数为负但不显著。子样本回归中，低营收样本的 $INPAT$ 项系数在 10% 的水平上显著为正，说明发明专利数能够更显著地增加低营收企业价值，与表 4－13 报告的回归结果保持一致；高营收科创企业的 $INPAT$ 估计系数在 1% 的水平上显著为负，表明高营收科创企业的价值会随企业发明专利数增加而显著降低。上述现象可能是由于科创板企业所处的科创周期不同导致的。低营收科创企业大多处于科创扩张期，发明专利产出的边际成本相对高营收科创企业更低，而相同要素投入的发明专利边际产出更高。高营收科创企业相对低营收科创企业处于科创衰退阶段，其现有的科创水平可能已经相当成熟，在当前科研水平上获得单位发明专利产出所需投入的研发资金远高于初创时期，使得企业价值随发明专利数增加而显著降低。此外，高营收科创企业的创新积极性以及利用创新成果的效率和意愿相对较低也有可能导致上述现象产生。关于研发投入强度与发明专利数量交叉乘积项 $RD \times INPAT$ 的回归结果，表 4－14 第（2）列针对全样本在第（1）列的基础上引入了滞后年度研发投入强度与发明专利数的乘积进行回归，回归结果均在 10% 的水平上不显著且 R^2 没有明显提升，针对滞后乘积项系数联合为 0 的原假设建立的 Wald 检验的 F 统计量值为 1.5048，无法在 10% 的水平上拒绝原假设，说明滞后年度的研发投入强度与科创企业拥有的发明专利授权量不具有相互激励作用，因此在第（3）列和第（4）列的分样本回归中不纳入考虑。根据表 4－14 第（1）列回归结果可知，全样本回归的 $RD_{2019} \times INPAT$ 估计系数在 1% 的水平上显著为正，说明研发投入强度与发明专利数之间存在相互激励作用。$RD_{2019} \times INPAT$ 项估计系数在子样本中均显著为正，低营收科创企业内部的研发投入强度与发明专利数之间的相互激励作用较高营收科创企业更为明显，假设 2 得到验证。$RD_{2019} \times INPAT$ 的正系数表明，科创企业增加单位发明专利数量对企业价值的提升作用依赖于企业研发投入，研发投入越高的科创企业单位发明专利增量对企业的增值作用越明显。同时，科创企业增加研发投入对企业价值的影响程度取决于科创企业现有发明专利数量，拥有更多发明专利数量的科创企业增加研发投入所带来的企业价值增量更明显。从科创企业本身而言，高研发投入强度与高发明专利授权量都代表了科创企业现有的较高科创水平，因此企业增加研发投入时获得专利产出的概率、新获发明专利的市场价值均更高，从而促进企业价值提升。此外，科创板企业高研发

投入强度和发明专利数对于投资者是高成长性和高科创价值的信号，能够促使投资者形成对企业前景的积极预期，激励投资者做多并长期持有公司股票，最终通过提升公司股价实现企业价值增值。

研发投入指标中，全样本的 RD_{2019} 回归系数在5%的水平上显著为正，说明高研发投入强度能够促进科创板企业价值提升，与表4-13报告的回归结果一致。高营收科创企业的 RD_{2019} 回归系数在5%的水平上显著为正，低营收科创企业的 RD_{2019} 回归系数在10%的水平上显著为正但数值有所提升，说明研发投入强度增加对低营收科创企业的价值有更强的促进作用。上述现象同样表明低营收科创企业大体处于科创扩张期，单位研发投入强度增量的价值回报呈现递增态势。表4-14报告的经营成果指标中，所有样本的 $INCOMEG$ 项回归系数的显著性较表4-13报告的结果有所提升，其余的经营成果指标以及控制变量的回归结果与表4-13报告的结果基本保持一致。

表 4 - 14　专利技术与公司价值的多元回归结果

样本组合 解释变量	全样本		高营收科创企业	低营收科创企业
	（1）	（2）	（3）	（4）
RD_{2019}	21.0346 ** （2.0562）	18.3112 * （1.7403）	15.2734 ** （2.1669）	24.4769 * （1.7928）
RDG	-18.1149 * （-1.9010）	-15.7486 * （-1.7122）	-14.6243 *** （-2.8144）	-25.6758 * （-1.9986）
RE	2.7844 ** （2.5179）	3.0151 *** （2.6626）	4.8883 *** （3.1820）	1.3472 * （1.8516）
REG	-3.0365 （-1.1977）	-1.7084 （-0.6501）	-3.4654 （-1.3551）	1.4952 （1.3822）
$INPAT$	-0.0027 （-1.1748）	0.0009 * （2.0650）	-0.0160 *** （-3.1657）	0.0236 * （1.8027）
$RD_{2019} \times INPAT$	0.0482 *** （3.1294）	0.18783 ** （2.0264）	0.0206 *** （4.6988）	0.2601 *** （3.0475）
$RD_{2018} \times INPAT$	—	0.2691 （1.5619）	—	—
$RD_{2017} \times INPAT$	—	-0.0304 （-0.6710）	—	—

续表

样本组合	全样本		高营收科创企业	低营收科创企业
解释变量	（1）	（2）	（3）	（4）
$RD_{2016} \times INPAT$	—	-0.0026 （-0.1976）	—	—
ROE_{2019}	9.9618* （1.8862）	9.9141* （1.8845）	8.9376** （2.2405）	21.1433** （2.5640）
$INCOMEG$	4.8435** （2.0498）	3.8978* （1.6922）	4.8878* （1.9794）	1.8023** （0.5256）
$PROFITG$	1.1724*** （2.8460）	1.2650*** （3.0681）	2.3172*** （3.7243）	0.2118 （1.4009）
$TOP1$	-6.2502** （-2.0906）	-4.7602* （-1.7405）	-7.5862* （-1.8471）	-2.7541 （-0.7460）
$TOP10$	13.1671*** （3.3131）	12.0379*** （3.0213）	7.5081* （1.7333）	2.7986 （0.4476）
$SIZE$	-3.0141*** （-2.8459）	-3.1426*** （-2.8793）	-4.0255*** （-2.9641）	-0.9257* （-1.8500）
TAT	-5.8954*** （-2.6687）	-5.8131** （-2.6350）	-9.1180*** （-3.5217）	-2.5404 （-0.4499）
LEV	-5.4845** （-2.3299）	-5.8381** （-2.3883）	-5.9464*** （-2.8488）	-8.9098* （-2.0156）
α	-1.4137 （-0.1221）	-1.1235 （-0.0967）	-22.5518 （-1.2848）	-16.3549 （-0.5592）
R^2	0.6095	0.6304	0.8040	0.6744
AIC	681.6564	682.1668	254.9474	215.4638
SBC	720.7340	729.0599	282.3771	241.1674
$DW\ Stat$	2.0113	2.0876	2.1584	2.7413

3. 模型稳健性分析

本部分通过替换样本回归对模型进行稳健性测试，所使用的替换样本为截至 2020 年 4 月 30 日在深交所创业板上市的企业，构造变量的方法与基准回归相同，各项财务数据来自最新披露的 2019 年年报，数据来源于 Wind

数据库。研究对象删除了企业财务数据缺失、ST 股票样本及发明专利授权量未完全披露的企业样本，样本内共计包括 473 家企业。表 4 – 15 分别报告了以科创板企业和创业板企业全样本为对象，表 4 – 15 的回归结果均使用稳健标准误以解决可能出现的异方差问题。

比较表 4 – 15 第（1）列和第（3）列回归结果可知，研发投入强度对创业板企业价值的影响方式与科创板企业存在较大差异。创业板企业的当期研发投入强度 RD_{2019} 项系数在 10% 的水平上显著为负，而 RD_{2019}^2 系数在 10% 的水平上显著为正，说明创业板企业的价值会随研发投入强度增加呈现先降后升的正 U 形关系。此外，创业板企业研发投入强度滞后项 RD_{2018} 和 RD_{2016} 的系数显著为正，RD_{2017} 的系数为负但不显著，说明创业板的研发投入对企业价值的促进作用存在滞后效应，然而科创板企业研发投入强度却能够在短期内对企业价值存在显著正向的促进作用。比较表 4 – 15 第（2）列和第（4）列归结果可见，创业板企业的 $RD \times INPAT$ 项回归系数并不显著为正，说明创业板企业内部研发投入强度与发明专利数之间通过互相激励促进企业价值的机制并不显著。除此之外，创业板上市企业的 RDG 项系数分别在 1% 和 10% 的水平上显著为正，与基准回归存在较大差异，说明高研发支出增长率能显著提高科创板企业价值。经营成果指标方面，创业板企业的 ROE_{2019} 和 $INCOMEG$ 回归系数与基准回归保持一致而显著性有所提升，说明企业当期利润和营收增长率能更显著提高创业板企业价值。综上可知，科创板与创业板企业价值对企业科创属性的响应模式存在不同，科创板企业价值提升较为依赖研发投入力度增加而创业板企业价值则更侧重经营成果。

考虑到科创板与创业板的不同定位，上述现象可能与上市企业特征的不同有关：科创板主推高科技企业，市场在评估科创板企业时更看重企业的科技属性与成长性，科创板企业的高研发投入强度与累计研发支出是衡量科创企业科技属性的重要标志，能够引导市场对科创企业形成更高估值；创业板主要为成长型创新创业企业服务，市场在评估创业板上市企业时可能更看重企业是否能够借助创新技术实现传统业态扩张与盈利增长，由于高研发投入力度会为企业带来盈利风险，因此会削减创业板企业价值。基于此，上述回归差异具有合理性。替换样本后其余解释变量与控制变量的回归结果与基准回归基本一致，模型依然保持稳健。

表 4 – 15 稳健性回归结果

样本组合 解释变量	科创板上市企业		创业板上市企业	
	假设 1 （1）	假设 2 （2）	假设 1 （3）	假设 2 （4）
RD_{2019}	137. 2910 ** （2. 0711）	21. 0346 * （1. 7505）	– 14. 7500 * （ – 1. 8693）	4. 2570 * （1. 7783）
RD_{2018}	27. 4579 * （1. 8042）	—	7. 1560 * （1. 7788）	—
RD_{2017}	21. 2209 ** （2. 3438）	—	– 4. 8545 （ – 0. 6480）	—
RD_{2016}	– 9. 0135 ** （ – 2. 4662）	—	21. 2586 ** （2. 4032）	—
RD_{2019}^2	– 189. 3467 ** （ – 2. 4317）	—	14. 0301 * （1. 8573）	—
$RD_{2019} \times INPAT$	—	0. 0482 *** （3. 2176）	—	0. 0130 （0. 6128）
RDG	– 91. 0627 *** （ – 2. 8637）	– 18. 1149 （ – 1. 6565）	5. 2214 *** （2. 7044）	3. 2543 * （1. 7057）
RE	2. 9664 ** （2. 6301）	2. 7844 ** （2. 0509）	0. 2951 （1. 2547）	0. 6720 *** （3. 2189）
REG	– 0. 1259 （ – 0. 0389）	– 3. 0365 （ – 1. 1389）	– 1. 6333 （ – 1. 0013）	– 3. 1695 * （ – 1. 7688）
$INPAT$	0. 0114 （0. 8598）	– 0. 0027 （ – 1. 0278）	0. 0004 （0. 3878）	– 0. 0006 （ – 0. 2734）
ROE_{2019}	12. 1453 ** （2. 2387）	9. 9618 * （1. 8289）	0. 0272 ** （2. 0589）	0. 0280 ** （1. 9950）
$INCOMEG$	2. 2746 （1. 0038）	4. 8435 ** （2. 2580）	2. 9785 * （1. 6531）	4. 6391 ** （2. 3582）
$PROFITG$	1. 1327 ** （2. 1053）	1. 1724 ** （2. 2647）	– 0. 2272 （ – 1. 1939）	– 0. 1700 （ – 0. 8664）
$TOP1$	– 6. 3979 * （ – 1. 9110）	– 6. 2502 * （ – 1. 7828）	– 2. 1019 （ – 1. 3828）	– 2. 4790 （ – 1. 5413）

续表

样本组合\解释变量	科创板上市企业		创业板上市企业	
	假设1 (1)	假设2 (2)	假设1 (3)	假设2 (4)
$TOP10$	12. 3095 ***	13. 1671 ***	3. 8417 ***	3. 7933 ***
	(2. 7965)	(3. 0663)	(2. 8444)	(2. 7891)
$SIZE$	− 3. 3547 ***	− 3. 0141 **	− 0. 6110 ***	− 0. 9601 ***
	(− 2. 9676)	(− 2. 3299)	(− 2. 9663)	(− 5. 1126)
TAT	− 5. 6574 ***	− 5. 8954 **	0. 2833	− 0. 0241
	(− 2. 8729)	(− 2. 2949)	(1. 0939)	(− 0. 0979)
LEV	− 6. 6549 ***	− 5. 4845 ***	− 0. 0356 ***	− 0. 0331 ***
	(− 3. 3872)	(− 2. 7809)	(− 4. 8708)	(− 4. 2002)
α	− 41. 7744 *	− 1. 4137	8. 3335 ***	9. 3891 ***
	(− 1. 7269)	(− 0. 1117)	(2. 6986)	(2. 9955)
R^2	0. 6530	0. 6095	0. 3144	0. 2807
AIC	675. 8594	681. 6564	3682. 6709	3699. 3158
SBC	722. 7524	720. 7340	3757. 5346	3761. 7022
$DW\ Stat$	2. 2203	2. 0113	2. 0701	2. 0302

4.3 专利、研发投入与企业价值：来自创业板的经验证据

在科创板科创属性评价指标体系中，无论是三项常规指标，还是五项例外条款，都凸显了发明专利的重要性。在此，笔者将专利纳入考虑，探究专利、研发投入与企业价值之间的关系，进一步拓展至创业板市场。在此，笔者将进一步以创业板上市公司为样本，并对标科创板与公司性质，选择目前科创板所重点关注的行业进一步验证专利、研发投入与企业价值的内在关系。

4.3.1 样本设计与变量

1. 样本来源
本节选取的样本来自创业板，所选公司均在 2015 年及以后上市。所选

样本剔除所有 ST 公司，合计 473 家公司，滞后期选择为两年，包含年份为 2014—2018 年。剔除了部分具有缺失值的数据，涉及样本总共 1704 个。同时，对标科创板与公司性质，选择目前科创板所重点关注的行业，包括计算机及通信等电子设备制造业、专用设备制造业、软件和信息技术服务业、医药制造业，共计 206 家公司，合计 824 个观测值。所选数据来自 Wind、Csmar 数据库，部分数据通过手工收集整理上市公司年报得到，使用 Stata 软件进行数据处理。

2. 变量说明

（1）研发投入的度量

研发投入分别从企业因素和行业因素两个角度来考虑。

在企业因素层面：①采用研发投入的对数 $\ln Rd$，本期研发投入为本期费用化的研发费用与本期资本化的开发支出之和；②采用研发投入与销售收入的比重 Rdr 衡量 R&D 强度；③采用研发投入与员工数量的比重 Rdi 衡量 R&D 的密度；④研发溢出吸收能力的衡量采用随机前沿生产函数，公司在得到产出 y 时，需要进行资本 K 和劳动力 L 的投入，以 Battese and Coelli（1992）模型为基础，使用随机前沿生产函数 $f(xi; a)$ 取对数的线性柯布—道格拉斯生产函数形式。随机前沿生产模型形式为

$$\ln y_{it} = \alpha_0 + \alpha_1 GM + \alpha_2 \ln K_{it} CGF + \alpha_3 \ln L_{it} + v_{it} + u_{it} \qquad (4-3)$$

其中，y_{it} 为公司净利润，K_{it} 为固定资产，$\ln L_{it}$ 为员工数量。v_{it} 是随机干扰项，刻画的是企业所不能控制的各项因素，u_{it} 代表公司对创新能力研发溢出的吸收能力。v 和 u 相互独立，v 服从均值为 0，标准差为 σ_v 的正态分布，记作 $v \sim N(0, \sigma_v^2)$，u 服从均值为 0，标准差为 σ_u 的截断半正态分布，记为 $u \sim N(0, \sigma_u^2)$，使用极大似然估计法对模型进行参数估计。

在行业因素层面：①采用全行业研发投入费用与占销售收入的比重 Ard，反映行业平均研发投资的力度；②采用 $RD5/CR5$ 衡量某行业中企业研发强度的分布程度，即研发集中度。其中，$RD5$ 是某行业中研发经费投入最多的 5 家企业所投入研发经费之和占该行业总研发经费的比率。$CR5$ 为某行业内规模最大的 5 家企业销售收入之和占该行业总销售收入的比率。

表 4 – 16 主要变量定义

类别	名称		缩写	描述
研发变量（*RDF*）	企业因素	研发投入绝对值	ln*Rd*	研发投入的对数，本期研发投入为本期费用化的研发费用与本期资本化的开发支出之和
		研发投入相对值	*Rd*	研发投入/总资产
		研发投入累计数	*Alnrd*	研发投入年累计数取对数
		R&D 强度	*Rdr*	研发投入/销售收入
		R&D 密度	*Rdi*	研发投入/员工数量
		吸收能力	*Te*	随机前沿函数
	行业因素	行业平均研发强度	*Ard*	全行业研发投入费用与占销售收入的比重，反映了行业平均研发投资的力度
		行业研发集中度	*Con*	*RD5/CR5*。研发集中度是指某行业中企业研发强度的分布程度。其中，*RD5* 是某行业中研发经费投入最多的 5 家企业所投入研发经费之和占该行业总研发经费的比率。*CR5* 某行业内规模最大的 5 家企业销售收入之和占该行业总销售收入的比率
产出变量	专利数量	—	ln*pa*	企业获得授权专利数取对数
治理变量（*CGF*）	股权性质	—	*Soe*	国有还是民营企业，民营企业取值为 1，国有企业取值为 0
	股权集中	—	*Top5*	前五大股东的股权比例
	管理层持股	—	*TMTprop*	公司管理层持股比例
业绩变量	毛利率	—	*GM*	营业收入 – 营业成本/营业收入
估值变量	企业价值	—	*TobinQ*	托宾 Q 值
其他	公司规模	—	*Size*	年末流通市值的自然对数
	股票换手率	—	*Turnover*	成交量/发行总股数
	资产负债率	—	*Lev*	负债/资产
	资产规模	—	*lnasset*	年末总资产的自然对数
	成长性综合因子	—	*Growth*	根据因子分析法予以构建

（2）创新产出

采用企业本年获得授权的发明专利数量，取自然对数得到 ln*pa*。

（3）企业绩效

采用毛利率 *GM*，即（营业收入 – 营业成本）/营业收入的比率作为代理变量。

（4）控制变量

与治理变量有关的变量包括：①股权性质 *Soe*，用国有股权所占的比例衡量；②股权集中 *Top5*，用前五大股东的股权比例衡量；③管理层持股 *TMTprop*，用公司管理层持股比例衡量。其他变量包括：①公司规模 *Size*，采用年末流通市值的自然对数；②股票换手率 *Turnover*，用成交量占发行总股数的比率衡量；③成长性综合因子 *Growth*，根据因子分析法予以构建，建立成长性的评价模型。

4.3.2 实证模型构建

本节构建了企业研发投入、企业绩效和企业价值之间的联立方程组，为了解决内生性问题，借鉴了王一鸣和杨梅（2017）使用 3SLS 的处理方法，参考了李常洪等（2013）关于 CDM 模型的构建思路，最终构建模型为

$$\ln RD = a_0 + a_1 GM + a_2 Growth + a_3 Turnover + a_4 CGF + \\ a_5 TobinQ + a_6 \ln pa + \mu_1 \tag{4-4}$$

$$\ln pa = b_0 + b_1 RDF + b_2 Size + b_3 Lev + b_4 GM + b_5 TobinQ + \mu_2 \tag{4-5}$$

$$GM = \alpha_0 + \alpha_1 RDF + \alpha_2 \ln pa + \alpha_3 Te + \alpha_4 CGF + \alpha_5 TobinQ + v_1 \tag{4-6}$$

$$TobinQ = \beta_0 + \beta_1 RDF + \beta_2 \ln pa + \beta_3 GM + \beta_4 Lev + v_2 \tag{4-7}$$

第一个方程为企业研发投入方程，主要考察企业创新投入受到哪些因素的影响；第二个方程为企业创新产出方程，考察以专利数作为衡量创新产出的影响因素；第三、第四个方程分别为企业绩效方程和企业价值方程，毛利率和 TobinQ 值作为替代变量，评价企业绩效和企业价值的影响水平。

4.3.3 实证检验和分析

1. 描述性统计

本节所选样本均来自创业板，选取其中符合条件的全行业和高科技创新企业的样本，相关数据统计结果如下。所选样本的行业分布情况，涉及 15 个行业，共计 473 家企业。其中分布最多的行业为制造业和信息传输、软件和信息技术服务业，涉的企业数量分别为 321 个和 91 个。

表 4 – 17　分行业和年份的吸收能力平均值

行业	2014 年	2015 年	2016 年	2017 年	2018 年	总计
医药制造业	0. 444	0. 452	0. 459	0. 466	0. 473	0. 458
专用设备制造业	0. 299	0. 318	0. 329	0. 330	0. 332	0. 321
计算机、通信和其他电子设备制造业	0. 272	0. 284	0. 291	0. 303	0. 314	0. 292
信息传输、软件和信息技术服务业	0. 324	0. 338	0. 342	0. 351	0. 353	0. 341
总计	0. 321	0. 336	0. 343	0. 351	0. 356	0. 341

　　表 4 – 18 显示了所选样本来自创业板中高科技创新行业的分布情况，其中制造业有 127 家，信息传输、软件和信息技术服务业有 79 家。

表 4 – 18　高科技创新行业分布情况

行业代码	行业类别	行业名称	公司数量
C27	制造业	医药制造业	28
C35		专用设备制造业	44
C39		计算机、通信和其他电子设备制造业	55
J63	信息传输、软件和信息技术服务业	电信、广播电视和卫星传输服务	2
J64		互联网和相关服务	12
J65		软件和信息技术服务业	65

（1）研发支出

　　从研发支出相关指标来看，无论是个体指标还是行业指标，高新技术行业的样本显示平均研发水平略高于全样本的水平。从企业绩效指标来看，高新技术行业为 0. 433，略低于全样本的 0. 450。从企业价值指标来看，高新技术行业样本市值和 TobinQ 值分别为 22. 693 和 4. 489，略高于全样本 22. 613 和 3. 839。

表4-19 各变量的统计结果

变量	全样本				高新技术行业样本			
	平均数	标准差	最小值	最大值	平均数	标准差	最小值	最大值
$Alnrd$	18.361	1.061	15.083	22.443	18.474	0.994	15.687	21.530
$lnrd$	17.745	0.909	14.342	21.178	17.984	0.876	15.687	20.926
$lnrd1$	17.500	0.897	14.342	21.344	17.782	0.838	14.388	21.344
$lnrd2$	17.289	0.870	14.223	21.344	17.551	0.834	14.388	21.344
Rd	0.027	0.020	0.000	0.186	0.033	0.022	0.004	0.186
$Rd1$	0.028	0.021	0.000	0.205	0.034	0.023	0.001	0.186
$Rd2$	0.031	0.024	0.000	0.273	0.036	0.026	0.001	0.273
$lnpa$	1.638	1.311	0.000	5.749	1.737	1.328	0.000	5.750
Rdr	0.069	0.056	0.001	0.728	0.089	0.070	0.001	0.728
Rdi	54789.140	45457.030	1676.577	457839.300	64434.140	52534.990	2478.439	403484.000
Ard	0.052	0.012	0.005	0.101	0.057	0.008	0.051	0.077
Con	0.263	0.257	0.138	1.000	0.189	0.067	0.138	0.318
Te	0.220	0.158	0.014	0.898	0.196	0.136	0.014	0.705
$Growth$	0.092	0.300	-0.406	2.906	0.114	0.325	-0.406	2.906
Gm	0.450	0.164	0.006	0.964	0.433	0.180	0.006	0.964
$Turnover$	8.027	6.021	0.000	49.118	7.667	5.204	0.797	31.364
$Size$	22.613	0.728	20.782	25.834	22.693	0.691	20.929	25.416
$Top5$	0.512	0.123	0.120	0.896	0.492	0.126	0.120	0.828
$Tmtprop$	0.283	0.195	0.000	0.775	0.284	0.193	0.000	0.775
Soe	0.961	0.193	0.000	1.000	0.956	0.205	0.000	1.000
$TobinQ$	3.894	21.392	-423.912	561.339	4.489	14.695	-286.328	51.144

（2）吸收能力

借鉴魏先华等（2016）对于吸收能力的定义及测度方法，使用 Frontier4.1 软件对 473 家公司的 1704 个观测值的研发溢出吸收能力进行了参数估计，结果如表 4-20 所示。γ 值为 0.658，在 1% 的基础上通过了 t 检验，表示在总效率中，人为可以控制的部分达到了 65.76%。固定资产和研发人员分别能够解释以净利润为产出代表的 16.80% 和 56.67%，均在 1% 的基础上通过了 t 检验。

同时使用 Frontier4.1 软件对所选取的特定行业的 206 家公司的 937 个观测值的研发溢出能力也进行了参数估计，结果如表 4-21 所示。γ 值为 0.572，在 1% 的基础上通过了 t 检验，表示在总效率中，人为可以控制的部分达到了 57.16%，所选行业均有较大的效率提升空间。参数均在 1% 的显著水平上，表明固定资产和研发人员分别能够解释以净利润为产出代表的 15.32% 和 53.29%。

从不同行业来看，医药制造业的吸收能力数值最高，表现最好，从不同年份来看，各个行业对研发溢出的吸收能力都在逐步地提升。

表 4 – 20　随机前沿模型估计结果（全样本）

	参数	系数	标准差
β_0	13.820	0.477	28.957***
β_1	0.168	0.027	6.269***
β_2	0.567	0.035	16.436***
σ^2	1.133	0.096	11.756***
γ	0.658	0.018	36.305***
μ	1.726	0.169	10.213***
η	0.012	0.009	1.291
log likelihood function	– 2119.712	—	—
LR test of the one – sided error	700.510	—	—

注：*** 表示 1% 的显著水平。

表 4 – 21　随机前沿模型估计结果（高新技术行业样本）

	参数	系数	标准差
β_0	13.633	0.754	18.095***
β_1	0.153	0.037	4.140***
β_2	0.533	0.047	11.464***
σ^2	1.144	0.165	6.937***
γ	0.572	0.060	9.535***
μ	1.143	0.324	3.531***
η	0.025	0.013	2.006***
log likelihood function	(1175.668)	—	—
LR test of the one – sided error	327.328	—	—

注：*** 表示 1% 的显著水平。

（3）企业成长性因子

本节借鉴张信东和薛艳梅（2010）的选择，选用因子法建立了成长性评价模型。从中选取了 16 个财务指标予以分析，对逆指标资产负债率取倒数，使用主成分分析法提取主因子，一共提取了四个特征值大于 1 的因子，四个因子解释了被解释变量的 63.506% ,能够较好地衡量企业的成长性。

其中,在第一主因子 $F1$ 上载荷较大的是净资产收益率增长率、净利润增长率、利润总额增长率、总资产净利率、净资产收益率、成本费用利润率,反映的是企业的盈利能力及增长能力;在第二主因子 $F2$ 上载荷较大的是流动比率、资产负债率倒数,反映的是企业的偿债能力;在第三主因子 $F3$ 上载荷较大的是应收账款周转率、固定资产周转率、总资产周转率,反映的是企业的运营能力;在第四主因子 $F4$ 上载荷较大的是总资产增长率、营业收入增长率,反映的是企业的规模扩张能力,综合成长性因子 $Growth$ 以四大因子的贡献为权重,构建如下:

$$Growth = (28.870 \times F1 + 13.380 \times F2 + 10.931 \times F3 \\ + 10.325 \times F4)/63.506 \tag{4-8}$$

2. 回归结果分析

(1)全样本结果分析

表 4-22 显示了对联合方程分别进行单个方程的 OLS 回归、2SLS 回归、3SLS 回归的系数估计值。其中,联立方程中包含研发投入、企业绩效和企业价值三种内生变量。可以看出,使用 2SLS 和 3SLS 进行回归的结果更为近似,与 OLS 回归在一些系数的表现上有一定的差别。使用 3SLS 对联立方程进行估计更有效率。

①企业研发投入方程分析

从企业研发方程来看,在不添加滞后项目之前,企业绩效和研发投入表现显著的正相关关系,相关系数为 4.120,与单一方程的回归系数 0.683 相比大大增强,说明企业绩效的改善对研发投入有较大的促进作用,且对企业的研发投入的促进关系也更为长远。从企业价值指标来看,无论是单方程还是联合方程,和企业研发投入之间表现出微弱的负向相关关系。同样,与单一方程相比,相关性也在增强。专利产出表现为正向的影响,创新的过程体现为一种螺旋式的上升,研发投入的产出效益发挥会促进研发投入的进一步加大。从控制变量上来看,企业的股权集中度过高,管理层和前五大股东持股比例过大会对企业的研发投入决策产生更为不利的影响。企业的研发投入在不同企业性质,即国有还是民营之间没有体现较大差别。同时也看到,企业的吸收能力对研发投入有促进作用。但是,企业的成长性和研发投入却表现为负向的相关关系,研发投入在企业的成长初期的正向效应更为显著。

②企业创新产出方程分析

研发投入相关指标中，研发投入绝对数、研发投入强度均表现为显著的正向促进作用，累计研发投入表现为负向效果，研发投入密度和研发投入的相对数没有显著的影响。总体来说，受到研发投入的正向激励较强。从行业水平来看，行业平均研发强度和企业间的创新产出关联不强，而行业平均研发密度带来了负向的影响，说明研发投入产出更多地表现为个体效应。企业绩效和企业价值均表现为负向的显著影响。创新产出可能需要一个更长的期间，短期内的绩效水平的改善对于创新成果的提高作用并不明显。

从控制变量上看，企业规模对专利产出起到显著的正向促进作用，企业规模越大，能够带来更高的创新转化程度。资产负债率则负向影响专利产出。

③企业绩效方程分析

在企业的绩效方程中，从企业个体的研发指标来看，无论是单方程还是联合方程，研发投入绝对值和相对值指标影响方向发生了转变。从单方程到联合方程，绝对值转变为相同显著程度下的正向促进，相对值转变为显著水平更强的负向影响。因此，仅从数值来看，分析研发投入的绝对数指标不能正确解释和企业利润水平之间的关系，但是从综合企业的总资产和营业收入转化为研发投入的相对数指标来看，长期研发投入的负面影响程度有所减弱，正面促进作用在逐步释放。但从研发投入密度来看，考虑到员工因素的影响后，和研发投入的相关性几乎为0，说明员工因素在研发中的作用还不明显，而累计研发投入量没有表现出明显的相关关系。

从行业指标来看，行业相关变量均表现为显著的负向影响。行业平均研发强度代表了企业所在行业的研发投入平均标准，但是企业反而没有随着行业水平的提高而从中受益。表明在行业研发能力得到普遍提升的情况下，企业自身和行业间研发能力差距虽然缩小，但所带来的企业绩效水平的改善效应反而会减弱。就企业价值指标来看，则表现为负向的相关关系，受市场欢迎的企业并不一定是利润含量最高的，企业市场价值过高可能还会损害企业利润水平的提高。专利产出表现为负向的影响，这也体现了创新的发挥是一个过程，不会在短期内对企业的经营绩效起到提高的作用。从控制变量上来看，股权集中度、管理层持股比例越高，企业的利润水平越高。企业是民营还是国有则没有表现出明显差别。

④企业价值方程分析

从企业价值方程来看,当期的研发投入相对数对企业价值的影响显著为正,而累计值则表现为负,影响程度也大大减弱,即企业价值更多地根据当期的研发投入相对值作出相应的判断。从单方程到联合方程,企业绩效水平由显著负向影响转变为正向影响,表明长期来看,企业绩效的改善能够提高企业价值。专利产出表现为正向的影响,表明市场对于可以观察的专利数据具有认可度。从控制变量上来看,股票换手率越高,受市场的关注程度也就越高,也带来了企业价值的更高提升。资产负债率越高,企业的风险越高,降低了企业价值的表现。

表 4 – 22 联合方程回归的结果(全样本)

		OLS	2SLS	3SLS
研发投入方程	Gm	0.683 *** (5.13)	3.507 *** (8.05)	4.120 *** (9.86)
	$Growth$	− 0.051 (− 0.68)	0.133 (0.80)	− 0.398 *** (− 2.96)
	Te	0.807 *** (6.10)	0.426 * (1.75)	0.604 *** (2.71)
	Soe	− 0.196 * (− 1.86)	− 0.045 (− 0.23)	− 0.008 (− 0.06)
	$Top5$	− 1.705 *** (− 10.19)	− 2.107 *** (− 6.68)	− 1.244 *** (− 4.70)
	$Tmtprop$	− 0.511 *** (− 4.72)	− 0.686 *** (− 3.43)	− 0.499 *** (− 3.02)
	$TobinQ$	− 0.009 *** (− 6.27)	− 0.011 *** (− 2.67)	− 0.017 *** (− 4.24)
	$lnpa$	0.155 *** (9.97)	1.075 *** (11.23)	0.980 *** (10.42)
	$Cons$	18.422 *** (128.32)	16.031 *** (48.87)	15.537 *** (56.01)
创新产出方程	$Alnrd$	− 0.090 ** (− 2.10)	− 0.908 (− 0.48)	− 3.468 ** (− 2.04)
	Rd	− 4.491 * (− 1.84)	33.729 (0.60)	132.624 *** (2.62)

续表

		OLS	2SLS	3SLS
创新产出方程	ln*rd*	0.419 *** (7.01)	−1.091 (−0.66)	−3.860 *** (−2.64)
	Rdr	−0.054 (−0.06)	4.641 (1.48)	5.559 ** (2.02)
	Rdi	0.000 *** (−2.51)	0.000 (−0.58)	0.000 (1.02)
	Ard	−12.508 *** (−3.85)	−8.729 * (−1.70)	−1.461 (−0.41)
	Con	−1.247 *** (−8.34)	−1.823 ** (−2.23)	−2.519 *** (3.40)
绩效方程	*Alnrd*	0.005 (1.07)	0.008 (0.42)	0.005 (0.64)
	Rd	0.396 * (1.61)	−1.743 ** (−2.32)	−1.878 *** (−4.67)
	ln*rd*	−0.027 *** (−5.73)	0.093 *** (3.15)	0.274 *** (13.61)
	Rdr	1.966 *** (22.93)	1.662 *** (8.46)	0.355 ** (2.38)
	Rdi	0.000 *** (−9.61)	0.000 *** (−5.40)	0.000 *** (−4.55)
	ln*pa*	−0.005 ** (−2.17)	−0.197 *** (−4.16)	−0.381 *** (−11.21)
	Te	0.427 *** (19.01)	0.221 *** (3.28)	−0.135 *** (−2.82)
	Ard	2.052 *** (6.16)	−0.830 (−0.84)	−2.408 *** (−3.97)
	Con	0.002 (0.11)	−0.216 *** (−3.38)	−0.247 *** (−5.47)
	Soe	0.050 *** (3.03)	0.019 (0.54)	−0.018 (−0.80)

续表

		OLS	2SLS	3SLS
绩效方程	Top5	0.016	0.238 ***	0.428 ***
		(0.57)	(2.99)	(6.29)
	Tmtprop	0.039 **	0.089 **	0.143 ***
		(2.28)	(2.35)	(4.71)
	TobinQ	0.000	0.001	0.004 ***
		(-0.33)	(0.62)	(4.04)
	Cons	0.400 ***	-1.284 **	-4.026 ***
		(3.57)	(-2.30)	(-12.160)
价值方程	Alnrd	-6.758 ***	-6.844 ***	-6.486 ***
		(-25.15)	(-23.34)	(-22.92)
	Rd	130.338 ***	131.796 ***	109.466 ***
		(8.40)	(7.32)	(6.37)
	Size	-0.04	1.232	3.533 ***
		(-0.66)	(1.06)	(3.45)
	Lev	-0.191	-2.242	-8.677 **
		(-1.06)	(-0.51)	(-2.21)
	Gm	-0.653 ***	-4.133 ***	-7.747 ***
		(-2.93)	(-2.98)	(-6.47)
	TobinQ	-0.008 ***	-0.121	-0.468 **
		(-2.69)	(-0.51)	(-2.20)
	Cons	-1.638 ***	12.680	60.950 *
		(-1.25)	(0.31)	(1.65)
	lnrd	-1.135 ***	-2.051 ***	-3.486 ***
		(-3.20)	(-3.70)	(-6.60)
	lnpa	-0.351 *	2.193 ***	3.045 ***
		(-1.72)	(2.77)	(3.97)
	Gm	-0.012 ***	7.461 **	13.143 ***
		(-0.01)	(2.35)	(4.23)
	Lev	-19.149 ***	-18.630 ***	-18.076 ***
		(-12.97)	(-11.96)	(-12.31)

	OLS	2SLS	3SLS
Turnover	0.358 *** (6.97)	0.349 *** (5.93)	0.357 *** (6.11)
Cons	165.054 *** (26.20)	175.608 *** (21.06)	191.343 *** (23.68)

注：（1）括号中的数值为 t 统计值；（2）***，** 和 * 分别表示 1%、5% 和 10% 的显著水平。

加入滞后项的回归结果如表 4-23 所示，因 3SLS 的拟合结果较好，此处仅列示 3SLS 的结果进行分析。

加入了研发投入绝对值和相对值的滞后一次和二次项后，从研发投入方程来看，企业绩效的贡献程度逐年略微减弱，吸收能力对研发能力的正向影响在当期表现最为显著，而高市值和企业的研发投入之间仍然表现出稳定的负向相关关系，其余项目的相关关系没有发生变化。专利水平的影响持续增强，表现出研发投入的累积效应。

从创新产出方程来看，滞后期的影响在二期所产生的影响力最大，各变量在滞后一期的表现性不强。研发投入的相对水平在滞后二期表现为数值为 132.62 的正向显著影响，而绝对数值仅在当期影响为正。同样，研发投入强度的积极影响仅在滞后二期表现出来，在当期和滞后一期均无显著影响。累计研发投入在二期时负向影响略有提高。企业绩效水平从滞后期到当期的负向影响在逐步改善，影响系数从 -7.75 变化到 -0.65，表明了从研发到企业绩效的改善是一个相对较长时间的影响。高市值的提升甚至无助于企业研发产出的增强。

从绩效方程来看，各类指标加入滞后期前后的影响方向一致。从滞后期指标来看，研发投入相对数滞后期的显著性和影响性不强。研发投入绝对数值滞后一期表现为置信水平为 5% 的负向影响，二期则没有产生显著影响。累计的研发投入依旧没有表现出明显的相关关系，企业价值和其他控制变量表现相似。行业相关变量的负向影响和显著性也在减弱。总体来看，在影响方向没有发生明显变化的基础上，企业的研发投入滞后期的影响能力远不如当期，企业研发能力的真正发挥可能依赖于一个更长的期间。

从企业价值方程来看，研发投入的显著程度有所下降，仅滞后一期的研发投入相对值表现出正向的相关关系，引入滞后二次项之后，滞后项目的显著性程度下降更多，说明企业价值更多的是对当期和前一期研发投入的一种反映，市场甚至会对累计研发投入高的企业有相反的表现，市场没有对研发投入的累积效应做出正向的表现，进一步体现了市场的短期效应。企业绩效的表现、专利数、换手率仍旧是重要的影响因素。

总的来说，假设一得以部分验证，使用 3SLS 方法比单纯进行 OLS 简单回归分析的结果更加准确，三者之间存在相互影响的内生关系，但具体关系表现和之前的假设略有不同。企业研发投入水平的提高更依赖于企业自身吸收能力的增强、企业绩效的改善和作为创新产出检验的专利数据的增加。与此相比，企业价值并不能够完全决定企业的研发战略，即使是在低市值的情况下，企业更多地根据自身的业绩情况和以往研发投入的状况作出研发决策。从企业创新产出来看，当期变量影响最强，所选滞后两期相关变量的影响性不强，企业绩效的负向影响随着滞后期的削减而逐步减弱，企业创新产出效果的展现可能依赖于一个更长的期间，企业价值过高反而会略微损害企业的创新产出。从绩效方程来看，企业研发能力对于绩效提升不太明显，众多不同指标之间表现为不同方向的促进或反向作用，滞后期的影响较弱，企业价值的影响较为微弱。可以看出，在众多影响因素中，企业价值仅对企业绩效的改善有数值较低的正向影响，对于其余变量表现为负向或者不显著的影响。从企业价值方程来看，投资者对于研发投入多为单期反映，对长期累计研发水平反映不足，这也解释了为何在长期过程中，企业价值对研发投入没有产生正向的影响。投资者对于企业绩效水平和专利数量能够作出正向反馈。

表 4 - 23　联合方程加入滞后项 3SLS 回归结果（全样本）

	变量	t	$t-1$	$t-2$
研发投入方程	Gm	4.120 *** (9.86)	3.928 *** (9.54)	3.875 *** (9.31)
	$Growth$	-0.398 *** (-2.96)	-0.195 *** (-1.41)	-0.144 (-1.04)
	Te	0.604 *** (2.71)	0.350 (1.56)	0.319 (1.41)
	Soe	-0.008 (-0.06)	0.156 (1.24)	0.186 (1.47)
	$Top5$	-1.244 *** (-4.70)	-1.298 *** (-5.16)	-1.327 *** (5.16)

续表

	变量	t	$t-1$	$t-2$
研发投入 方程	Tmtprop	−0.499 *** (−3.02)	−0.447 *** (−2.99)	−0.442 *** (−2.82)
	TobinQ	−0.017 *** (−4.24)	−0.018 *** (−4.53)	−0.018 *** (−4.47)
	lnpa	0.980 *** (10.42)	1.040 *** (11.50)	1.063 *** (12.03)
	Cons	15.537 *** (56.01)	15.417 *** (65.00)	15.386 *** (64.14)
创新产出 方程	Alnrd	−3.468 ** (−2.04)	0.663 (0.79)	0.848 (1.01)
	Rd	132.624 *** (2.62)	16.084 (0.83)	13.227 (0.63)
	Rd1	—	−5.309 (−0.79)	−5.152 (−0.74)
	Rd2	—	—	−2.828 (−0.88)
	lnrd	−3.860 *** (−2.64)	−0.220 (−0.31)	−0.148 (−0.19)
	lnrd1	—	0.223 *** (3.51)	0.068 (0.74)
	lnrd2	—	—	0.239 (1.44)
	Rdr	5.559 ** (2.02)	1.943 (1.08)	1.776 (0.96)
	Rdi	0.000 (1.02)	0.000 (0.88)	0.000 (0.81)
	Ard	−1.461 (−0.41)	0.952 (0.50)	1.573 (0.83)
	Con	−2.519 *** (3.40)	−0.137 (−0.36)	−0.010 (−0.03)

	变量	t	$t-1$	$t-2$
创新产出方程	Size	3.533 *** (3.45)	0.966 ** (2.02)	0.893 * (1.71)
	Lev	-8.677 ** (-2.21)	1.783 (0.92)	2.253 (1.16)
	Gm	-7.747 *** (-6.47)	-5.613 *** (-6.52)	-5.499 *** (-6.25)
	TobinQ	-0.468 ** (-2.20)	0.106 (1.01)	0.131 (1.24)
	Cons	60.950 * (1.65)	-33.68 * (-1.82)	-38.524 ** (-2.13)
业绩方程	Alnrd	0.005 (0.64)	0.005 (0.67)	0.005 (0.60)
	Rd	-1.878 *** (-4.67)	-0.697 * (-1.76)	-0.565 (-1.46)
	Rd1	—	-0.669 ** (-2.10)	-0.417 (-1.24)
	Rd2	—	—	-0.262 (-0.96)
	lnrd	0.274 *** (13.61)	0.250 *** (9.82)	0.240 *** (9.39)
	lnrd1	—	-0.013 ** (-2.40)	-0.016 ** (-2.00)
	lnrd2	—	—	0.007 (1.02)
	Rdr	0.355 ** (2.38)	0.439 *** (2.78)	0.473 *** (2.97)
	Rdi	0.000 *** (-4.55)	0.000 *** (-3.83)	0.000 *** (-3.79)
	lnpa	-0.381 *** (-11.21)	-0.326 *** (-8.38)	-0.314 *** (-7.73)

续表

变量		t	$t-1$	$t-2$
业绩方程	Te	−0.135 *** (−2.82)	−0.050 (−0.85)	−0.030 (−0.51)
	Ard	−2.408 *** (−3.97)	−1.183 ** (−1.81)	−0.940 (−1.43)
	Con	−0.247 *** (−5.47)	−0.160 *** (−3.05)	−0.140 *** (−2.65)
	Soe	−0.018 (−0.80)	−0.044 ** (−1.91)	−0.045 ** (−1.92)
	$Top5$	0.428 *** (6.29)	0.357 *** (5.51)	0.350 *** (5.29)
	$Tmtprop$	0.143 *** (4.71)	0.123 *** (3.88)	0.120 *** (3.55)
	$TobinQ$	0.004 *** (4.04)	0.004 *** (3.72)	0.004 *** (3.61)
	$Cons$	−4.026 *** (−12.160)	−3.511 *** (−10.02)	−3.430 *** (−9.48)
价值方程	$Alnd$	−6.486 *** (−22.92)	−6.404 *** (−22.50)	−6.399 *** (−22.54)
	Rd	109.466 *** (6.37)	79.496 *** (2.81)	81.228 *** (2.83)
	$Rd1$	—	43.375 ** (1.76)	42.520 (1.41)
	$Rd2$	—	—	0.930 (0.04)
	$lnrd$	−3.486 *** (−6.60)	−4.282 *** (−7.59)	−4.253 *** (−7.24)
	$lnrd1$	—	−0.366 (−1.04)	−0.272 (−0.56)
	$lnrd2$	—	—	−0.103 (−0.18)

续表

	变量	t	$t-1$	$t-2$
价值方程	lnpa	3.045 ***	5.390 ***	5.290 ***
		(3.97)	(8.27)	(8.29)
	Gm	13.143 ***	16.849 ***	16.641 ***
		(4.23)	(5.60)	(5.53)
	Lev	−18.076 ***	−17.645 ***	−17.674 ***
		(−12.31)	(−12.06)	(−12.08)
	Turnover	0.358 ***	0.354 ***	0.352 ***
		(6.11)	(6.28)	(6.24)
	Cons	191.343 ***	204.535 ***	204.291 ***
		(23.68)	(26.50)	(26.59)

注：（1）括号中的数值为 t 统计值；（2）***，** 和 * 分别表示 1%、5% 和 10% 的显著
水平。

（2）高科技创新行业样本结果分析

本节进一步对对标的高科技创新行业的数据进行回归分析。同样地，此处仅仅展示通过 3SLS 进行分析的结果。在不添加滞后项目之前，从研发方程来看，和全行业的结果表现类似，但企业绩效的正向促进作用更大，企业成长性的负向作用更大，专利的正向促进作用有所减弱。企业当期价值和研发投入负向关系略微增强，同样说明了创业板市场高科技创新行业中，企业价值的表现没有作用于企业研发的提升。从创新产出方程来讲，变量之间的显著性明显增强。累计研发投入开始表现为负向影响。但研发投入的相对数指标对于研发产出的促进作用大大增强，滞后期指标表现为逐步增强的正向影响，研发投入量在创新产出方面的贡献度远高于全行业的平均水平。从行业相关变量来看，行业当期平均研发强度负向影响有所增强，行业因素仍表现为一种拖累。

企业绩效水平的负向影响也有所减弱，企业价值仅在滞后期表现为负向影响，在当期则没有产生明显影响。从业绩方程来看，在研发投入相对数指标表现上，一方面，当期数值表现为高于行业平均水平的负向影响，另一方面，滞后项表现出正向显著促进作用。相关研发指标的负向效应有所增强。和全样本结果不同，研发投入强度在每个期间都表现出了负向的影响。绝对数指标的影响程度有所增加，影响方向没有发生变化。相关行业研发变量的显著的负向影响表现更强，表明了在这些行业中，由于具有

更高的科技含量水平，更新换代的速度较快，整个行业的研发水平如果有了大幅度的提高，企业所具有的竞争力就有所降低，企业绩效表现就会受到更大的损失。企业价值对企业绩效的影响仍然保持着相对稳定、较为微弱的促进作用。从价值方程来看，累计研发投入在每个期间仍然表现为1%水平上较高程度的负向影响。研发投入相对数指标的正向促进作用随着滞后期的引入，影响程度在不断地增强，除了滞后一期表现为10%水平上的负向影响外，滞后二期、研发投入相对数水平及其滞后期没有表现出显著的相关关系。

从创新产出成果——专利数据来看，当期数据和企业价值之间并无明显关系，其滞后期数据反而对企业价值产生了增强的负向影响。这表明，这些高新技术行业的企业价值的提升更多地来自对于研发投入相关水平的判断，可能由于行业间研发水平相对较高，进行新的创新成果转化存在一定困难等原因，专利技术并不是作为投资者判断企业价值的唯一影响因素。

同样，和全样本表现不同的是企业绩效水平的影响。在这些行业中，企业的平均利润水平为43.27%，略低于全样本中的企业平均利润水平44.96%，而以 $TobinQ$ 值为企业价值变量来看，高科技创新行业的企业价值平均水平为4.48，远高于全样本中的企业价值平均水平3.89。这也反映了在企业利润水平相对较低情况下，对这些行业来说，投资者不会因为短期内绩效表现而给予低估值。也从侧面反映出了一种状况，企业绩效水平不是目前投资者关注的首要因素。在目前科创板的上市企业中，一些也是尚未获得盈利的企业，但是也取得了投资者的青睐。未来的发展前景，持续的创新能力是投资者考虑的更长远的影响因素，研发投入较大也可能是这些行业中目前业绩表现稍逊的原因之一。

表4-24　联合方程加入滞后项3SLS回归结果（高新技术行业样本）

	变量	t	$t-1$	$t-2$
研发投入方程	Gm	4.447 *** (9.31)	4.348 *** (9.22)	4.322 *** (9.16)
	$Growth$	-0.693 *** (-4.36)	-0.600 *** (-3.73)	-0.582 *** (-3.60)
	Te	0.505 * (1.76)	0.397 (1.40)	0.390 (1.38)

续表

	变量	t	$t-1$	$t-2$
研发投入方程	Soe	-0.186 (-1.17)	-0.259 (-1.57)	-0.255 (-1.53)
	Top5	-0.981*** (-3.30)	-1.051*** (-3.54)	-1.039*** (-3.51)
	Tmtprop	-0.237 (-1.31)	-0.344** (-1.90)	-0.355** (-1.97)
	TobinQ	-0.025*** (-5.44)	-0.025*** (-5.63)	-0.025*** (-5.63)
	lnpa	0.666*** (7.54)	0.623*** (7.27)	0.630*** (7.38)
	Cons	16.063*** (55.42)	16.335*** (53.94)	16.327*** (53.77)
创新产出方程	Alnrd	-1.290 (-1.51)	-2.307*** (-2.70)	-2.358*** (-2.78)
	Rd	40.785*** (3.55)	55.167* (4.27)	56.946*** (4.40)
	Rd1	—	-9.079 (-1.75)	-6.148 (-1.01)
	Rd2	—	—	-5.357 (-1.24)
	lnrd	-0.706** (-2.16)	-0.522 (-1.46)	-0.535 (-1.46)
	lnrd1	—	-0.055 (-0.63)	-0.233** (-2.02)
	lnrd2	—	—	0.235* (1.62)
业绩方程	Alnrd	-0.028 (-1.49)	-0.020 (-1.08)	-0.019 (-1.03)
	Rd	-1.967*** (-3.32)	-3.374*** (-3.22)	-3.296*** (-3.09)

续表

	变量	t	$t-1$	$t-2$
业绩方程	$Rd1$	—	2.108 *** (2.87)	1.800 ** (2.40)
	$Rd2$	—	—	0.300 (0.71)
	$lnrd$	0.434 *** (9.73)	0.389 *** (8.54)	0.382 *** (8.34)
	$lnrd1$	—	−0.043 *** (−3.92)	−0.045 *** (−3.27)
	$lnrd2$	—	—	0.005 (0.40)
	Rdr	−1.001 *** (−3.46)	−0.677 ** (−2.40)	−0.651 ** (−2.29)
	Rdi	0.000 (0.82)	0.000 (0.02)	0.000 (−0.02)
	$lnpa$	−0.578 *** (−7.87)	−0.471 *** (−6.65)	−0.463 *** (−6.51)
	Te	−0.541 *** (−4.56)	−0.388 *** (−3.30)	−0.371 *** (−3.15)
	Ard	−14.671 *** (−5.55)	−11.152 *** (−4.46)	−10.874 *** (−4.32)
	Con	−0.833 *** (−5.71)	−0.662 *** (−4.66)	−0.645 *** (−4.51)
	Soe	−0.021 (−0.66)	0.006 (0.18)	0.007 (0.18)
	$Top5$	0.806 *** (5.19)	0.609 *** (4.66)	0.591 *** (4.57)
	$Tmtprop$	0.208 *** (4.32)	0.210 *** (4.40)	0.210 *** (4.36)

续表

变量		t	$t-1$	$t-2$
	Rdr	2.804 (1.51)	0.821 (0.45)	0.499 (0.29)
	Rdi	0.000 (−0.25)	0.000 (0.41)	0.000 (0.54)
	Ard	−12.790 *** (−2.66)	−6.975 (−1.27)	−5.427 (−1.01)
	Con	−1.373 *** (−4.59)	−0.898 *** (−2.70)	−0.782 ** (−2.42)
	$Size$	1.238 *** (4.10)	0.870 *** (2.72)	0.824 *** (2.61)
	Lev	−2.603 * (−1.60)	−4.652 *** (−2.82)	−4.763 *** (−2.92)
	Gm	−6.210 *** (−5.99)	−5.133 *** (−4.68)	−4.868 *** (−4.55)
	$TobinQ$	−0.158 (0.73)	−0.289 *** (−2.92)	−0.295 *** (−3.01)
	$Cons$	14.539 (0.73)	41.202 ** (2.03)	42.460 ** (2.10)
	$TobinQ$	0.006 *** (2.84)	0.005 *** (2.57)	0.005 *** (2.54)
	$Cons$	−5.063 *** (−8.73)	−4.094 *** (−8.12)	−4.046 *** (−0.81)
价值方程	$Alnd$	−6.676 *** (−16.73)	−6.684 *** (−16.79)	−6.699 *** (−16.79)
	Rd	84.592 *** (4.14)	132.706 *** (3.69)	139.905 *** (3.84)
	$Rd1$	—	−56.632 * (−1.72)	−37.825 (−0.98)
	$Rd2$	—	—	−27.086 (−0.99)

续表

	变量	t	$t-1$	$t-2$
价值方程	ln*rd*	−1.003 (−1.51)	−0.621 (−0.87)	−0.781 (−1.07)
	ln*rd*1	—	−0.480 (−1.03)	−0.846 (−1.14)
	ln*rd*2	—	—	0.524 (0.66)
	ln*pa*	−1.070 (1.45)	−1.961*** (−2.84)	−2.072*** (−3.01)
	Gm	−5.656 (−1.42)	−7.178* (−1.83)	−6.784* (−1.73)
	Lev	−14.633*** (−7.72)	−14.592*** (−7.72)	−14.611*** (−7.73)
	Cons	164.852*** (15.95)	169.048*** (16.00)	169.657*** (16.09)

注：（1）括号中的数值为 t 统计值；（2）***，** 和 * 分别表示 1%、5% 和 10% 的显著水平。

4.3.4　简要结论和启示

本章运用 2014—2018 年的创业板上市公司和其中与科创板对标的高新技术行业公司数据，探究了科技企业研发投入与企业价值之间的关系。对企业研发投入、企业绩效和企业价值之间的内生性关系进行了深入探究，并从吸收能力和企业的成长性角度，对研发投入和企业价值之间深层次关系进行研究。简要结论如下：

1. 企业研发投入水平的提高更依赖于企业自身吸收能力的增强、企业绩效的改善和作为创新产出检验的专利数据的增加，企业价值并不能够完全决定企业的研发战略，没有作用于企业研发的提升。

2. 从企业创新产出专利数量来看，研发能力促进作用的发挥需要一个更长的期间，行业间的平均研发水平表现为一种拖累。企业研发能力对于绩效提升的作用还没有显现，企业价值的影响较为微弱。

3. 从企业价值的表现来看，投资者对于研发投入多为单期反映，对长期累计研发水平反映不足。

4. 就目前创业板中所包含的高新技术行业来看，基本表现出和全样本近似的结果，但也出现了一些表现不同的情况。专利技术并不是作为投资者判断企业价值的唯一影响因素。行业中的研发投入积累更强，在对企业的促进方面表现为更强的当期效应。企业绩效水平不是目前投资者关注的首要因素。在目前科创板的上市企业中，一些也是尚未获得盈利的企业，但是也取得了投资者的青睐。这也反映了我国目前资本市场改革的方向，不以盈利和企业当前财务绩效的表现作为首要的评判标准。目前科创板的上市条件也没有对盈利作出强制要求，具有更大的包容性。更需要的是企业能够坚持科技创新，通过持续的研发投入积累形成核心技术，带来研发能力的实际提升。

针对以上研究，本章研究对企业价值成长有如下三点启示：

1. 企业应该注重持续研发投入的提升，不仅在绝对数值上，同时要考虑和企业资产数量、营业收入等规模指标相匹配。企业也应该关注研发投入的持续性。不仅有助于自身研发投入效用的发挥，也能够作用于吸收能力的提高。

2. 由于专利在促进企业研发能力提升和企业成长性方面还没有表现出明显的积极影响，效应偏弱，企业应该注重提高专利本身的质量，增强与其主营业务之间的对应关系，从而更好地转化为生产力。投资者也应该尽量避免唯数量论，要从更多方面考察企业的创新状况。

3. 由于行业的整体研发能力还有待加强，而且存在研发投入在行业中有较大分化的情况，应该对目前高新科技行业中还处于初步发展阶段、研发水平较低的大量中小型企业予以关注。

第五章 科创板试点注册制询价机制改革与 IPO 效应

5.1 科创板试点注册制的 IPO 询价机制改革

5.1.1 科创板 IPO 询价机制改革核心要点

"注册制的灵魂是建立市场化发行上市制度，而发行定价始终是困扰资本市场的'老大难'问题。"① 新股发行定价之所以是困扰资本市场的"老大难"问题，其原因在于 IPO 定价机制扭曲，新股定价效率低下，以至于中国股票市场长期存在所谓的"三高"问题。

尽管我国资本市场已经实施新股发行询价制度多年，但新股发行定价难题一直没有得到有效解决。② 科创板试点注册制改革了核准制实行的直接定价模式，转而采用市场化的询价机制，将估值定价的权利直接交给市场。科创板试点注册制并推行询价机制改革，通过询价制度变革引导机构投资者定价行为并引导投资者回归理性，从而优化市场的资源配置。本书主要关注科创板试点注册制询价机制改革是否提高了 IPO 定价的效率，询价机制改革如何提高一级、二级市场参与者的理性并进而优化市场的资源配置。

本轮科创板试点注册制询价机制改革，通过询价机制与确定发行价格两个阶段形成 IPO 定价机制（见表 5 - 1）。上海证券交易所发布的《科创板股票发行与承销业务指引》等规则中对询价制度进行明确规定，确立了新股发行的市场化询价定价方式——"将首次公开发行询价对象限定在证券

---

① 摘自上海证券交易所官方网站于 2019 年 9 月 30 日发布文章，"设立科创板并试点注册制，引领资本市场全面深化改革"（http://www.sse.com.cn/home/theme/70anniversary/doc/c/c_20190924_4919728.shtml）。

② 我国自 2005 年 1 月 1 日开始，已经正式施行 IPO 询价制度，新股发行定价由"行政化发售机制"转变为"市场化发售机制"。所谓 IPO 询价制度，是指发行人及其保荐机构应采取向机构投资者累计投标询价的方式确定发行价格过程。通常主承销商先确定新股发行价格区间，根据需求量和需求价格信息对发行价格均衡定价，并最终确定发行价格的过程。

公司、基金公司等七类专业机构，并允许这些机构为其管理的不同配售对象填报不超过 3 档的拟申购价格。定价完成后，如发行人总市值无法满足其在招股说明书中选择的上市标准，将中止发行。"

科创板能否真正打破目前主板、创业板市场 IPO（首次公开募股）时的 23 倍市盈率限价问题，是 IPO 定价市场化的关键。IPO 市场化定价机制，是通过新股一级市场市场化询价并取消 23 倍市盈率限价、二级市场市场交易机制改革进而前 5 个交易日涨跌幅放开等系统性市场化机制改革实现的，系统性配套改革措施将显著降低一级、二级市场的套利空间，加快二级市场估值向一级市场传导速度，改善中国 A 股市场长期存在的一级市场与二级市场估值定价倒挂现象。

表 5-1　科创板试点注册制询价机制改革具体内容

程序	询价机制改革具体内容
询价机制	初步询价：同一网下投资者填报的拟申购价格中，最高价格与最低价格的差额不得超过最低价格的 20%
	初步询价结束后：发行人和主承销商应当剔除拟申购总量中报价最高的部分，剔除部分不得低于所有网下投资者拟申购总量的 10%；当拟剔除的最高申报价格部分中的最低价格与确定的发行价格（或者发行价格区间上限）相同时，对该价格的申报可不再剔除，剔除比例可低于 10%。剔除部分不得参与网下申购
确定发行价格	发行人和主承销商应当根据三类报价，审慎合理确定发行价格（或发行价格区间中值）：
	（1）剔除最高报价部分后所有网下投资者及各类网下投资者对应的剩余报价的中位数和加权平均数
	（2）剔除最高报价部分后公募产品、社保基金、养老金剩余报价的中位数和加权平均数
	（3）剔除最高报价部分后公募产品、社保基金、养老金、企业年金基金、保险资金和合格境外机构投资者资金剩余报价的中位数和加权平均数。重点参照第三类报价中位数和加权平均数的孰低值
	发行人和主承销商确定发行价格区间的，区间上限与下限的差额不得超过区间下限的 20%

资料来源：上海证券交易所. 科创板股票发行与承销业务指引 [Z]. 2019.

5.1.2　询价机制改革推动相关利益方在 IPO 定价博弈均衡

作为基础性制度改革的重大创新，注册制改革的核心是新股发行定价权的市场化，即采用市场化的询价机制，将估值定价权交给市场，促进新股价格发现和资金配置效率提升，提高市场定价效率。设立科创板并试点注册制，是为进一步发挥资本市场对国家创新驱动发展战略的支持作用，并完善资本市场基础制度而进行的一项重大改革，目的是培育优质上市资源，优化金融生态环境，提高资本市场资源配置效率，从而更好地服务实体经济发展。

如何探索形成市场化发行定价机制，上交所在科创板并试点注册制进行积极改革与探索。针对我国困扰资本市场新股发行定价的"老大难"问题，科创板并试点注册制改革积极探索市场化的发行定价机制，通过制度变革构建市场参与博弈行为与市场化定价机制，寻求新股发行定价监管难题的突破点。科创板发行与承销制度设计中坚持以"市场主导、强化约束"为原则，建立市场化的询价方式，设计保荐机构的强制"跟投"和执业评价机制，普遍引入战略投资者制度和超额配售选择权（即绿鞋机制），利用系统政策优化市场价格的发现功能。

上海证券交易所发布的《科创板股票发行与承销业务指引》明确了保荐机构相关子公司跟投制度，规定参与跟投的主体为发行人的保荐机构或其母公司依法设立的另类投资子公司，使用自有资金承诺认购的规模为发行人首次公开发行股票数量2%~5%的股票，具体比例根据发行人首次公开发行股票的规模分档确定（见表5-2）。"跟投"主体为保荐机构或保荐机构母公司依法设立的另类投资子公司，子公司参与发行人首次公开发行战略配售，并对获配股份设定限售期。保荐机构强制跟投机制可以有效平衡保荐机构的责任和义务，即以战略投资者的身份参与跟投的同时，也承担了核查把关责任，锁定期为24个月。①

表5-2　科创板跟投机制与利益相关方设计

其他利益相关方	具体内容
保荐机构	（1）参与方式：保荐机构或其母公司设立的另类投资子公司；自有资金参与 （2）限售期：24个月 （3）跟投比例：2%~5%。①发行规模<10亿元的，跟投比例为5%，但不超过人民币4000万元；②发行规模10亿元以上不足20亿元的，跟投比例为4%，但不超过人民币6000万元；③发行规模20亿元以上不足50亿元的，跟投比例为3%，但不超过人民币1亿元；④发行规模>50亿元，跟投比例为2%，但不超过人民币10亿元

---

① 锁定期设定是与责任对等原则，实际控制人相对发行人应承担最高责任，因此保荐机构的锁定期应短于实际控制人的36个月；而一般战略投资者锁定期为12个月。

续表

其他利益相关方	具体内容
高管与核心员工	（1）参与方式：专项资管计划 （2）配置比例：不得超过发行股票数量的 10% （3）持有期限：不少于 12 个月
主承销商	（1）参与方式：超额配售选择权（即绿鞋机制），以稳定新股股价为初始目的；能否达到预期效果与主承销商的职业操守和业务能力密切相关 （2）超额配售比例：不超过首次公开发行股票数 15%，需与参与超额配售并同意作出延期交付股份安排的投资者达成协议 （3）行权期限与价格：上市 30 个自然日内，主承销商有权使用超额配售股票募集的资金，从二级市场以不高于发行价的价格买入；未购买发行人股票或者购买发行人股票数量未达到全额行使超额配售选择权拟发行股票数量的，可以要求发行人按照发行价格增发股票。主承销商不得在"绿鞋"操作中卖出为稳定股价而买入的股票 （4）交付时限与内容：在超额配售选择权行使期届满或者累计购回股票数量达到采用超额配售选择权发行股票数量限额的 5 个工作日内，根据超额配售选择权行使情况，向发行人支付超额配售股票募集资金，向同意延期交付股票的投资者交还股票

资料来源：上海证券交易所．科创板股票发行与承销业务指引［Z］．2019.

科创板注册制询价机制的强制性跟投制度安排，有利于相关利益方在 IPO 定价博弈机制的实现，主要体现在以下三方面：第一，有利于发挥保荐机构项目筛选功能，强化 IPO 质量与保荐责任，减轻监管层压力；第二，有利于发挥保荐机构定价功能，投资者与发行人利益均衡与责任共担，平衡 IPO 估值与公司长期投资价值，实现公司价值发现、IPO 定价效率与二级市场定价合理性水平；第三，有利于一级市场定价与二级市场投资者博弈定价均衡，由于保荐机构与发行人较长期限的股份锁定期，有利于实现投资者、发行人与保荐机构等利益相关者之间的长期博弈均衡，进而有利于 IPO 均衡定价发现。

从目前科创板并试点注册制改革实践效果看，保荐机构跟投机制效果正在发挥，IPO 改革效应与定价效率得到明显提高，本章第二节、第三节将从改革实践效果进行验证。在科创板注册制改革一周年之际，科创板 2.0 改革启动，新一轮改革是对科创板注册制改革的进一步优化，通过做市商等交易制度改革，推出科创 50 指数与科创 50ETF 产品，增加市场流动性、交易便利性和活跃度。同时，进一步通过自愿安排或承诺等方式，对真正采取长期策略的机构投资者建立公开备案名单，使其在发行询价、定价、配售过程中发挥更大作用，并自愿承担长期投资的相应责任，从而推动股票发行定价效率进一步提升。[①]

5.2　科创板试点注册制改革的 IPO 效应

基于科创板改革的突破口，中国资本市场基础性制度改革已加速推进，资本市场顶层设计正逐步加强。注册制改革是中国资本市场基础性制度改革的重中之重，设立科创板并试点注册制的 IPO 改革效应逐步显现。从当前实践结果来看，科创板并试点注册制改革的 IPO 效应正在逐步释放，主要包含询价效应、跟投机制与利益共同效应、市场包容性、融资效率、定价博弈均衡、转融通融券效应六大改革效应层面。

一、询价效应

我国 A 股市场一直以来存在炒作新股的投机氛围，其根源在于新股发行定价机制的非市场化问题。科创板则完全取消直接定价方式，全面实施以机构投资者为参与主体的市场化询价定价机制，通过对询价定价机制的改革，使得新股上市的发行价格更接近市场价格，更大程度地体现市场自身对投资标的价值判断，大大抑制了新股的炒作空间。

一方面，科创板询价机制改革打破了原有 23 倍发行市盈率限定，新股 IPO 溢价分化程度减小。据统计，当前 70 家科创板上市公司的发行市盈率平均为 59.33 倍，其中 3 家公司发行市盈率超过了 100 倍；新股 IPO 首日溢价率平均为 115.06%，其中最高为 400.15%，最低为 −2.15%。与之相比，A 股主板及其他板块上市的公司发行市盈率则显著较低，其中，2019 年度共有 28 只新股发行市盈率不足 20 倍，占比 21%；2006—2017 年，A 股市场新股上市后直至打开涨停板的 IPO 溢价率平均为 62%，但最高可达502%，而最低则为 −26%。

在原有新股发行核准制下，新股定价 23 倍市盈率的限定为二级市场资产定价预留了上涨的空间，新股上市后脱离基本面的连续涨停则严重影响了定价效率，带来了价格扭曲。因此，科创板注册制下的询价定价机制改革，让市场更好地发挥了价格发现功能，带动了全市场的价格认知，使得

---

① 具体见上海证券交易所黄红元在第 12 届陆家嘴论坛演讲报告《改善长期投资者制度供给，推动科创板行稳致远》，2020 年 6 月 18 日。

股票价格能够较为快速地回归理性区间。科创板询价定价机制的日愈成熟，使得投资者对于市场上所有上市新股的估值看法也更为多元，进一步促进了多空双方在股价估值判断上的充分博弈。

表 5-3　科创板新股发行市盈率及 IPO 首日溢价率的描述性统计结果

指标	均值	中值	最大值	最小值	标准差
发行市盈率	59.33	48.67	467.51	18.80	53.53
新股 IPO 首日溢价率（%）	115.06	97.94	400.15	-2.15	83.42

资料来源：上海证券交易所，Wind 数据库。

另一方面，科创板新股"破发"呈现常态化，市场估值定价理性加速回归。截至 2019 年 12 月 31 日，科创板股票中已有 14% 的股票出现了"股价跌破发行价格"现象，甚至存在个别股票在发行上市首日立即跌破发行价格。随着新股上市后的估值调整加速，以及科创板 IPO 企业数量的扩张使得科创板投资标的的稀缺性逐渐降低，市场的供求关系发生转变，因而不仅会制约新股的 IPO 溢价水平，也对机构投资者日后能否理性、审慎报价提出了极大考验。基于上述分析，新股破发的现象实际上标志着科创板市场理性的逐步回归，表明当前资源配置更加市场化，市场参与各方博弈更加充分，市场本身调节机制正在优化，定价效率也在逐步提升。

二、跟投机制与利益共同效应

相较于 A 股市场现有发行承销制度，科创板在市场化询价机制基础上进行了以"保荐机构跟投"为核心，辅以"高管及核心员工参与配售、全面放开战略配售和绿鞋机制门槛"等多方面制度创新。科创板的跟投制度改革明确要求，中介机构必须通过子公司使用自有资金进行跟投，跟投比例为 2%~5%，锁定期为 2 年，由此将保荐机构与上市公司及投资者形成利益共同体，进而为科创板上市公司的质量提供相应保障。

科创板试行保荐机构相关子公司跟投制度改革，一定程度上缓解了 IPO 定价的难题，具体存在以下三点改革效应。第一，强化了保荐机构在公司 IPO 过程中的把关责任，促进保荐机构的项目筛选功能发挥，并把 IPO 定价合理性与保荐机构的自身利益进行捆绑，不仅减轻了监管层压力，同时也对机构的定价能力提出了更高要求。第二，有利于发挥机构的专业研究与理性定价功能，协调发行人利益与投资者利益保护，平衡公司 IPO 定价估值与长期投资价值评估，一级市场的理性定价也将抑制二级市场投机炒作的空间，从而避免一级市场的资源错配与二级市场的暴涨暴跌，由此增强科创板一级市场资源配置效率和二级市场定价效率。第三，改善了行业生态结构和价值链结构，为保荐机构更加合理审慎定价提供了充分的内在动力和外在约束，有助于遏制上市公司 IPO 过程中的财务造假行为和寻租行为，提高上市公司质量，为资本市场的健康发展提供有力的制度保障。

三、市场包容性与科创企业成长

科创板的改革目标是试点注册制、遴选优质创新型企业上市，其定位和改革核心是建立上市条件多元包容、信息披露严格透明的上市制度。借鉴国际成熟经验，科创板注册制改革也对市场包容性进行了重大创新：一是提升上市标准对科创企业的包容性，更加注重企业的科技创新能力；二是允许亏损企业、表决权差异、VIE 架构企业和红筹企业上市。自 2019 年 3 月 22 日科创板首家公司获得受理以来，越来越多的科技创新型企业申请加入到科创板申报队伍中来。截至 2019 年 12 月 31 日，科创板累计受理公司数量已达 205 家。

从上市标准层面来看，205 家受理公司覆盖了所有上市标准，充分体现了科创板上市标准的包容性和多样性。其中，共有 174 家公司选择市值门槛要求最低、以盈利性为核心关注的"上市标准一"，占比为 84.88%；另有 6 家科创公司凭借市场前景与产品技术优势选择了无营业收入要求的"上市标准五"，体现了市场对科技创新企业核心技术能力的包容性，有助于增强资本市场服务实体经济的能力，助力实体经济的高质量发展；此外，红筹股上市标准以及特殊表决权上市标准也不乏企业选择。就行业属性而言，科创板受理公司全部为高新技术产业和战略性新兴产业等的"硬科技"企业，体现了对重点支持领域的专一性，坚守了科创板的定位与使命（见表 5-4）。

表 5-4 科创板受理公司及上市公司的上市标准分布

	科创板受理公司		科创板上市公司	
	数量（家）	占比（%）	数量（家）	占比（%）
上市标准一 （关注盈利性）	174	84.88	63	90.00
上市标准二 （关注研发投入）	7	3.41	1	1.43
上市标准三 （关注现金流）	1	0.49	1	1.43

续表

	科创板受理公司		科创板上市公司	
	数量（家）	占比（%）	数量（家）	占比（%）
上市标准四 （关注市场规模）	14	6.83	5	7.14
上市标准五 （关注核心技术）	6	2.93	0	0.00
红筹股企业	2	0.98	0	0.00
特殊表决权企业	1	0.49	0	0.00
总数	205	100	70	100

资料来源：上海证券交易所，Wind 数据库。

从盈利能力层面来看，科创板企业盈利性要求淡化，高成长性成为市场关注焦点。科创板受理的 205 家公司中，处于亏损状态的受理企业占比达 6%，充分体现了对亏损企业的包容性。据当前 70 家科创板上市公司披露的最新数据，整体来看，科创板净资产收益率为 7.2%，盈利能力稍逊于主板收益率的 7.5%，但高于中小板收益率的 6.3% 和创业板收益率的 5.4%；此外，科创板企业成长能力远高于其他板块，净利润增速高达 40%。另外，科创板内不同公司间的盈利能力分化程度较大，其中 54% 的科创板上市公司净利润增速超过 20%，科创企业高成长性特征突出，但也存在 3% 的少数公司尚未盈利（见图 5-1）。

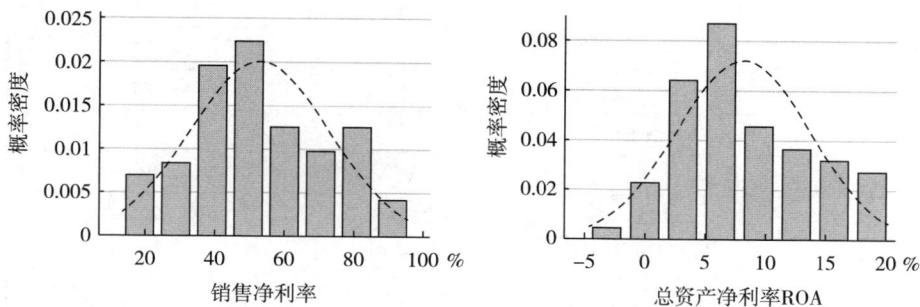

图 5-1　科创板上市公司盈利指标的概率密度分布（2019 年第三季度）
（资料来源：Wind 数据库）

正如中国证监会易会满主席所言，"科创板改革成功要从更长时间维度去观察有没有把握好科创定位，能不能培育出优秀科创企业"。因此，当前企业培育目标已从"持续盈利"向"持续经营"的导向转变，这一转变使得企业上市条件有了更灵活、更充裕的调整空间，也为科创型企业的成长与成熟提供了更为广阔的发展空间。

四、融资效率

与核准制相比，注册制以高效率、高透明度的形式审核为主，能够有效避免市场供需失衡，提高企业融资效率，减少不必要的行政干预效率损失，充分释放市场化竞争活力。在科创板注册制改革实施下，企业上市周期缩短、进程提速，上市可预期性显著提高。70 家科创板上市公司从申报到首次发行上市的平均天数（自然日）为 168 天，仅用时 5 个多月，其中最短为 97 天，最长为 271 天。相较主板、创业板和中小企业板平均长达361 天、389 天、366 天的"排队现象"有很大改善。

科创板注册制改革大大方便了公司融资，提升了融资效率，有助于提高直接融资比重。这不仅对于改善我国历来间接融资比例过高、直接融资比例过低的不合理状况大有裨益，而且也会极大地提升我国资本市场的市场化程度，优化资源配置效率，有利于我国全要素生产率与企业经营效率的提升（见表 5 – 5）。

表 5 – 5　**2019 年 A 股市场各板块新上市公司的上市流程时间统计**

	第一阶段 （申报—上会）	第二阶段 （上会—首次发行上市）	两阶段总和 （申报—首次发行上市）
科创板			
平均天数	117	51	168
最长天数	211	139	271
最短天数	35	24	97
主板			
平均天数	255	106	361
最长天数	713	1437	2056
最短天数	9	35	56
创业板			
平均天数	312	77	389
最长天数	1000	502	1047
最短天数	14	27	44

续表

	第一阶段 （申报—上会）	第二阶段 （上会—首次发行上市）	两阶段总和 （申报—首次发行上市）
中小企业板			
平均天数	255	111	366
最长天数	944	851	1000
最短天数	65	32	97

资料来源：东方财富 Choice 数据库。

五、定价博弈均衡与 IPO 定价市场化价格形成

作为中国资本市场改革的"实验田"，科创板尝试对 A 股市场传统交易机制进行了部分改革与创新，其中重点突破了新股上市首日价格最大涨跌幅 44% 的限制，在新股上市的前 5 个交易日不设涨跌幅限制，同时从第 6 个交易日开始，涨跌幅限制由主板现行的 10% 放宽至 20%。从科创板市场运行效果看，放宽涨跌幅限制等交易制度改革并未引起市场过度波动，相反较好地促进了市场充分博弈，加快了均衡价格实现，提高了定价效率，达到了科创板交易机制尝试性改革的预期效果。即使在前 5 日无涨跌幅限制期间，个股收益率（不包含上市首日）大多位于 –10% 至 10% 区间范围内，在实施涨跌幅限制后，个股收益率的涨跌幅进一步收窄于 5% 以内，波动区间逐步缩小。从市场效率系数[①]所代表的市场定价效率层面来看，随着科创板股票发行后市场日渐充分博弈，市场定价效率在股票上市半个月后达到最佳状态，相比上市初期优化了 33%，意味着上市公司的特质信息被更大程度地纳入资产定价之中，促进了资产均衡价格的快速形成。

现有研究表明，新股首日价格管制会加剧 IPO 溢价程度，容易助长新股投机。因此对于科创板企业而言，取消首日涨跌幅度的限制，反而有助于促进新股上市初期市场充分博弈，使其较快产生合理定价，缓解 A 股市场以往存在的新股上市初期价格操纵现象。市场通过投资者充分博弈较快形成了均衡价格，信息得以更快速地融入股价，同时市场情绪也被及时地反映在股价之中。首日价格管制等多项交易制度改革，使得科创板股票多空

---

① 市场效率系数是市场定价效率的负向指标，计算方法是 $MEC = | Var\ (R2)\ /\ (2 \times Var\ (R1))\ -1 |$，以六个交易日为单位时间窗口，滚动测算市场效率系数。其中 $R1$ 表示个股日度收益率，$R2$ 表示个股两日收益率，$Var\ (R1)$、$Var\ (R2)$ 分别是每单位时间窗口 $R1$、$R2$ 的标准差。市场效率系数指标数值越小，意味着收益率之间存在着较高的序列相关性，表示市场定价效率越低。

博弈更加均衡，价格更能及时地反映投资者预期和市场增量信息，进而提升资本市场通过价格信号引导资源配置、服务实体经济的基本功能（见图5－2、图5－3）。

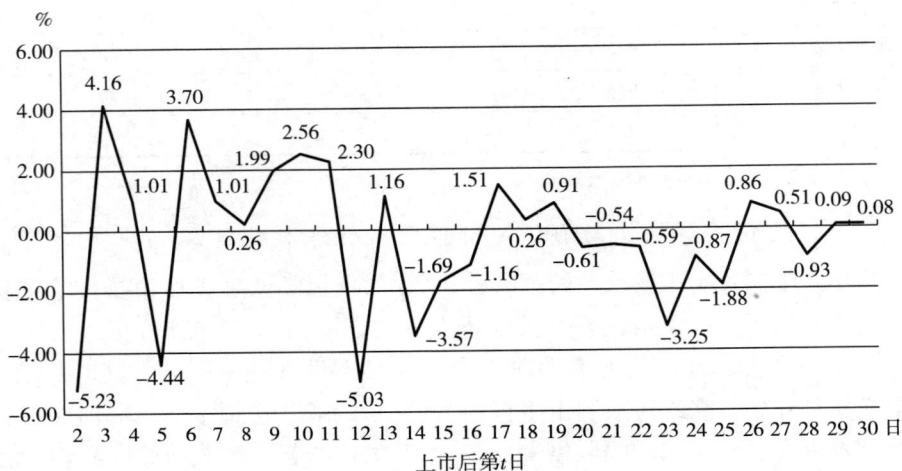

图5－2 科创板股票首次公开发行后三十日的平均个股日度收益率

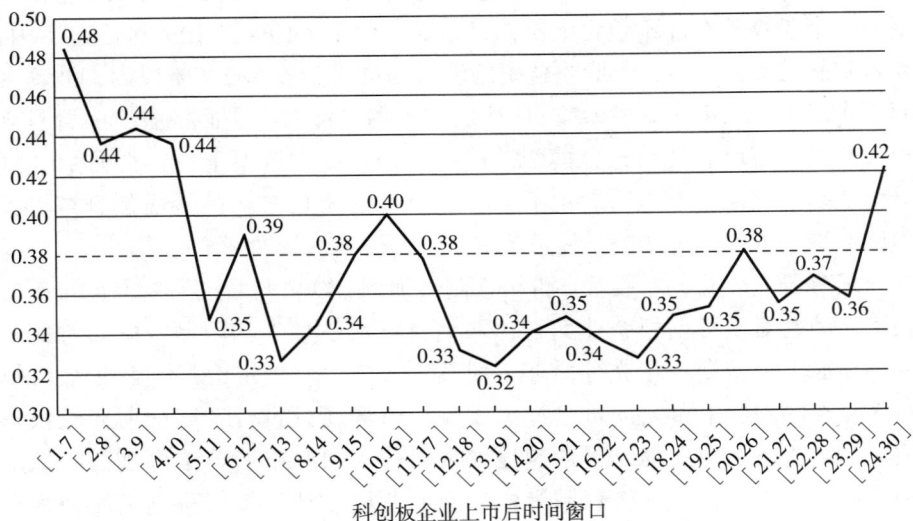

科创板企业上市后时间窗口

图5－3 科创板股票上市后三十日内市场效率系数 MEC 变化趋势

（数据来源：Wind 数据库，经手工整理后测算得到）

六、转融通融券效应

从目前科创板并试点注册制的改革实践看，科创板的市场有效性更强，二级市场博弈充分并且市场化定价和资源配置更为合理。科创板通过转融通等制度安排，加大了上市公司股票供给，从而流通股占比提高，提升了市场流动性和定价效率，这是科创板市场博弈充分、定价市场化的重要原因之一，也是推动科创板定价市场均衡的重要力量。

当前科创板融资融券业务已实现均衡发展，有效克服了 A 股主板等其他板块两融业务严重失衡的弊端。整体来看，在 2019 年 7 月科创板开板首日，科创板融券余额为 7.97 亿元，在融资融券余额中整体占比仅为 38%，随后融券余额占比逐步上升至 45%，首月融券余量余额占比基本稳定在40% ~ 50%，70 只科创板股票上市首日的平均融券余额占比达 41.83%。由于前期市场充分博弈使得股价回归理性，年末科创板融券余额占比回落至28%，但仍然显著高于主板股票仅 2% 左右的融券余额占比，科创板的两融业务发展结构与境外成熟市场情况基本一致（见图 5 –4）。

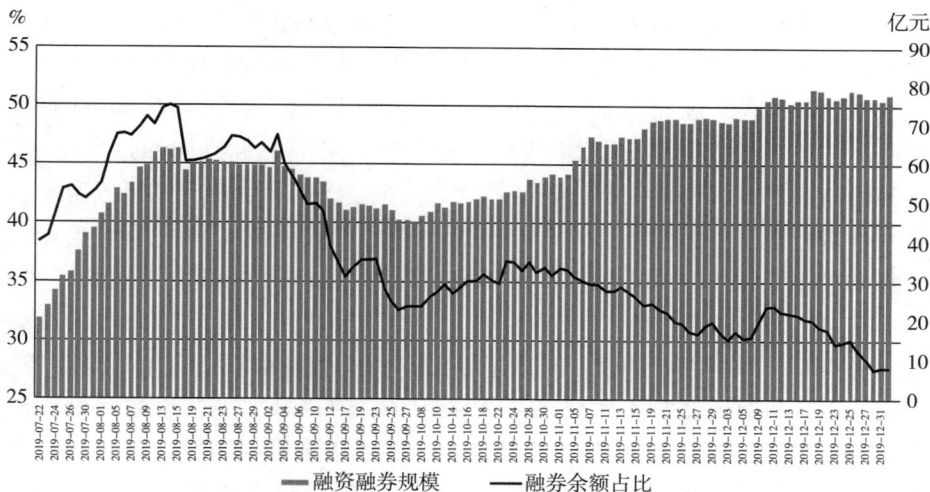

图 5 –4　科创板开市以来融资融券规模及融券余额占比的变化趋势

海内外实践经验表明，高效率的转融券制度可以帮助投资者在股票价格过高时及时借券卖出，促进股票价格相对内在价值的回归，有助于抑制市场剧烈波动，因此对于提升科创板定价能力具有重要意义。科创板股票自上市首日起即可作为融资融券标的，此项制度改革弥补了 A 股市场长期缺乏做空机制的缺陷，有助于市场供需关系的自发平衡。不仅为市场提供了必要的流动性，还能为卖出方表达自身供给意愿提供了工具和渠道，促进交易双方的充分博弈，提高了新股定价效率，从而有效避免了新股上市后的"炒新"等非理性行为，化解了新股上市初期价格过度波动的风险。

5.3 科创板试点注册制改革的 IPO 定价效率

5.3.1 问题的提出与研究假设

科创板试点注册制并推行询价机制改革，试图从源头指引定价机构规范定价并引导投资者回归理性，从而优化市场的资源配置。注册制改革了核准制实行的直接定价模式，转而采用市场化的询价机制，将估值定价的权利直接交给市场。在此，我们重点关注科创板试点注册制询价机制改革是否提高了 IPO 定价的效率，询价机制改革如何提高一级、二级市场参与者的理性并进而优化市场的资源配置。

判断 IPO 询价机制改革是否有成效，通常可采用 IPO 抑价率指标度量 IPO 定价效率。截至 2020 年 1 月 31 日，79 家科创板上市公司的平均 IPO 抑价率为 1.20，远低于询价改革前的 2.94，新股发行抑价程度与 IPO 定价效率得以明显改善。因此，课题以 IPO 抑价率为切入点，试图解决如下问题：第一，注册制试点的询价机制改革是否有效抑制了询价机构的过度竞争？从注册制改革 IPO 市场化定价角度，对询价机制改革是否提升了新股定价的合理性进行解答，力图求证注册制改革是否在很大程度上解决了困扰资本市场的"老大难"问题。第二，询价机制改革是如何引导投资者回归理性，从而抑制 A 股市场的高抑价率并提升了 IPO 定价效率？本书试图揭示改革抑制 IPO 抑价率的路径与机制，展示制度到投资者到市场的完整传导路径。第三，询价机制改革是否辐射整个 A 股市场，对尚未实施注册制询价改革的 A 股市场其他板块市场产生辐射效应？本书从注册制询价机制改革的角度，论证科创板实施试点注册制改革对 IPO 询价的市场化效应，为注册制改革经验在 A 股市场全面推广提供边际贡献。

国内外有不少学者对询价制度以及 IPO 定价问题展开研究。Cornelli 和 Goldreich（2001）发现询价过程中机构报价形成的指令簿包含了用于定价的信息，并且提供信息的机构获得了更好的新股配售，尤其是当存在严重的超额申购时。邹高峰等（2012）研究了改革前询价制度下中国 IPO 的长期表现，发现询价制度改革前中国 IPO 在 3 年内总体上表现为长期弱势，与询价制度实施之前的长期强势结果相反。俞红海等（2013）发现在 2009 年询价制度改革后，中国股票市场 IPO 过程中的"三高"问题突出、财富分配不公现象严重。李冬昕等（2014）发现我国询价机构的报价存在较大差异性，表明机构报价过程中意见分歧较为严重，且报价差异性越大、意见分歧越严重，一级市场定价过高问题就越突出。

国内对 IPO 询价改革研究文献侧重于 2009 年询价改革后询价机制与 IPO 定价效率间的关联，对于科创板试点注册制询价机制改革，目前尚未有学者对注册制询价改革的 IPO 效应展开研究，因此本书对科创板试点注册制 IPO 询价机制改革的研究，在一定程度上是对注册制询价机制改革的前沿性学术探索。

在注册制询价机制改革中，科创板 IPO 询价政策从两个方面入手抑制了市场中询价对象的过度竞争，从而提高了 IPO 定价效率。一是对询价对象进行了严格的限制。此次改革将询价对象仅限定在证券公司、基金公司等七类专业机构投资者中，机构投资者能接触到的企业与市场信息更加充分，投资经验也更为丰富，确保了报价的合理性与可靠度。二是引入了战略配售及保荐机构相关子公司跟投制度。俞红海等（2013）认为在本次询价机制改革前，参与询价的机构投资者之间的过度竞争降低了 IPO 的定价效率。在改革前的配售方式与询价制度下，报价机构可以通过提高报价来获得配售的资格，同时又不需要以此高价来成交，这使得询价机构为了击败其他投资者，获得配售份额而报出高于其理性估价的价格，导致了报价的严重"左偏"。此次引入的战略配售机制极大地缓解了这一问题，科创板对于战略投资者的限售期为不少于 12 个月。这使得机构投资者无法通过拉高 IPO 定价、二级市场出售套利，促进了询价机构的合理报价。基于上述分析，在此提出假设 1。

H1：科创板试点注册制询价改革抬高了一级市场中询价对象的门槛，避免了询价机构的过度竞争，提高了 IPO 定价效率。

通过比较注册制询价机制改革前 A 股市场的 IPO 抑价率与改革后科创板市场的 IPO 抑价率的巨大差异，本书将影响投资者行为的指标分成了投资者情绪类、股票发行类及公司基本面类三类指标。通过对比科创板市场与改革前 A 股市场的 IPO 抑价率及其影响因素，本书认为，推行询价改革之后投资者逐渐回归理性的具体表现即影响 IPO 抑价率的指标类别的增加。因此提出假设 2。

H2：在注册制市场询价制度体系下，二级市场中的投资者择股行为更加理性，进而会提高 IPO 定价效率。

实施股票发行注册制改革，将对整个 A 股市场定价与投资者行为将产生深远的影响。本书不仅关注询价改革对科创板 IPO 抑价率的影响，而且关注询价改革是否潜移默化地影响了仍在实行核准制的板块，进一步降低了 A 股非科创板块股票的 IPO 抑价率，进而考察科创板询价机制改革对于整个 A 股市场所产生的系统性的影响。通过比较询价改革前后的非改革市场（非科创板块）的公司 IPO 数据，本书认为注册制的试点对未实行询价改革的板块也造成了深远的影响，其主要表现为询价机构报价合理性的提升以及二级市场投资者的理性回归。根据上述分析，在此得出假设 3。

H3：从注册制改革询价效应辐射看，注册制询价改革在一定程度上降低了非科创板块的询价竞争激烈度，并提高了整个 A 股市场的投资者理性程度。

5.3.2 变量选取与数据描述统计

（一）变量选择

1. 被解释变量

考察 IPO 市场化定价效率的重要指标是新股上市抑价率水平，在此 IPO 抑价率为被解释变量。为充分考虑新股上市后的市场表现，对于在非科创板块上市的新股选取打开涨停板后第一个交易日的收盘价作为 P_1；对于在科创板上市的新股选取上市后首个交易日的收盘价作为 P_1。股票的发行价记作 P_0，公式如下：

$$IPO_{抑价率} = \frac{P_1 - P_0}{P_0} \qquad (5-1)$$

2. 解释变量

为论证注册制询价改革的 IPO 定价效应，在此我们将解释变量划分成了三个类别，即投资者关注及情绪类指标、股票发行类指标以及公司基本面类指标，共计 21 个解释变量。

投资者关注及情绪类指标主要反映投资者关注、情绪及交易状况，参考了投资者情绪理论和承销商理论。解释变量包括：中签率、首日换手率、承销商声誉、询价对象家数和询价申购倍数。

股票发行类指标主要反映公司股票发行相关指标及市场情况。解释变量包括：首发募集资金净额、首次发行费用、发行数量、发行价格和发行市盈率（PE）。

公司基本面类指标主要反映公司基本面信息,包括其偿债能力、营运能力以及资本结构,参考了赢者诅咒理论、信号论。解释变量包括:公司年龄、总资产、每股收益(EPS)、每股净值(BPS)、资产负债率、总资产周转率、流通股占比、大股东持有、净资产收益率(ROE)、净资产负债率和速动比率。

在后续的回归分析与因子挖掘中,将对首发募集资金净额、首次发行费用、发行数量以及总资产四个解释变量取对数以避免方差过大的问题。

(二)数据选取与描述性统计

1. 数据选取

本书以 2015—2020 年中国沪深两市 A 股上市公司为研究对象,剔除财务数据缺失的企业后,共计 986 个样本。其中,以试点注册制询价改革为界限,选取 2015 年 11 月 6 日(第 9 次重启 IPO)至 2019 年 7 月 22 日的 A 股上市公司的 IPO 数据,共计 833 个样本作为数据集 1;选取 2019年 7 月 22 日至 2020 年 1 月 31 日 A 股非科创板上市公司的 IPO 数据,共计 74 个样本作为数据集 2;选取 2019 年 7 月 22 日至 2020 年 1 月 31 日科创板上市公司的 IPO 数据,共计 79 个样本作为数据集 3。本书数据均来自Wind 数据库。

2. 描述性统计

如表 5 - 6 所示,科创板新股的 IPO 抑价率均值为 1. 20,注册制改革前A 股市场的 IPO 抑价率均值为 2. 94,注册制改革后 A 股非科创板块市场的IPO 抑价率均值为 1. 83。从结果来看,询价制的改革与注册制的试点明显抑制了 IPO 的高抑价率。与此同时,注册制的试点也降低了整个 A 股市场的资源错配程度。

从投资者关注及情绪类指标来看,由于非科创板块上市首日的涨跌有44% 的限制,投资者更不愿意出让持有的股票;但当科创板取消了首日涨跌幅度的限制以后,首日换手率有了近千倍的提升。市场的流动性迅速变强,效率大大提高。并且这种提升正逐渐从科创板传递给整个市场,试点注册制后,非科创板块的首日换手率有了数十倍的提升。

从股票发行类指标来看,科创板企业大多数的指标都领先于 A 股其他板块的市场。考虑到承销商的平均质量更高,以及上市辅导的时间更紧,科创板企业的平均发行费用要高于非科创板块的企业。此外,科创板市场的发行市盈率要远远高于非科创板块,能引导市场更好地实现价格发现。

从公司基本面类指标来看，在科创板上市的企业与非科创板块上市的企业相差不大。观察财务数据我们发现，科创板企业的规模总体较小，负债控制得比较出色，速动比率几乎是非科创板块企业的两倍。此外，科创板公司流通股的平均占比超过了80%，市场化程度进一步向发达国家资本市场靠拢。

表5-6 变量的描述性统计

变量类别	符号	变量名称	试点注册改革科创板市场均值	注册制改革前A股市场均值	注册制改革后A股市场均值
被解释变量	Y	IPO抑价率	1.20	2.94	1.83
投资者关注及情绪类解释变量	X_1	中签率	0.0498	0.04	0.08
	X_2	首日换手率	75.39	0.09	3.10
	X_3	承销商声誉	0.67	0.37	0.37
	X_4	询价对象家数	3601.46	4767.64	4191.61
	X_5	询价申购倍数	807.88	1687.07	1097.79
股票发行类解释变量	X_6	首发募集资金净额（亿元）	10.35	6.43	18.82
	X_7	首次发行费用（亿元）	0.83	0.52	0.67
	X_8	发行数量（万股）	5758.69	6860.02	32457.13
	X_9	发行价格	30.99	14.82	18.43
	X_{10}	发行市盈率	59.87	22.65	21.52
公司基本面解释变量	X_{11}	公司年龄	13.66	15.25	16.34
	X_{12}	总资产（亿元）	21.14	123.75	481.53
	X_{13}	每股收益	0.88	0.99	1.18
	X_{14}	每股净值	4.95	4.93	5.22
	X_{15}	资产负债率	31.34	41.90	44.32
	X_{16}	总资产周转率	0.75	0.91	1.05
	X_{17}	流通股占比（%）	81.43	55.58	20.33
	X_{18}	大股东持有（%）	30.18	36.10	39.50
	X_{19}	净资产收益率	18.63	22.04	24.63
	X_{20}	净资产负债率	0.60	1.18	1.66
	X_{21}	速动比率	3.09	1.70	1.48

5.3.3 实证模型与回归结果分析

（一）模型选取

本书选择多元回归分析作为实证模型，先建立多因素模型观察变量对模型的可解释性，随后通过后向回归和全子集回归的方式，构建最适合每个数据集的解释变量因子集合，确定最终模型如下：

$$Y_{科创板} = \beta_0 + \beta_2 X_2 + \beta_4 \ln(X_4) + \beta_5 X_5 + \beta_9 \ln(X_9) + \\ \beta_{10} X_{10} + \beta_{18} X_{18} + \beta_{19} X_{19} + \beta_{20} X_{20} + \varepsilon \qquad (5-2)$$

试点注册制改革前，A 股公司的回归方程如下：

$$Y_{试点前} = \beta_0 + \beta_4 \ln(X_4) + \beta_6 \ln(X_6) + \beta_9 \ln(X_9) + \\ \beta_{13} X_{13} + \beta_{15} X_{15} + \beta_{17} X_{17} + \beta_{20} X_{20} + \beta_{21} X_{21} + \varepsilon \qquad (5-3)$$

试点注册制改革后，A 股公司的回归方程如下：

$$Y_{试点后} = \beta_0 + \beta_4 \ln(X_4) + \beta_6 \ln(X_6) + \beta_8 \ln(X_8) + \\ \beta_9 \ln(X_9) + \beta_{10} \ln(X_{10}) + \beta_{14} X_{14} + \beta_{15} X_{15} + \beta_{19} X_{19} + \varepsilon \qquad (5-4)$$

（二）回归结果分析

1. 科创板询价机制改革抑制了询价机构过度竞争，提高了 IPO 定价效率——对 H_1 的检验

为论证科创板询价机制改革是否抑制了一级市场询价机构的过度竞争，提高了 IPO 定价效率，在此借鉴 Roll 等（2010）与俞红海等（2013）的思路，采用机构在网下申购过程中的报价偏度以及询价对象的数量来刻画询价对象的竞争行为。前文理论分析指出，支持者询价改革前机构为了确保获得 IPO 过程中的利益，往往通过选择报趋于上限的高价来获得网下配售资格。因此，整体报价会出现"左偏"的现象，相应偏度为负，询价对象报价将集中在右端高价区域，而不是服从正态分布，此时体现为询价对象的过度竞争。同时，询价对象数量的提升也意味着竞争激烈度的上升。

在此，本书将上文中萃取出的因子分别当作试点注册制的科创板市场与注册制改革前 A 股市场的控制变量，解释变量为报价偏度与询价对象数量。回归结果如表 5-7 所示。

表 5 – 7　机构投资者竞争行为与 IPO 定价效率分析

	试点注册制的科创板市场	注册制改革前A 股市场	试点注册制的科创板市场	注册制改革前A 股市场
报价偏度	0. 0874 **	– 0. 6724 ***	—	—
	(2. 173)	(– 1. 193)		
询价对象数量	—	—	0. 6233 **	1. 0641 ***
			(4. 875)	(2. 879)
首日换手率	0. 1947 *	—	0. 0260	—
	(2. 113)		(1. 344)	
询价申购倍数	0. 0722	—	0. 0800 *	—
	(1. 279)		(4. 123)	
发行价格	– 2. 873 *	– 0. 419 ***	– 0. 5422 **	– 1. 9210 ***
	(– 6. 785)	(– 5. 921)	(– 2. 632)	(– 10. 964)
发行市盈率	0. 0125 **	—	0. 0053 ***	—
	(3. 419)		(2. 852)	
每股收益	—	0. 6723 ***	—	1. 1000 ***
		(5. 324)		(6. 530)
每股净值	—	1. 4021 **	—	1. 3462 ***
		(2. 003)		(1. 398)
流通股占比	– 1. 002 *	0. 3492 **	– 0. 2297 *	0. 0099 ***
	(– 4. 492)	(3. 833)	(– 1. 428)	(4. 209)
大股东持有	– 0. 2021		– 0. 0105	
	(– 2. 182)		(– 1. 404)	
净资产收益率	0. 0258 **	0. 0407 ***	0. 0234 **	0. 0205 ***
	(2. 733)	(4. 193)	(2. 125)	(3. 461)
净资产负债率	—	2. 1882 ***	—	– 0. 1518 ***
		(5. 244)		(– 3. 969)
速动比率	—	0. 4001 ***	—	0. 2823 ***
		(2. 993)		(4. 848)
R – Squared	0. 3721	0. 4424	0. 3936	0. 4973
Adjusted R – Squared	0. 2918	0. 4316	0. 3281	0. 491

注：* 、** 、*** 分别表示在 10% 、5% 、1% 上的显著水平；括号内为 t 值。

观察表 5-7 的数据可以发现，注册制询价机制改革明显地抑制了询价对象的竞争行为。询价对象数量对 IPO 抑价率的正相关系数有了显著的降低，这体现了询价制度改革的成功之处。通过限制信息匮乏且理性不足的中小投资者进入询价市场，询价对象的竞争度明显下降，报价的合理性得到了提升，IPO 抑价程度不再随着询价对象的增加而显著上升。

进一步分析询价机构的报价分布可以发现，注册制询价改革前报价的"左偏"现象非常严重，这与俞红海等（2013）获得的结果相同。机构投资者为提高获得网下配售资格的机会而有意抬高报价的现象普遍存在。同时极端样本显示，个别不理性的中小投资者会报出百倍于平均值的价格。注册制通过询价改革限制了中小投资者询价报价，通过战略配售与保荐机构相关子公司跟投制度抑制了机构投资者的过度竞争，扭转了报价"左偏"的现象，询价机构的竞争度明显下降，IPO 定价效率得以提升，从而验证了 H_1 的合理性。

2. 询价改革后，科创板市场的投资者逐步回归理性，IPO 定价效率提高——对 H_2 的检验

通过观察表 5-8 的数据可以发现，询价改革的科创板市场相较改革前的 A 股市场，影响 IPO 抑价率的因子有了明显的扩充。改革前投资者较少关注情绪类与股票发行类指标的现象在试点注册制改革的科创板市场中得到了明显的改善。三大类别的指标中各有部分因子影响科创板市场企业的 IPO 抑价率。这说明当询价改革市场化后，即发行价格不再挂钩询价价格时，投资者们不得不开始关注询价对象家数、市盈率等指标。投资者的回归理性使得 IPO 抑价率得到了明显的抑制。

进一步分析数据，三类指标中各增加了一个因子对 IPO 的抑价率产生了显著影响，分别为询价申购倍数、市盈率以及流通股占比。根据上文分析，询价机制改革限制了信息匮乏且理性不足的中小投资者进入以及市场定价，并通过战略配售等政策降低了机构投资者的过度竞争，这使得改革后的询价申购倍数（807.88）较改革前（1687.07）有了显著的下降。在科创板市场中，询价申购倍数与 IPO 抑价率呈现正相关的态势。换言之，IPO 抑价率随询价申购倍率的下降而随之下降。

注册制询价改革取消了 23 倍市盈率封顶的限制，这使得市盈率重新成为投资者的择股标准之一。研究显示市盈率对 IPO 抑价率具有正相关性，市盈率较高的企业的潜力更强同时风险更高，因而会给予投资者一定的风险溢酬，造成 IPO 的高抑价率。流通股占总股本比重的提高是科创板上市企业

的一大特征，流通股的占比越高说明企业的市场程度越强，也就越能反映企业的真实价值。询价改革后，流通股占比的提升与能够有效抑制 IPO 抑价率，体现了询价制度改革的 IPO 效应正在逐步释放。

根据以上回归可以发现，注册制的试点与询价机制的改革使得科创板市场中的投资者选股时考虑的因素更为均衡，投资者逐步回归理性。至此验证了 H_2 的合理性，询价机制改革的成功之处不仅体现在结果上抑制了市场的 IPO 高抑价率，更是从根本上使得市场中的投资者更为理性地参与市场行为，提高了市场的有效性，优化了市场的资源配置。

表 5 - 8　投资者关注指标对 IPO 抑价率影响情况

变量类别	变量名称	符号	试点注册制的科创板市场	注册制改革前的 A 股市场
投资者关注及情绪类解释变量	首日换手率	X_2	0. 0260 (1. 344)	—
	询价对象家数	ln（X_4）	0. 6233 ** (4. 875)	1. 0641 *** (2. 879)
	询价申购倍数	X_5	0. 0800 * (4. 123)	
股票发行类解释变量	发行价格	X_9	- 0. 5422 ** （- 2. 632)	- 1. 9210 *** （- 10. 964)
	发行市盈率	X_{10}	0. 0053 *** (2. 852)	—
公司基本面类解释变量	每股收益	X_{13}	—	1. 1000 *** (6. 530)
	每股净值	X_{14}	—	1. 3462 *** (1. 398)
	流通股占比	X_{17}	- 0. 2297 * （- 1. 428)	0. 0099 *** (4. 209)
	大股东持有	X_{18}	- 0. 0105 （- 1. 404)	

续表

变量类别	变量名称	符号	试点注册制的科创板市场	注册制改革前的A 股市场
公司基本面类解释变量	净资产收益率	X_{19}	0. 0234 ** (2. 125)	0. 0205 *** (3. 461)
	净资产负债率	X_{20}	—	− 0. 1518 *** (− 3. 969)
	速动比率	X_{21}	—	0. 2823 *** (4. 848)
	样本数	N	79	833
	R – Squared		—	0. 3936	0. 4973
	Adjusted R – squared		—	0. 3281	0. 491

注：* 、** 、*** 分别表示在 10% 、5% 、1% 上的显著水平；括号内为 t 值。

3. 询价机制改革对整个 A 股市场定价机制的影响——对 H_3 的检验

前文证明了注册制询价改革通过降低一级市场询价机构的过度竞争，以及提高二级市场投资者的理性程度，有效抑制了科创板市场中的 IPO 抑价率。然而，科创板只是我国 A 股市场的若干板块之一，无法代表整个 A 股市场。因此还应关注注册制询价改革对于仍推行核准制的 A 股其他板块具有怎样的推进作用。与前文类似，本书继续就询价机构的竞争激烈程度以及投资者的理性程度出发对 IPO 的抑价率展开研究。

如表 5 – 9 所示，尽管未经历改革，非科创板一级市场中询价对象的激烈程度也在一定程度上得到了抑制。可以看到，非科创板市场的报价偏度以及询价对象数量对 IPO 抑价率均产生显著作用。询价对象数量对 IPO 抑价率的正相关系数有了一定程度的降低，询价制度改革虽未直接作用于 A 股其他板块，但也潜移默化地使一级市场报价的合理性得到提升。询价改革后，A 股非科创板块询价的"左偏"现象依然存在，但得到了一定程度的改善，偏度较改革前有了一定的减小。一方面，中小投资者理性回归需要一定的过程，另一方面，也需要配套政策限制询价机构抬高报价。

表 5-9 从板块传递看机构投资者竞争行为与 IPO 定价效率分析

	注册制改革后 A 股市场	注册制改革前 A 股市场	注册制改革后 A 股市场	注册制改革前 A 股市场
报价偏度	-0.4390 * (-1.549)	-0.6724 *** (-1.193)	—	—
询价对象数量	—	—	0.8680 ** (2.092)	1.0641 *** (2.879)
询价申购倍数	0.5833 ** (3.375)	—	0.3722 * (1.780)	—
首发募集资金净额 (亿元)	-1.3959 * (-8.193)	—	-0.9003 *** (-5.283)	—
发行价格	-1.1128 ** (-4.391)	-0.419 *** (-5.921)	-1.7982 *** (-3.901)	-1.9210 *** (-10.964)
发行市盈率	1.4733 *** (5.843)	—	1.6960 ** (3.007)	—
每股收益	—	0.6723 *** (5.324)	—	1.1000 *** (6.530)
每股净值	0.0122 * (2.481)	1.4021 ** (2.003)	0.2511 * (2.614)	1.3462 *** (1.398)
资产负债率	0.8810 * (1.263)	—	0.0137 * (2.405)	—
流通股占比	—	0.3492 ** (3.833)	—	0.0099 *** (4.209)
净资产收益率	0.3198 ** (7.183)	0.0407 *** (4.193)	0.0651 ** (3.360)	0.0205 *** (3.461)
净资产负债率	—	2.1882 *** (5.244)	—	-0.1518 *** (-3.969)
速动比率	—	0.4001 *** (2.993)	—	0.2823 *** (4.848)
R - Squared	0.5711	0.4424	0.6812	0.4973
Adjusted R - Squared	0.5229	0.4316	0.6331	0.491

注：*、**、*** 分别表示在 10%、5%、1% 上的显著水平；括号内为 t 值。

询价机制改革后，非科创板块市场投资者关注的指标变量相较改革前变得更为均衡，类似"询价对象家数"的投资者关注及情绪类指标变量也逐渐纳入投资者的关注范围。除此之外，投资者开始更多地关注"市盈率"等股票发行类指标。

由于 A 股非科创板块有着 23 倍发行市盈率的上限，改革前"发行市盈率"这一变量通常被投资者忽视，但随着注册制取消了 23 倍发行市盈率的限制后，A 股非科创板块的投资者们也逐渐开始关注该变量，这也是改革后 A 股市场 IPO 抑价率得到明显抑制的一个原因，引导市场更好地实现价格发现。

通过回归可以发现询价机制改革对于整个 A 股二级市场都产生了显著的影响。尽管注册制改革后的非科创板块仍旧沿用传统的询价制度，但改革的影响正从科创板投资者慢慢扩散至整个 A 股市场的投资者中。非科创板块的市场参与者们也逐渐开始关注类似"询价对象家数"的投资者关注及情绪类指标变量，改革的效果从直接改革的科创板投资者辐射至 A 股其他板块的投资者，从而使整个市场的投资者回归理性，提升市场的有效性。

综上所述，从跨板块来看，注册制询价改革在一定程度上降低了非科创板块的询价竞争激烈度，并提高了整个 A 股市场的投资者理性程度，H_3 得到了验证。

表 5 – 10   注册制询价改革对 A 股市场的影响

变量类别	变量名称	符号	注册制改革前 A 股市场	注册制改革后 A 股市场
投资者关注及情绪类解释变量	询价对象家数	ln（X_4）	1.0641 *** (2.879)	0.8680 ** (2.092)
	询价申购倍数	X_5	—	0.3722 * (1.780)
股票发行类解释变量	首发募集资金净额（亿元）	ln（X_6）		-0.9003 *** (-5.283)
	发行价格	X_9	-1.9210 *** (-10.964)	-1.7982 *** (-3.901)
	发行市盈率	X_{10}	—	1.6960 ** (3.007)

续表

变量类别	变量名称	符号	注册制改革前 A 股市场	注册制改革后 A 股市场
公司基本面类 解释变量	每股收益	X_{13}	1.1000 *** (6.530)	—
	每股净值	X_{14}	1.3462 *** (1.398)	0.2511 * (2.614)
	资产负债率	X_{15}	—	0.0137 * (2.405)
	流通股占比	X_{17}	0.0099 *** (4.209)	—
	净资产收益率	X_{19}	0.0205 *** (3.461)	0.0651 ** (3.360)
	净资产负债率	X_{20}	− 0.1518 *** (− 3.969)	—
	速动比率	X_{21}	0.2823 *** (4.848)	—
	样本数	N	833	74
	R − Squared	—	0.4973	0.6812
	Adjusted R − Squared	—	0.491	0.6331

注: * 、** 、*** 分别表示在 10% 、5% 、1% 上的显著水平；括号内为 t 值。

(三) 稳健性检验

为进一步检验模型和实证分析结果的可靠性，本书从变量选取和变量时间维度变化两个角度对模型的稳健性进行测试。首先，将三个模型均显著的净资产收益率（ROE）替换为净资产回报率（ROA），观察使用相近变量是否能得到一致的结果。如表 5 – 11 所示，控制其他解释变量不变，将三类数据共有的变量 ROE 变更为 ROA，资产回报率在三个模型中依然显著，模型的拟合优度的改变并不明显，实证检验结果是可靠的。从实证结果来看，整体上所有重要替代变量的显著性程度与原先分析趋于一致，相关系数的符号也未发生改变，研究结论与上文保持一致。

表 5－11　改变解释变量的稳健性测试结果

指标结果	科创板市场		改革前的 A 股市场		改革后的 A 股市场	
原始数据/稳健性检验	原始数据	稳健性检验	原始数据	稳健性检验	原始数据	稳健性检验
净资产收益率	0.0234 ** (2.125)	—	0.0205 *** (3.461)	—	0.0651 ** (3.360)	—
净资产回报率	—	0.4903 ** (2.739)	—	0.8018 ** (3.026)	—	0.2465 ** (2.872)
样本数	84		833		76	
R – Squared	0.3936	0.3827	0.4973	0.4812	0.6812	0.6529
Adjusted R – Squared	0.3281	0.3168	0.491	0.4702	0.6331	0.6198

注：*、**、*** 分别表示在 10%、5%、1% 上的显著水平；括号内为 t 值。

在此基础上，研究使用新股上市后 5 天的收盘价代替公司上市首日的收盘价计算 IPO 抑价率，拉长了时间后观察模型的有效性程度。表 5－12 显示，采取相同解释变量重新拟合后发行，科创板 IPO 前五日抑价率与解释变量间的拟合优度有了明显的提升，这表现出了投资者在 IPO 前五日的表现比 IPO 首日更为理性，模型对于 IPO 抑价率的可解释性更强；主板企业 IPO 首日抑价率与 IPO 前五日抑价率的差别不明显。同时，考虑到上述三个模型的解释变量整体并未由于重要替代变量造成影响，也可得出模型的解释变量选取是恰当的结论。总体看来，模型的稳健性良好。

表 5－12　改变被解释变量的稳健性测试结果

指标结果	科创板市场		改革前的 A 股市场		改革后的 A 股市场	
IPO首日/IPO五日	IPO首日	IPO五日	IPO首日	IPO五日	IPO首日	IPO五日
样本数	84		833		76	
R – Squared	0.3936	0.5382	0.4973	0.4913	0.6812	0.6616
Adjusted R – Squared	0.3281	0.4261	0.491	0.4889	0.6331	0.6294

注：*、**、*** 分别表示在 10%、5%、1% 上的显著水平；括号内为 t 值。

5.3.4　简要结论与政策启示

本书以科创板试点注册制，推行新股发行询价机制改革对 IPO 定价效率的影响为研究主线，考察询价机制改革对 A 股市场的效应。IPO 询价机制改革对于整个市场的影响是十分深远的，从源头上指引一级市场询价机构合理定价，引导二级市场投资者回归理性，在很大程度上提升了新股发行定价的合理性。询价机制改革市场化的主要政策表现在取消了直接定价机制和 23 倍发行市盈率的"封顶"限制，以及优化了参与询价对象等。就当前科创板并试点注册制改革的实践效果看，此次 IPO 询价机制改革是非常成功的，A 股市场的 IPO 抑价率得到了有效抑制，IPO 定价市场化程度得到明显提高。

科创板实施注册制询价改革对于 A 股市场而言可谓"对症下药"。本书从询价机制改革的传导路径入手，揭示了询价机制改革的意义与作用以及对一级、二级市场参与者产生的重要影响。机构投资者的规范定价以及投资者的理性是需要政策引导的，参与询价对象的限制以及战略配售机制的实施成功地降低了询价机构的过度竞争，规范了一级市场机构投资者的定价，提高了 IPO 定价效率。取消了 23 倍发行市盈率与直接定价机制使得二级市场投资者选股时开始关注投资者情绪类指标以及股票发行类指标，使投资者逐步回归理性。投资者理性的回归是 IPO 抑价率下降的又一重要原因。本书研究发现，尽管注册制询价改革直接作用于科创板市场，但具有"板块联动效应"。非科创板块的一级市场询价机构与二级市场投资者均在此次改革中受到了积极的影响。其中，二级市场投资者理性程度的提升较为明显，一级市场机构投资者的过度竞争在一定程度上得到了改善。

通过研究，政策启示有如下三点。第一，深入贯彻新《证券法》，稳步、有序、全面推行注册制改革与完善资本市场基础性制度。目前，我国新修订的《证券法》自 2020 年 3 月 1 日已正式实施，全面推行证券发行注册制度是我国资本市场基础性制度改革的重要体现。全球主要资本市场发展的实践表明，新股发行注册制是市场化和资源配置优化的制度前提。我国股票市场推行注册制改革，有利于优化资源配置效率提升。为此，深入贯彻落实新《证券法》，在目前科创板改革实践上进一步深化落实新股发行注册制改革，稳步、有序、全面推行注册制改革与完善资本市场基础性制度。第二，建议进一步优化科创板并试点注册制改革的询价机制。通过进一步优化科创板并试点注册制改革的询价机制改革，实现询价对象的优化以及询价过程的审慎规范化，合理引导投资者询价行为，降低投资者盲目跟风，并引导其关注公司自身内在的价值，以注册制改革市场化询价引导 A 股市场生态优化。第三，持续优化投资者结构，鼓励引导更多长期投资者参与科创板。从制度供给的角度看，科创板应该改善长期投资者制度供给，推动市场投资者结构逐步趋于合理。科创板目前亟待解决的短板问题，根据国际实践中反映出的有效经验，就是要鼓励引导更多长期投资者参与科创板。①

---

① 黄红元. 改善长期投资者制度供给，推动科创板行稳致远［R］. 第 12 届陆家嘴论坛演讲报告，2020 – 06 – 18.

第六章 科创板试点注册制的市场运行效率评价

6.1 科创板注册制改革的市场化定价效率问题提出

上海证券交易所指出："新股发行定价始终是困扰资本市场的'老大难'问题"①。长期以来，A股市场投机炒作的局面始终存在且未能实质性改变，出现了诸如估值扭曲、供需失衡等市场定价问题，极大地限制了资本市场服务实体经济的能力。因此，如何实现市场化的发行定价和交易机制安排，通过制度变革推动市场参与博弈行为与市场化定价机制，是监管部门一直以来面临的重要难题。在这一背景下，资本市场注册制改革被提上日程，完善资本市场基础制度建设成为了资本市场改革的核心内在逻辑。

作为基础性制度重大创新的载体，注册制改革是中国资本市场制度性改革的重要里程碑。实际上，注册制改革在中国资本市场的落地经历了漫长历程。早在2013年11月，十八届三中全会已明确指出"推进股票发行注册制改革"，然而多年来囿于各种因素，一直未能实质性推进，已然成为了中国资本市场改革的"硬骨头"。直至2018年，习近平总书记亲自宣布设立科创板并试点注册制改革，体现了中央对股票发行注册制改革的坚定决心。由此，注册制改革实现了历史性突破，其承载着推动中国资本市场基础性制度改革的重要使命，通过落实国家创新驱动发展战略，共同为中国经济发展注入新动力。

注册制改革的核心是实现市场化的发行定价和交易机制安排，通过制度变革推动市场参与博弈行为与市场化定价机制，并且充分发挥专业机构

---

① 上海证券交易所. 设立科创板并试点注册制，引领资本市场全面深化改革 [EB/OL]. (2019 - 09 - 30). http：//www.sse.com.cn/home/theme/70anniversary/doc/c/c_20190924_4919728.shtml.

投资者在新股定价中的作用，建立符合科技创新企业特点和投资者适当性要求的交易机制，进而提升市场价格发现效率。而在科创板即将迎来开板一周年之际，如何厘清注册制及相关基础制度改革的市场功能及其改革效果，完善询价机制改革及交易机制改革对资本市场价格信号功能发挥的促进作用，是当前中国资本市场关注的重点问题，其直接关系到资本市场基础性制度改革能否激发市场活力和提高市场效率，这也是本章研究的出发点。

关于注册制改革的既有研究中，国内外学者大多基于成熟市场经验以及法律制度层面，着眼于对注册制制度模式的甄别与探讨，定性分析了注册制改革的市场功能与模式适用性判别（Mahoney，2003；Chang and Shin，2004；Morrissey，2010；曹凤岐，2014），但尚未对科创板与注册制改革实践效果进行深入研究，也缺乏对改革路径与微观影响机理的综合探析，特别是在市场定价效率视角下，对科创板注册制询价机制改革以及交易机制改革效应缺乏深入研究。为了补充现有研究框架的空白和提供最新经验证据，本章试图围绕以下问题展开论证。第一，注册制改革能否使科创板市场运行达到中央决策层与证券监管层的政策预期与目标，换言之，科创板市场运行是否更加有效？第二，从具体改革路径来看，一级市场询价机制改革与二级市场交易机制改革是否在科创板市场定价效率提升的过程中发挥了积极作用？对上述问题的深入挖掘和论证剖析，正是本章的重点内容以及研究价值所在。

针对上述研究问题，本章利用科创板市场微观交易数据，探究了注册制询价机制改革和交易机制改革对市场价格发现功能的影响效应。本章的贡献和创新点有以下几个方面。第一，首次基于市场定价效率视角，对科创板设立并试点注册制的资本市场改革效应进行深刻研究，建立科创板注册制改革定价效应的论证框架，为中国资本市场基础性制度改革提供决策依据。第二，运用规范实证方法，考察了科创板市场的效率测度与制度评价，为科创板注册制改革对市场定价效率的改善功能提供了最新的经验证据。第三，利用科创板作为"改革试验田"的增量改革优势，深入挖掘询价机制改革与交易机制改革影响市场定价效率的微观机制和实现路径，进一步丰富和拓展了相关领域研究，为监管层全面推进注册制改革提供理论依据。

6.2 科创板试点注册制改革的市场化效率形成机制

6.2.1 科创板注册制改革与市场定价效率

作为中国资本市场基础性制度改革的重大创新，注册制改革的核心是新股发行定价权的市场化，以及二级市场交易定价的合理性。在将选择权交给市场的过程中，通过制度约束推动市场形成有效的均衡机制和博弈机制。基于科创板改革的突破口，当前中国资本市场基础性制度改革已有序推进，资本市场顶层设计正逐步加强。

一方面，科创板询价机制改革取消了直接定价方式，全面实施以机构投资者为参与主体的市场化询价、定价机制，大幅提高网下发行比例，同时放开了原有 23 倍发行市盈率的新股定价管制，设置询价有效报价区间约束，并充分披露询价报价信息。由于主板市场新股发行价格往往会受到定价上限的约束而被人为压价，导致新股发行价格低估的现象普遍（宋顺林和唐斯圆，2017），同时承销商和发行人大多直接利用剔除最高报价①后的最高价格作为最终发行价，并未综合考虑询价结果、选择合理的发行价格，从而抑制了新股定价效率（Cheung et al.，2009）。科创板询价机制的市场化改革，旨在促使新股上市的发行定价更接近于市场预期估值，更大程度地体现和尊重市场自身对投资标的价值判断，从而抑制虚高报价操纵空间以及新股炒作空间，提升新股定价效率与未来市场表现。

另一方面，科创板市场针对 A 股市场传统交易机制也实行了重要改革创新。② 一是关于涨跌幅限制，重点突破了新股上市首日价格最大涨跌幅44% 的限制，在新股上市的前 5 个交易日不设涨跌幅限制，同时从第 6 个交易日开始，涨跌幅限制由主板现行的 10% 放宽至 20%。既有研究表明，涨

---

① 根据《证券发行与承销管理办法》的规定，采用询价方式首次公开发行的股票，在网下投资者报价后，"发行人和主承销商应当剔除拟申购总量中报价最高的部分，剔除部分不得低于所有网下投资者拟申购总量的10%，然后根据剩余报价及拟申购数量协商确定发行价格。"

② 2019 年 6 月 13 日，刘鹤副总理在"陆家嘴论坛"上明确指出，"以更加市场化、便利化为导向推进交易机制改革"是中国资本市场持续健康发展需要重点关注的问题之一。2019 年 9 月 11 日，中国证监会主席易会满在《人民日报》发表《努力建设规范、透明、开放、有活力、有韧性的资本市场》署名文章，进一步强调了稳步、分步推进交易制度改革的重要性，特别指出交易机制改革关系到资本市场的稳定健康发展，对于金融风险防控和经济高质量发展具有重要意义。

跌停价格限制政策是加剧市场剧烈波动的重要原因（Chan and Rhee，2005；王朝阳和王振霞，2017），而放宽甚至放开涨跌幅限制并不会引起市场过度波动，相反较好地促进了市场充分博弈，加快了均衡价格实现（Hsieh et al.，2009；Seasholes and Wu，2007），有助于上市公司的特质信息被更大程度地纳入资产定价之中，促进了资产均衡价格的快速形成。二是关于融资融券制度，科创板股票自上市首日起即可作为融资融券标的，优化了转融券制度与融券供给机制。这一改革举措有效弥补了 A 股市场传统融券卖空机制的制度设计缺陷，缓解了标的证券限制、券源供给不足等卖空摩擦，扩大了市场上可供借贷的资产数量，进而改善了基于供给面的卖空约束（苏冬蔚和倪博，2018），有助于加快市场供需关系的自发平衡，特别是对于上市初期频发的爆炒行为具有一定平抑作用，有利于新股市场均衡价格实现。

综上所述，科创板注册制改革采用市场化的询价机制，将估值定价权交给市场，促进新股价格发现和资金配置效率的提升，并发挥市场在资源配置中的决定作用；另外，通过放开价格限制、融资融券等交易机制改革，多措并举优化市场价格的发现功能及多空平衡机制，提高市场定价效率与信息含量，合理的估值水平也有助于资本市场通过价格信号引导资源配置、服务实体经济的功能实现。基于上述分析，本章提出研究假设 H1。

H1：注册制改革显著提升了科创板市场的定价效率，改善了科创板市场新股上市后的市场表现，较好地达到了改革预期目标。

6.2.2　注册制询价机制改革路径的定价效应

本章将分别基于注册制询价机制改革、注册制首日限价改革、注册制融券机制改革三条改革路径，细致剖析注册制改革对科创板市场定价效率的影响效应。

我国 A 股市场一直以来存在炒作新股的投机氛围，其根源在于新股发行定价机制的非市场化问题。其一，询价机构为了获得配售资格，需要在其自身估值基础上尽可能提高报价，同时由于报价中包含了询价机构对二级市场投资者炒作预期的意见分歧，询价机构的报价呈现出较大的差异性特征，进而损害了 IPO 定价效率。其二，询价机构的报价中大多存在虚高报价和人情报价，甚至存在操纵高价发行的可能性，使发行价格的确定无法充分体现出报价的信息含量和询价行为的有效性，致使询价机构存在较大的意见分歧。其三，在主板市场核准制下，新股定价 23 倍发行市盈率的限定为二级市场资产定价预留了上涨的空间，新股上市后脱离基本面的连续涨停则严重影响了市场定价效率，表现为短期内价格超涨、长期回报率低下，带来了价格扭曲。

鉴于此，科创板注册制改革中实行的一级市场询价机制改革，旨在克服主板市场询价定价机制运行中存在的突出问题，特别是通过询价报价行为的差异性、有效性以及IPO定价管制程度三个层面的影响，进而作用于市场定价效率。

首先，科创板询价机制改革抑制了询价机构报价的差异程度。在科创板注册制改革"以信息披露为核心、以投资者需求为导向"的原则指导下，发行人的经营状况、财务状况等价值判断所必需的信息受到充分披露和揭示，同时交易所的审核标准、审核程序、问询回复等内容也应充分透明化，实现全过程公开，由此询价机构对相关信息获取以及解读的差异性应当有所降低。大幅提高的网下发行比例，也相对削弱了机构投资者通过高估IPO发行价格参与新股配售的动机。又考虑到询价机构报价中所包含的新股炒作预期，事实上该项再售期权价值的本质即为做空约束下投资者意见分歧带来的溢价泡沫（Miller，1977；Houge et al.，2001），而科创板注册制改革则通过优化新股融券机制改革来避免上市初期投资者"炒新"等非理性行为，因而询价机构报价中所包含的新股炒作溢价程度降低。综上所述，询价机构报价之间的意见分歧程度应当有所减小，由此新股定价效率会得到相应提升（李冬昕等，2014）。

其次，科创板询价机制改革改善了询价机构报价的有效性及信息含量。对于主板市场和创业板市场，保荐机构和发行人大多在基于10%比例线剔除最高报价后，直接利用剔除之后的最高价作为最后的发行价，并未综合考虑询价结果及剩余有效报价的平均水平，因而发行价格的确定无法体现出报价的信息含量和询价行为的有效性。同时10%的最高报价部分由于不参与网下配售，也不存在高报价的相关处罚，反而为操纵高价发行提供了潜在空间，违背了市场化定价的制度理念。科创板市场针对上述不合理之处作出了规范性要求，特别针对发行定价确定了四数区间约束，使得报价结果及询价信息含量充分融入发行定价之中，以保证新股的定价过程充分尊重市场询价结果，有助于市场定价效率的提升。

最后，科创板询价机制改革打破了发行定价的管制约束。研究表明，发行定价管制提高了IPO抑价率，降低了IPO定价效率（Cheung et al.，2009；Tian，2011），而放开定价管制显著降低了IPO首日回报率、提高了新股定价效率（刘志远等，2011）。王冰辉（2013）基于 IPO 择时视角，发现 A 股市场的发行定价管制会给公司带来较高的融资成本，使其选择海外上市的动机增强，也因此抑制了 A 股市场的成长性。科创板注册制下的询价定价机制改革，让市场更好地发挥了价格发现功能和定价决定作用，同时也有助于二级市场对新股进行合理定价，降低新股的价值不确定性（宋顺林和唐斯圆，2017）。

综合上述三个层面的分析，本章提出研究假设 H2。

H2：注册制改革显著抑制了询价机构报价的差异程度、改善了询价机构报价的有效性、降低了 IPO 抑价程度，并由此提升了科创板市场新股定价效率及上市后的市场表现。

6.2.3 注册制放开首日限价改革路径的定价效应

新股首日限价政策的本质即为限制新股上市首日的涨跌幅，因此可能与涨跌幅限制具有类似的资产定价效应，如阻碍了新股上市后的股票交易，延迟了新股价格发现，损害了股票市场定价效率等（Fama，1989；Lehmann，1989；Kim and Rhee，1997）。主板市场的 IPO 首日限价政策虽然直接抑制了新股上市首日的炒作空间，但也可能同时使二级市场投资者预期高度一致，甚至盲目追涨，导致新股发行上市后二级市场短期内价格超涨、长期回报率低下的异象。更严重的是，IPO 首日限价政策还可能加剧对投资者"炒新"行为的刺激作用，例如新股连续涨停带来的财富增值效应可能会吸引更多的投资者关注新股和参与"打新"（宋顺林和唐斯圆，2019）。

由此，本章预期科创板放开首日限价的改革举措，将有效抑制 A 股市场以往存在的投资者"炒新"行为以及新股上市初期价格操纵现象，使得新股上市后表现出相比主板市场及创业板市场更低的首日实际收益率，换言之，科创板市场股票将呈现出较低水平的新股投机特征。但由于科创板市场的历史性改革意义使其受到关注，市场参与者普遍对科创板市场股票具有较高的乐观预期，同时科技创新行业属性也在 2019 年受到 A 股市场投资者的热烈追捧，位于投资风口的科技产业也迎来了更为高涨的投资热潮，因此科创板市场新股的交易活跃度较高，甚至可能存在一定的"乐观情绪溢价"，使科创板市场新股的 IPO 溢价率以及首日实际换手率可能较高。

在此基础上，科创板放开首日涨跌幅限制改革对新股定价效率及未来市场表现的影响可能存在截然相反的短期效应及中长期效应。一方面，在上市初期表现出较高首日实际收益率的新股往往存在较大的炒作溢价空间，随着此后市场充分博弈并回归理性，新股上市后短期内将呈现更为严重的股价反转（魏志华等，2019），由此首日实际收益率与短期内市场表现之间的负相关关系得以强化。另一方面，基于投资者有限关注理论（Barber and Odean，2008；Da et al.，2011），在上市初期表现出较高 IPO 溢价率以及首日实际换手率的 IPO 公司往往能够吸引更多的投资者关注，而由于投资者的有限注意力具有滞后性及传染性等特征（成松豪和张兵，2014），此类 IPO 公司在上市后中期内可能反而具有较好的市场表现，由此 IPO 溢价率以及首日实际换手率与中期内市场表现之间的负相关关系得以削弱，甚至进一步逆转为正相关关系。由此，本章提出研究假设 H_3：

H_3：在注册制改革下，科创板市场新股首日实际收益率较低，而 IPO 溢价率以及首日实际换手率较高；首日实际收益率较低的科创板股票在短期内市场表现更好，而 IPO 溢价率以及首日实际换手率较高的科创板股票在中期内市场表现更佳。

6.2.4　注册制融券机制改革路径的定价效应

大量理论及经验研究表明，完善的卖空机制是市场健康发展的必要基础。Diamond and Verrecchia（1987）在理性预期框架下进行了理论分析，卖空限制的存在会把一些拥有公司负面信息的交易者排斥在市场之外，降低了股价对私有信息，特别是负面信息的调整速度。Hong and Stein（2003）认为卖空限制会阻碍价格对市场负面信息的反映，引起价格发现机制失灵，致使负面消息一直累积到市场开始下跌时才集中爆发，加剧市场暴跌风险。此后也涌现出丰富的经验研究，进一步印证了卖空限制会抑制市场信息传递效率（Saffi and Sigurdsson，2011；Boehmer and Wu，2012）、降低市场流动性（Charoenrook and Daouk，2005）、加剧资产价格泡沫（Negal，2005；Boehmer et al.，2008），因而阻碍了资本市场价格发现的功能。简而言之，卖空机制有利于掌握负面信息的投资者自由表达交易意愿，从而使负面利空消息得到充分反映，推动市场价格回归资产真实价值，进而提升市场定价效率（Boehmer et al.，2008）。因此，合理运用卖空机制对于金融市场的质量优化和健康发展具有重要意义。

直至 2010 年 3 月 31 日，中国股票市场正式推出融资融券业务，标志着我国 A 股市场卖空机制的正式建立（李志生等，2015），此后融券交易是 A 股市场中唯一的针对特定股票的卖空交易方式。近些年关于融券卖空与资产定价的研究也受到了越来越多学者的关注。部分研究表明，融资融券制度能够降低股价波动率（肖浩和孔爱国，2014；李志生等，2015），提升公司信息透明度（李志生等，2017；孟庆斌等，2018），进而有助于改善市场定价效率（李志生等，2015；孟庆斌和黄清华，2018）。然而随着融资融券业务的快速发展，融券制度逐渐暴露出存在券源不足、融资融券业务发展结构不平衡等问题。

科创板股票自上市首日起即可作为融资融券标的，同时通过将战略投资者通过配售获得的、尚在限售期内的股票纳入融券来源，进一步扩大了券源规模、便利了个股做空机制。此项制度改革弥补了 A 股市场做空机制不完善的缺陷，力图改变单边市的交易机制设计。在此改革路径下，做多机制与做空机制的协调发展有助于促使资本市场平稳运行，以及市场供需关系的自发平衡。不仅为市场提供了必要的流动性（Autore et al.，2011；Gigler et al.，2013），还能为卖方投资者表达自身供给意愿提供了工具和渠道，促进市场多空双方的充分博弈（Chang et al.，2007），提高了市场信息透明度（Figlewski，1981；Boehmer and Wu，2013）和市场定价效率（Saffi and Sigurdsson，2011）。由此，本章提出研究假设 H_4：

H_4：在科创部注册制改革下，融券机制改革路径显著提升了科创板市场的定价效率，并且改善了科创板市场新股上市后的市场表现。

6.3 科创板注册制改革运行效率的实证检验

6.3.1 研究样本、变量选择和描述性统计

（一）样本选择与数据来源

本章以 2019 年 7 月 22 日至 2020 年 4 月 30 日间上市的科创板公司为研究样本。在此基础上，为了避免样本自选择偏误带来的内生性问题，本章还采用倾向得分匹配（Propensity Score Matching，PSM）检验来消除上市地域、公司特征等因素的影响，以获得在沪市主板及创业板并具有相似特征的上市公司作为配对样本，进而对市场定价效率及公司市场表现进行比较研究。本章所使用的 IPO 相关信息数据主要来自 Wind 数据库，询价报价数据来自手工收集整理，上市公司财务数据与市场行情数据来自 CSMAR 数据库。

本章对样本做如下处理：（1）剔除了首日交易数据以及公司财务特征等关键变量缺失的样本；（2）剔除了以固定价格方式进行发行定价的公司样本，

旨在与规定采用累计投标询价方式的科创板公司相匹配；（3）为了降低异常值的影响，对连续变量进行上下 1% 分位数的 Winsorize 处理。经处理，本章得到共计 8021 条月度公司样本，共包含 318 家 IPO 公司，其中科创板 IPO 公司为 94 家，沪市主板 IPO 公司为 123 家，创业板 IPO 公司为 101 家。

（二）变量定义与指标构建

1. 市场属性

本书设置了一个市场属性虚拟变量（*Treat*）来反映股票是否属于科创板市场。具体而言，当股票来自科创板市场时，*Treat* 取值为 1；当股票来自沪市主板或创业板市场时，*Treat* 取值为 0。该变量将在实证检验中发挥核心解释变量作用。

2. 市场定价效率

借鉴已有研究（李志生等，2015），本章主要基于两个方面来衡量资产定价效率，一是资产价格的信息发现效率，本章选择了股价同步性、相关系数指标；二是资产价格的信息反映速度，本章选择的相应指标是价格延迟度。

首先关于股价同步性指标，本章参考了 Morck et al.（2000）、Gul et al.（2010）、陈冬华和姚振晔（2018）等文献，该代理变量是对股价波动中包含的公司特质信息水平的一个反向测度。该指标的具体测算方式如下：运用模型（6-1）对个股日度收益率关于市场日度收益率进行按月回归，得到回归方程拟合优度 R_{iT}^2。

$$r_{i,t} = \alpha_i + \beta_{i1}r_{m,t} + \beta_{i2}r_{m,t-1} + \beta_{i3}r_{m,t+1} + \varepsilon_{i,t} \qquad (6-1)$$

其中 $r_{i,t}$ 为股票 i 在第 t 日的收益率，$r_{m,t}$ 则为股票 i 所在市场的经流通市值加权后的第 t 日市场收益率。考虑到拟合优度取值的范围限制，我们进一步参照 Hutton et al.（2009）的做法，运用等式（6-2）进行对数转换，最终得到股价同步性指标 *SYNCH*。指标数值越小，股价中的特质信息含量越多，信息效率越高。

$$SYNCH_{iT} = \log(R_{iT}^2/(1 - R_{iT}^2)) \qquad (6-2)$$

其次关于相关系数指标，Bris et al.（2007）提出用当期个股收益率与滞后一期市场收益率的相关系数来衡量定价效率水平，计算公式如下：

$$\rho_{i,t} = corr(r_{i,t}, r_{m,t-1}) \qquad (6-3)$$

其中 $r_{i,t}$ 为股票 i 在第 t 日的收益率，$r_{m,t-1}$ 则为股票 i 所在市场的经流通市值加权后的第 $t-1$ 日市场收益率。其数值越小，表明个股收益率与市场历史收益率的相关性越小，即特质信息含量越高。有鉴于此，本章将个股日度收益率关于滞后一期的市场日度收益率进行按月回归，所得到的回归系数实际上即等价于上述相关系数，并借鉴李志生等（2015）取回归系数的绝对值作为最终定价效率的代理变量 ROU。回归系数绝对值越小，表示股票所包含的特质性风险越大，定价效率越高。

再次关于价格延迟指标，借鉴已有研究（Saffi and Sigurdsson，2011；Boehmer and Wu，2013），本章采用的指标是 Hou and Moskowitz（2005）构建的价格延迟变量。Hou and Moskowitz（2005）提出，倘若市场不能将信息及时且充分地反映到股票的价格中，那么这些信息经过后续的吸收将会形成价格反映的滞后，因此即可利用资产价格对市场信息调整速度的相对效率来衡量定价效率，具体计算方法则是通过在市场模型中加入市场收益率四期滞后项（如式（6-4）所示），并运用等式（6-5）估计价格对信息反映的延迟程度。

$$r_{i,t} = \alpha_i + \beta_i r_{m,t} + \sum_{n=1}^{4} \delta_{i,n} r_{m,t-n} + \varepsilon_{i,t} \qquad (6-4)$$

其中 $r_{i,t}$ 为股票 i 在第 t 日的收益率，$r_{m,t}$ 则为股票 i 所在市场的经流通市值加权后的第 t 日市场收益率，$r_{m,t-n}$ 表示滞后 n 期的市场收益率。

$$Delay_i = \frac{\sum_{n=1}^{4} |\delta_{i,t(-n)}|}{|\beta_i| + \sum_{n=1}^{4} |\delta_{i,t(-n)}|} \qquad (6-5)$$

价格延迟变量 $Delay$ 的定义是四阶收益率滞后项回归系数之和占全部回归系数的比值，滞后项解释力越弱，意味着价格对信息的反映延迟程度越小，即股价的信息反映效率越高。

3. 上市后市场表现

参考现有文献（Teoh et al.，1998；Fan，2007；Kao et al.，2009；Aharony et al.，2010），本章主要采用累计超额收益率（CAR）和购买并持有超额收益率（$BHAR$）这两种方法来衡量新股上市后的市场表现。由于科创板市场实行了放开首日限价制度改革，科创板新股上市前五日没有涨跌幅限制，因此新股上市首日收盘价能够较为充分地反映投资者对于新股市场价值的判断。然而，对于近年来上市的沪市主板与创业板公司而言，由于新股上市首日存在 44% 的涨幅限制，新股上市首日收盘价无法像科创板市场那样充分地反映其市场价值，进而导致许多新股在上市后出现连续涨停现象。此时，倘若仍然以上市次日为起点考察上市后的市场表现，将导致其与科创板市场的可比性受到干扰。

综上所述，我们对科创板公司与非科创板公司分别选择上市次日、首个收盘未涨停日次日为起点，分别计算公司上市后短期（30 个交易日、60 个交易日、90 个交易日）以及中长期（120 个交易日、180 个交易日）的累计超额收益率（*CAR*）和购买并持有超额收益率（*BHAR*），其计算公式分别如下：

$$CAR_{i,t} = \sum_{t=1}^{T} (r_{i,t} - r_{m,t}) \tag{6-6}$$

$$BHAR_{i,t} = \prod_{t=1}^{T}(1 + r_{i,t}) - \prod_{t=1}^{T}(1 + r_{m,t}) \tag{6-7}$$

其中 $r_{i,t}$ 为股票 i 在第 t 日的收益率，$r_{m,t}$ 则为股票 i 所在市场的经流通市值加权后的第 t 日市场收益率。

4. IPO 定价效率相关变量

借鉴已有文献（宋顺林和唐斯圆，2019；魏志华等，2019），本章主要采用 IPO 溢价率、IPO 抑价率、首日实际收益率、首日实际换手率这四个指标，基于新股发行定价有效性视角，度量 IPO 定价效率及新股首日市场表现。

一是 IPO 溢价率变量 *IROP_over*。该变量的计算方法为（新股上市收盘价 – 内在价值）/内在价值，表示新股上市后二级市场股价的高估程度。本章选择的新股上市收盘价分别对应为：科创板公司上市首日收盘价、非科创板公司开板日（打开涨停板之日）收盘价。参考 Purnanandam et al.（2004）、宋顺林和唐斯圆（2019）的指标测度方法，本章采用可比公司法估计公司的内在价值。根据可比公司法，估计的内在价值 = 发行时所属行业市盈率 × 新股上市后每股收益，对于科创板部分亏损企业而言，其内在价值的计算方法则修改为：估计的内在价值 = 发行时所属行业市净率 × 新股上市后每股净资产。

二是 IPO 抑价率 *IROP_under*。该变量的计算方法为（内在价值 – 新股发行价格）/内在价值，表示新股发行定价时相对内在价值的抑价程度。其中，本章同样采用可比公司法估计公司的内在价值。根据可比公司法，估计的内在价值 = 发行时所属行业市盈率 × 新股上市后每股收益，对于科创板部分亏损企业而言，其内在价值的计算方法则修改为：估计的内在价值 = 发行时所属行业市净率 × 新股上市后每股净资产。

三是首日实际收益率 *IPOret*。已有文献通常采用首日收益率来计算新股上市首日的市场表现和新股定价效率（Cheung et al.，2009；张学勇和张叶青，2016）。对于非科创板公司，本章采用新股上市后首个收盘未涨停日的收盘价来替代新股上市首日收盘价，并计算该类公司的首日实际收益率，计算方法为（新股上市后首个收盘未涨停日的收盘价－新股发行价格）/新股发行价格，而科创板公司的首日实际收益率即为（新股上市首日收盘价－新股发行价格）/新股发行价格。

四是首日实际换手率 *IPOturn*。已有文献通常采用首日换手率来度量新股上市首日的市场交易活跃程度（魏志华等，2019）。对于在科创板上市的IPO公司，其首日实际换手率取值为新股上市首日当天的换手率。对于在沪市主板和创业板上市的IPO公司，我们以新股上市当天至首个收盘未涨停日的区间换手率来计算首日实际换手率，由此即可计算得到更为准确、合理的新股首日换手率。

5. 报价差异性及有效性

关于报价差异性指标，本章借鉴李冬昕等（2014）学者的方法，采用询价机构的报价差异性来代表询价机构报价中的意见分歧，具体定义为询价机构对每只股票所有报价的标准差。其中，对于部分公司存在极少数远远高于其他机构报价的异常报价，本章将此类异常报价视为存在恶意操纵目的的无效报价并将其剔除。

关于报价有效性指标，其计算方式为（网下投资者有效报价上限－新股发行价格）/新股发行价格。该指标着重考察了新股发行价格的确定是否充分考虑了询价结果及剩余有效报价的平均水平，如果指标数值越大，则意味着新股发行价格越向下偏离网下投资者有效报价的上限，进而体现了最终发行定价的理性程度以及询价报价行为的有效性。

表6－1　主要变量名称及定义

变量性质	变量名称	代码	变量定义
市场属性	市场虚拟变量	*Treat*	当股票来自科创板市场时，*Treat* 取值为1；当股票来自沪市主板或创业板市场时，*Treat* 取值为0
市场定价效率	股价同步性	*SYNCH*	模型（6－1）回归得到拟合优度，并进行对数转换
	相关系数	*ROU*	个股日度收益率关于滞后一期的市场日度收益率的回归系数绝对值
	价格延迟度	*DELAY*	模型（6－4）回归得到的四阶收益率滞后项回归系数之和占全部回归系数的比值

续表

变量性质	变量名称	代码	变量定义
上市后市场表现	累计超额收益率	*CAR*	新股上市后特定区间内（如 30 个、60 个、90 个、120 个、180 个交易日）的累计超额收益率
	购买并持有超额收益率	*BHAR*	新股上市后特定区间内（如 30 个、60 个、90 个、120 个、180 个交易日）的购买并持有超额收益率
IPO 定价效率	IPO 溢价率	*IROP_over*	（新股上市首日或首个收盘未涨停日的收盘价 - 内在价值）/内在价值，其中盈利企业的内在价值度量方式为所属行业市盈率×新股上市后每股收益；亏损企业的内在价值度量方式为所属行业市净率×新股上市后每股净资产
	IPO 抑价率	*IROP_under*	（内在价值 - 新股发行价格）/内在价值，其中盈利企业的内在价值度量方式为所属行业市盈率×新股上市后每股收益；亏损企业的内在价值度量方式为所属行业市净率×新股上市后每股净资产
	首日实际收益率	*IPOret*	（新股上市首日或首个收盘未涨停日的收盘价 - 新股发行价格）/新股发行价格
	首日实际换手率	*IPOturn*	新股上市首日换手率或新股上市首日至首个收盘未涨停日的换手率之和
询价报价	报价差异性	*stdxunjia*	所有询价机构报价的标准差
	报价有效性	*Lowprc*	（网下有效报价上限 - 新股发行价）/新股发行价
控制变量	非流动性比率	*Amihud*	$10^6 \times$ ｜个股日度回报率｜/个股日度交易金额，取月度平均值。数值越大，市场流动性越差
	换手率	*Turnover*	个股日度换手率（日度交易量与流通股总数比值）的月度平均值
	投资者情绪	*InvSent*	利用以下四个情绪指标进行主成分分析：（1）上月市场换手率；（2）上月封闭式基金平均折价率；（3）上月新增开户数；（4）上月市场累积回报率；并以方差贡献率为权重合成主成分变量
	交易量	*Volumn*	个股日度交易量的月度平均值
	公司规模	*Size*	前一报表披露日的总资产对数值
	负债水平	*Leverage*	前一报表披露日的总负债占总资产的比重
	总资产收益率	*ROA*	前一报表披露日的净利润与总资产余额的比值
	发行市净率	*PB*	每股发行价与发行后每股净资产比值
	时间效应	*Year*	公司归属年份虚拟变量
	行业效应	*Industry*	根据 2012 年行业分类标准进行设置

6. 其他控制变量

本章选择的控制变量主要是影响资产定价效率的因素。其中包括，投资者情绪 *InvSent*，借鉴 Baker and Wurgler（2006）、宋顺林和唐斯圆（2019）的情绪指标构建方法，本章利用以下四个情绪指标进行主成分分析：（1）上月市场换手率；（2）上月封闭式基金平均折价率；（3）上月新增开户数；（4）上月市场累积回报率。并以方差贡献率为权重合成主成分，从而获得投资者情绪指标 *InvSent*。其他控制变量及其定义如表 6-1 所示。

（三）主要变量的描述性统计

图 6-1 是科创板公司、沪市主板公司、创业板公司新股上市次月至十个月的股价同步性对比结果。相比于近几年上市的沪市主板公司、创业板公司，科创板上市公司在上市次月至上市十个月的区间内股价同步性显著较低，特别是在上市后的第八个月，即 2020 年 3 月 A 股市场由于新冠疫情影响发生大幅波动，科创板股票的股价同步性呈现大幅降低的情形，表明在此特殊市场行情中，科创板公司特质信息反而加速融入股价，该结果也为科创板市场定价效率较好地提供了证据支持。

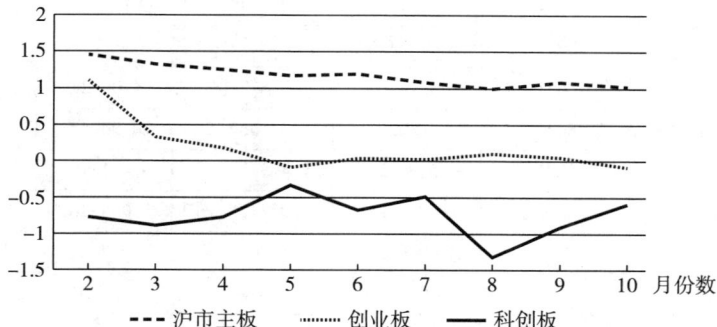

图 6-1　科创板市场和非科创板市场新股上市次月后的股价同步性 SYNCH

分析表 6-2 可以得出，第一，近三年 A 股市场科创类上市公司整体的市场表现（*CAR* 和 *BHAR*）均值为负，并且随着时间的加长，负值水平提升，表明整体来看新股上市后的短中期市场表现并不理想，这也印证了既有研究发现的 A 股市场 IPO 公司长期"弱市"现象（Kao et al.，2009；魏志华等，2019），新股上市初期的溢价需要随着时间的推移而被逐渐消解，股价逐步向内在价值回归收敛。

第二，近三年 A 股市场科创类新股上市后的 IPO 溢价率达到 116% 左右。从最大值来看，新股上市打开涨停板后收盘价也高于内在价值近 40 倍。

这表明上市初期新股价格呈现较高的溢价水平，二级市场整体投机炒作氛围较为浓厚。此外，新股也呈现一定的抑价发行特征，平均IPO抑价率达到32%左右，意味着新股发行价格大约为内在价值的70%，体现了主板市场发行定价管制的抑制作用。

第三，A股市场近三年科创类新股的实际首日收益率（IPOret）均值高达277.32%，这意味着平均来看新股在上市初期的股价是发行价的2倍以上，其中最高的实际首日收益率（IPOret）甚至达到了2186%。此外，新股上市后的实际首日换手率（IPOturn）也呈现较高水平，均值达到了60.8%。

表6-2 主要变量描述性统计结果

变量名	样本数	均值	标准差	最小值	最大值
SYNCH	7956	0.3467	1.1811	-2.2197	3.5653
ROU	7956	0.5491	0.7591	0.0050	5.1177
DELAY	7931	0.5527	0.1955	0.1708	0.9804
Amihud	8021	1.3165	8.4863	0.0042	71.6797
Turnover	8021	0.0668	0.0666	0.0019	0.3357
InvSent	8021	-0.1976	0.5645	-1.1465	1.7674
Volumn	8021	14.7907	0.9217	11.3255	16.7781
Size	8021	5.1420	0.6776	4.0012	7.2642
Leverage	8021	0.3035	0.1663	0.0094	0.8328
ROA	8021	5.8712	4.5779	-4.1438	20.6225
CAR30	318	-0.0788	0.2426	-0.5126	0.6374
CAR60	304	-0.0831	0.2954	-0.7027	0.7291
CAR90	290	-0.0959	0.3286	-0.6531	0.9333
CAR120	269	-0.1072	0.3514	-0.7944	0.9515
CAR180	240	-0.1478	0.4329	-0.9547	1.1671
BHAR30	318	-0.0704	0.2419	-0.4094	0.8948
BHAR60	304	-0.0851	0.2948	-0.5785	1.0443
BHAR90	290	-0.1025	0.3237	-0.5639	1.2367
BHAR120	269	-0.1108	0.3437	-0.5430	1.2331
BHAR180	240	-0.1474	0.4182	-0.6841	1.5889
IROP_over	318	1.1559	2.6554	-0.5347	40.2731
IROP_under	318	0.3251	0.7041	-7.8470	0.8862

续表

变量名	样本数	均值	标准差	最小值	最大值
IPOret	318	2.7732	2.4001	− 0.0215	21.8600
IPOturn	318	0.6080	0.1821	0.0842	1.2125
stdxunjia	318	4.5969	23.0901	0.0000	410.1551
Lowprc	318	0.0070	0.0266	0.0000	0.3221
PB	317	2.6498	1.5747	0.7600	22.9800

6.3.2 实证检验与结果解释

(一) 科创板市场定价效率优化效应

为了回答"科创板注册制改革究竟是否提高了市场定价效率"这一问题，本章首先设计了以下实证模型，通过对比沪市主板及创业板市场的配对样本公司，重点考察了科创板市场定价效率及短中期市场表现是否得以显著提升和优化。

一方面，本章借鉴李志生等 (2015) 学者所考虑的资本市场定价效率的影响因素，择取了公司财务特征与交易行情特征两个方面的控制变量，并构建了如下模型：

$$
\begin{aligned}
Efficiency_{i,t} =\ & \beta_0 + \beta_1 Treat_i + \gamma_1 MktSent_{i,t} + \gamma_2 Amihud_{i,t-1} + \\
& \gamma_3 Turnover_{i,t} + \gamma_4 Volumn_{i,t} + \gamma_5 Size_{i,t} + \\
& \gamma_6 Leverage_{i,t} + \gamma_7 ROA_{i,t} + \gamma_8 PB_{i,t} + \sum Year + \\
& \sum Industry + \varepsilon_{i,t}
\end{aligned}
\tag{6-8}
$$

其中，被解释变量 *Efficiency* 代表市场定价效率的三个代理变量，分别是股价同步性 *SYNCH*、相关系数 *ROU* 和价格延迟度 *DELAY* 三类指标，*Treat* 是股票 i 是否属于科创板市场的市场属性虚拟变量，同时模型还控制了重要变量，模型估计稳健标准误经公司个股层面聚类调整。

另一方面，本章借鉴魏志华等 (2019)、宋顺林和唐斯圆等 (2019) 学者所考虑的新股上市后市场表现的影响因素，选择了公司 IPO 财务特征作为控制变量，并构建了如下实证模型：

$$
\begin{aligned}
CAR/BHAR_i =\ & \beta_0 + \beta_1 Treat_i + \gamma_1 MktSent_i + \gamma_2 Volumn_i + \\
& \gamma_3 Size_i + \gamma_4 Leverage_i + \gamma_5 ROA_i + \gamma_6 PB_i + \\
& \sum Year + \sum Indusrty + \varepsilon_i
\end{aligned}
\tag{6-9}
$$

其中，被解释变量为累积超额收益（*CAR*）和买入并持有超额收益（*BHAR*）两类度量指标，*Treat* 是股票 *i* 是否属于科创板市场的市场属性虚拟变量，同时模型还控制了上市前 30 日投资者情绪 *MktSent*、上市首月交易量 *Volumn*、发行前公司规模 *Size*、发行前负债水平 *Leverage*、发行前总资产收益率 *ROA*、发行市净率 *PB* 等重要变量，$\varepsilon_{i,t}$ 为公司层面聚类稳健标准误。

表 6 – 3　科创板市场定价效率提升效应的检验结果

	被解释变量		
	SYNCH （1）	*ROU* （2）	*DELAY* （3）
Treat	− 0. 9251 *** （− 10. 3）	− 0. 2003 *** （− 4. 47）	− 0. 1363 *** （− 10. 34）
MktSent	− 0. 2299 *** （− 10. 59）	− 0. 0206 （− 1. 58）	− 0. 0174 *** （− 4. 33）
Amihud	0. 0109 *** （4. 53）	0. 0375 *** （13. 59）	0. 0039 *** （11. 98）
Turnover	3. 2387 *** （7. 35）	3. 1949 *** （9. 78）	0. 6798 *** （9. 68）
Volumn	0. 1663 *** （4. 74）	0. 0128 （0. 65）	0. 0144 *** （2. 59）
Size	0. 0708 （1. 56）	0. 0884 *** （4. 08）	0. 0219 *** （3. 33）
Leverage	0. 3578 * （1. 90）	− 0. 0362 （− 0. 36）	0. 0456 （1. 57）
ROA	0. 0307 *** （4. 68）	0. 0021 （0. 63）	0. 0032 *** （3. 27）
PB	0. 0013 （0. 05）	− 0. 0112 （− 0. 66）	0. 0002 （0. 05）
常数项	− 2. 4254 *** （− 5. 01）	− 0. 0807 （− 0. 29）	0. 2694 *** （3. 56）
时间、行业	控制	控制	控制
样本数	7931	7931	7906
F 统计量	49. 35 ***	26. 34 ***	50. 75 ***
Adj. R^2	0. 2058	0. 2833	0. 1834

注：*** 、** 、* 分别代表 1%、5%、10% 的显著水平。括号内为 *t* 值，标准误经公司层面聚类（Cluster）调整。

从表 6 - 3 可以看出，科创板市场的股价同步性（SYNCH）、相关系数指标（ROU）显著较低，意味着科创板市场的信息发现效率显著优于沪市主板市场及创业板市场，即科创板市场价格能够更加真实且充分地反映所有市场信息，特别是基于公司微观层面的特质信息含量能被较好地纳入资产定价过程；此外，科创板市场的价格延迟度（DELAY）也显著较低，表明科创板市场的信息反映速度较快，资产价格能够更为及时且准确地吸收最新市场信息。上述结论也印证了注册制改革确实显著提升了科创板市场的定价效率与信息含量，促进市场充分发挥价格发现以及利用价格信号进行资源配置的基本功能，因此较好地达到了改革预期目标，即假设 H_1 证明成立。

此外，本章还基于新股定价效率与市场表现的视角，进一步论证注册制改革是否有效改善了科创板市场的定价效率，回归结果如表 6 - 4 所示。

表 6 - 4　科创板市场表现优化效应的检验结果

	Panel A：累积超额收益（CAR）				
	CAR30 （1）	CAR60 （2）	CAR90 （3）	CAR120 （4）	CAR180 （5）
Treat	0. 1104 ***	0. 1853 ***	0. 2609 ***	0. 2528 ***	0. 4506 ***
	(3. 12)	(4. 28)	(5. 07)	(4. 05)	(5. 24)
控制变量	控制	控制	控制	控制	控制
时间	控制	控制	控制	控制	控制
样本数	317	303	289	268	239
F 统计量	3. 96 ***	4. 27 ***	5. 05 ***	5. 02 ***	6. 11 ***
Adj. R^2	0. 0345	0. 0458	0. 0483	0. 0488	0. 087
	Panel B：买入并持有超额收益（BHAR）				
	BHAR30 （1）	BHAR60 （2）	BHAR90 （3）	BHAR120 （4）	BHAR180 （5）
Treat	0. 1036 ***	0. 1554 ***	0. 2163 ***	0. 2282 ***	0. 3695 ***
	(2. 92)	(3. 68)	(4. 35)	(3. 67)	(4. 56)
控制变量	控制	控制	控制	控制	控制
时间、行业	控制	控制	控制	控制	控制
样本数	317	303	289	268	239
F 统计量	3. 66 ***	3. 41 ***	3. 95 ***	3. 58 ***	4. 43 ***
Adj. R^2	0. 0308	0. 0376	0. 0347	0. 0345	0. 0697

注：***、**、*分别代表 1%、5%、10%的显著水平。括号内为 t 值，标准误经公司层面聚类（Cluster）调整。

表6-4结果显示，科创板市场属性的回归系数显著为正，而且随着时间的推移，回归系数呈现正向增长趋势，意味着科创板市场对新股上市后市场表现的正向影响效应日益提升。该结论也与现有研究提出A股主板市场IPO公司存在"弱市"特征形成了鲜明对比，即过去A股主板市场的新股上市后累积收益呈现中长期惯性下跌趋势。因此，该结论也进一步印证了注册制改革的实施效果已较好地达到了改革预期目标，显著提升了科创板市场的新股定价效率及二级市场定价效率，即假设H_1证明成立。综上所述，以注册制改革为载体的基础性制度改革和创新，将有助于资本市场价格信号功能、配置资源和服务实体经济的能力发挥。

（二）注册制询价机制改革路径的定价效应

本章已经通过实证检验证明科创板市场定价效率及市场表现显著优于沪市主板市场与创业板市场。下一步需要探究的问题是作为科创板注册制改革中的重点内容，一级市场询价机制改革路径是否发挥了相应改革效应，及其是否达到改革预期目标，即是否有助于改善科创板新股市场表现。首先，为了考察科创板市场的询价机构报价行为及发行定价管制程度是否与主板市场存在差异，本章构建了回归模型（6-10）：

$$REFORM_i = \beta_0 + \beta_1 Treat_i + \gamma_1 MktSent_i + \gamma_2 Size_i +$$
$$\gamma_3 Leverage_i + \gamma_4 ROA_i + \gamma_5 PB_i + \sum Year + \qquad (6-10)$$
$$\sum Industry + \varepsilon_i$$

其中，被解释变量$REFORM$代表询价机制改革的三个代理变量，分别是询价机构报价差异性（$Stdxunjia$）、报价有效性（$Lowprc$）、IPO抑价率（$IROP\_under$）三类指标，同时模型还考虑了投资者情绪与公司IPO财务特征等控制变量，并控制了行业固定效应及年份固定效应，模型估计稳健标准误经公司层面聚类调整。

在此基础上，为了探究上述询价机制改革效应是否有助于改善科创板新股市场表现，本章在模型（6-9）的基础上加入询价机制改革代理变量$REFORM$，及其与科创板市场属性虚拟变量的交叉项$Treat \times REFORM$，如模型（6-11）所示。

$$CAR/BHAR_{i,t} = \beta_0 + \beta_1 Treat_i + \beta_2 Treat_i \times REFORM_i +$$
$$\beta_3 REFORM_i + \gamma_1 MktSent_i + \gamma_2 Size_i +$$
$$\gamma_3 Leverage_i + \gamma_4 ROA_i + \gamma_5 PB_i + \qquad (6-11)$$
$$\sum Year + \sum Industry + \varepsilon_{i,t}$$

表 6 - 5 展现的是科创板一级市场询价机制改革效应的检验结果，即模型（6 - 10）的回归结果。从表 6 - 5 的结果可以看出，在科创板注册制询价机制改革实施下，科创板市场的 IPO 抑价率（IROP_under）和询价机构的报价差异性（Stdxunjia）显著降低，同时报价有效性（Lowprc）显著提升。

表 6 - 5　科创板询价机制改革效应的检验结果

	被解释变量		
	Stdxunjia (1)	Lowprc (2)	IROP_under (3)
Treat	-5.4165** (-2.18)	0.0259*** (5.56)	-0.6232*** (-5.71)
MktSent	-1.1091 (-0.95)	0.0002 (0.14)	-0.0370 (-0.79)
Size	3.5644 (1.23)	0.0015 (0.54)	0.0159 (0.36)
Leverage	-3.3414 (-0.43)	-0.0034 (-0.52)	0.3578* (1.93)
ROA	-0.2833 (-0.67)	-0.0002 (-0.77)	0.0377** (2.05)
PB	1.3178** (2.34)	0.0012* (1.74)	-0.0581 (-1.22)
常数项	-13.6543 (-1.3)	-0.0042 (-0.25)	0.4324 (1.51)
时间、行业	控制	控制	控制
样本数	317	317	317
F 统计量	2.5***	3.74***	12.53***
Adj. R^2	0.2148	0.1916	0.4811

注：***、**、*分别代表1%、5%、10%的显著水平。括号内为 t 值，标准误经公司层面聚类（Cluster）调整。

从询价机构报价行为来看，一方面，考虑到询价机构报价的差异性主要体现在机构投资者对新股估值差异，以及二级市场炒作预期带来的再售期权价值存在着意见分歧（李冬昕等，2014），而在"以信息披露为核心"的注册制改革理念下，一级市场信息透明度大幅提升，询价机构对相关信息获取以及解读的差异性也相应降低，同时科创板市场交易机制改革抑制了上市初期投资者"炒新"等非理性行为，询价机构报价中所包含的新股炒作溢价程度也由此降低，因此询价机构报价之间的意见分歧程度减小。另一方面，询价机制改革使科创板新股发行价格显著低于网下投资者有效报价的上限，而与主板市场和创业板市场大多直接利用有效报价上限作为发行价格的行为形成鲜明对比，该结果也意味着注册制改革使报价结果及询价信息含量充分融入发行定价之中，以保证新股的定价过程充分尊重市场询价结果。因此，科创板一级市场询价定价机制得以显著优化。

从发行定价管制行为来看，科创板一级市场询价机制改革突破了发行定价的管制约束，不同于主板市场新股发行价格往往会受到定价上限的约束而被人为压价，导致新股发行价格低估的现象较为普遍（宋顺林和唐斯圆，2017），科创板市场抑价发行的异象不复存在，取而代之的是略高于内在价值的有效发行定价。该结果也论证了科创板询价机制的市场化改革可促使新股上市的发行定价更接近于市场预期估值，更大程度地体现了市场自身对投资标的价值判断，有助于抑制潜在的新股炒作空间。综合上述分析，假设 H_2 即可证明成立。

进一步地，本章探究了询价机制改革效应对科创板新股市场表现的影响，结果如表 6-6 所示。Panel A 的数据结果表明，询价机构意见分歧程度对长期超额收益率的影响显著为负，即询价机构在询价阶段的意见分歧越严重，则股票长期投资回报越低，该结论与李冬昕等（2014）的经验证据相一致。在此基础上，科创板询价机制改革强化了询价机构报价差异性与短期内市场表现的负向关系。由此可知，科创板注册制改革降低了询价机构意见分歧程度，进而显著提升了市场表现及新股定价效率。

Panel B 的数据结果表明，对科创板市场而言，询价机构报价有效性对市场表现的影响显著为正。但是对于主板市场和创业板市场而言，询价机构报价有效性对市场表现的影响显著为负。在科创板注册制改革下，报价结果及询价信息含量已被充分融入发行定价之中，发行价相对有效报价上限的偏离意味着高价发行的操纵空间被压缩，因此此类股票的定价效率更高、市场表现更加优异。因此，科创板注册制改革改善了询价机构报价的有效性，甚至逆转了询价机构报价有效性与主板市场表现之间的负向扭曲关系，显著提升了科创板市场表现及新股定价效率。

Panel C 的数据结果表明，在主板市场及创业板市场中，IPO 抑价率对市场表现的影响短期内显著为正，且并不具有持续性，换言之，IPO 抑价率越高的股票在上市后短期内的超额收益率越高。然而在科创板市场中，一级市场询价机制改革打破了抑价发行的管制约束，极少股票存在抑价发行的现象，由此IPO抑价率对短期市场表现的正向影响也被相应抵消，表明原有抑价发行驱使的短期上涨现象被有效消除，因此市场运行更为理性、有效。

表6-6 科创板询价机制改革效应对未来市场表现的影响

	Panel A：询价机构报价差异性							
	CAR30	CAR60	CAR120	CAR180	BHAR30	BHAR60	BHAR120	BHAR180
Treat	0.1438***	0.1997***	0.2188**	0.3884***	0.1329***	0.1514***	0.2095**	0.2290*
	(3.55)	(3.59)	(2.55)	(2.63)	(3.32)	(2.78)	(2.56)	(1.74)
Treat* Stdxunjia	-0.0130*	-0.0041	0.0140	0.0263	-0.0116*	0.0026	0.0085	0.0550
	(-1.85)	(-0.29)	(0.62)	(0.54)	(-1.76)	(0.17)	(0.37)	(1.25)
Stdxunjia	-0.0008***	-0.0009***	-0.0011***	-0.0016***	-0.0008***	-0.0008***	-0.0011***	-0.0015***
	(-6.43)	(-6.57)	(-7.82)	(-8.07)	(-6.00)	(-5.90)	(-7.47)	(-7.06)
控制变量	控制	控制	控制	控制	控制	控制	控制	控制
时间、行业	控制	控制	控制	控制	控制	控制	控制	控制
样本数	317	303	268	239	317	303	268	239
F统计量	12.17***	13.75***	14.5***	13.37***	11.55***	10.77***	11.38***	9.57***
Adj. R^2	0.0438	0.0536	0.0579	0.0984	0.039	0.044	0.0433	0.082
	Panel B：询价机构报价有效性							
	CAR30	CAR60	CAR120	CAR180	BHAR30	BHAR60	BHAR120	BHAR180
Treat	0.0621*	0.1559***	0.1833**	0.3570***	0.0664*	0.1313***	0.1779**	0.3145**
	(1.64)	(3.22)	(2.54)	(2.73)	(1.71)	(2.69)	(2.37)	(2.41)
Treat* Lowprc	2.4953***	1.3566**	2.6690***	2.4466*	2.0295***	1.2582**	2.0481**	1.6691
	(5.10)	(2.13)	(3.17)	(1.82)	(4.28)	(2.00)	(2.43)	(1.26)
Lowprc	-0.9066***	-0.4060***	-0.8080***	-0.7621***	-0.8166***	-0.491***	-0.7074***	-0.6889***
	(-13.49)	(-4.71)	(-7.75)	(-6.35)	(-12.15)	(-5.48)	(-7.32)	(-6.40)
控制变量	控制	控制	控制	控制	控制	控制	控制	控制
时间、行业	控制	控制	控制	控制	控制	控制	控制	控制
样本数	317	303	268	239	317	303	268	239
F统计量	49.47***	12.71***	23.34***	22.3***	38.69***	13.3***	18.14***	18.39***
Adj. R^2	0.0464	0.0479	0.0542	0.0896	0.0393	0.0399	0.0385	0.0716

续表

	Panel C：发行定价管制（IPO 抑价率）							
	*CAR*30	*CAR*60	*CAR*120	*CAR*180	*BHAR*30	*BHAR*60	*BHAR*120	*BHAR*180
Treat	0. 2244 ***	0. 2364 ***	0. 2812 ***	0. 3797 ***	0. 2379 ***	0. 2268 ***	0. 2820 ***	0. 3329 ***
	(3.03)	(3.07)	(2.78)	(2.92)	(3.19)	(3.03)	(3.05)	(2.86)
Treat * *IROP_under*	− 0. 2121 *	− 0. 1428	− 0. 0663	− 0. 1713	− 0. 2570 **	− 0. 1842	− 0. 1272	− 0. 3583
	(− 1. 75)	(− 1. 20)	(− 0. 44)	(− 0. 67)	(− 2. 06)	(1.61)	(− 0. 96)	(− 1. 48)
IROP_under	0. 2062 *	0. 1105	0. 0571	− 0. 0205	0. 2457 *	0. 1487	0. 1086	0. 0856
	(1.72)	(0.94)	(0.39)	(− 0. 12)	(1.98)	(1.32)	(0.88)	(0.56)
控制变量	控制	控制	控制	控制	控制	控制	控制	控制
时间、行业	控制	控制	控制	控制	控制	控制	控制	控制
样本数	317	303	268	239	317	303	268	239
F 统计量	3. 62 ***	4. 05 ***	4. 5 ***	5. 5 ***	3. 43 ***	3. 5 ***	3. 39 ***	4. 21 ***
Adj. R^2	0.0481	0.0496	0.0494	0.0891	0.0498	0.0439	0.0369	0.0751

注：*** 、 ** 、 * 分别代表 1%、5%、10% 的显著水平。括号内为 t 值，标准误经公司层面聚类（Cluster）调整。

（三）注册制放开首日限价改革路径的定价效应

自 2014 年 7 月至今，A 股市场新股发行采用一级市场价格调控（不超过 23 倍发行市盈率）叠加二级市场首日涨停限价（发行首日涨幅不超过 44%）的联合机制安排。为了论证科创板放开首日限价改革路径是否达到了改革预期目标，以及是否有助于改善科创板新股市场表现，本章构建了回归模型（6 - 12）来考察科创板市场的新股首日市场表现是否与主板市场存在差异：

$$IPO\_variable_i = \beta_0 + \beta_1 Treat_i + \gamma_1 MktSent_i + \gamma_2 Size_i +$$

$$\gamma_3 Leverage_i + \gamma_4 ROA_i + \gamma_5 PB_i + \sum Year + \quad (6-12)$$

$$\sum Industry + \varepsilon_i$$

其中，被解释变量 *IPO_variable* 代表的是放开首日限价改革效应，具体包含了新股首日市场表现的三个代理变量，分别是 IPO 溢价率 *IROP_over*、首日实际收益率 *IPOret*、首日实际换手率 *IPOturn* 三类指标，同时模型还考虑了投资者情绪与公司 IPO 财务特征等控制变量，并控制了行业固定效应与年份固定效应，模型估计稳健标准误经公司个股层面聚类调整。

在此基础上，为了探究上述改革效应是否在科创板市场表现优化过程中发挥了积极作用，本章同样在模型（6 - 9）的基础上加入放开首日限价

改革效应代理变量 $IPO\_variable$，及其与市场属性虚拟变量的交叉项 $Treat \times IPO\_variable$，如模型（6 – 13）所示：

$$
\begin{aligned}
CAR/BHAR_{i,t} = &\ \beta_0 + \beta_1 Treat_i + \beta_2 Treat_i \times REFORM_i + \\
&\ \beta_3 REFORM_i + \gamma_1 MktSent_i + \gamma_2 Size_i + \\
&\ \gamma_3 Leverage_i + \gamma_4 ROA_i + \gamma_5 PB_i + \\
&\ \sum Year + \sum Industry + \varepsilon_{i,t}
\end{aligned}
\qquad (6-13)
$$

从表 6 – 7 的结果可以看出，在科创板注册制改革下，科创板市场的 IPO 溢价率（$IROP\_over$）和首日实际换手率（$IPOturn$）显著较高，同时首日实际收益率（$IPOret$）显著降低。基于首日实际收益率指标所代表的新股投机特征，结果显示科创板放开首日限价的改革举措，有效抑制了 A 股市场长期以往存在的投资者"炒新"行为以及新股上市初期价格操纵现象，反而可能促进新股上市初期市场投资者充分博弈，加快信息融入股价，促使市场均衡定价较快形成，因此新股上市后表现出相比主板市场及创业板市场更低的首日实际收益率。

另一方面，正如本章假设提出时所预期的，作为资本市场基础性制度改革的"试验田"，科创板市场历史性的战略意义使市场参与者普遍对科创板股票具有较高的乐观预期，加之近两年科技创新行业属性也受到 A 股市场投资者的热烈追捧，位于投资风口的科技产业也迎来了更为高涨的投资热潮，因此科创板市场新股的交易活跃度较高，并产生了一定的"乐观情绪溢价"，使科创板市场新股的 IPO 溢价率以及首日实际换手率较高，假设 H_3 论证成立。

表 6 – 7　科创板放开首日限价改革效应的检验结果

	被解释变量		
	$IROP\_over$ （1）	$IPOret$ （2）	$IPOturn$ （3）
$Treat$	0. 8753 * （1. 79）	– 0. 9906 ** （ – 2. 21）	0. 1369 *** （3. 07）
$MktSent$	0. 3051 （1. 37）	0. 1069 （0. 59）	0. 0305 * （1. 74）

	被解释变量		
	IROP_over (1)	IPOret (2)	IPOturn (3)
Size	-0.4136 ** (-2.14)	-0.8504 *** (-3.90)	-0.0429 ** (-2.48)
Leverage	-0.0450 (-0.07)	3.1260 ** (2.51)	0.0057 (0.06)
ROA	-0.1435 (-1.57)	0.0020 (0.05)	-0.0020 (-0.62)
PB	0.2976 (1.55)	0.1634 (1.17)	0.0165 * (1.83)
常数项	2.5144 ** (2.18)	6.3222 *** (6.09)	0.7820 *** (8.53)
时间、行业	控制	控制	控制
样本数	317	317	317
Adj. R^2	3.17 ***	8.47 ***	13.47 ***
F 统计量	0.2217	0.395	0.3671

注：*** 、** 、* 分别代表1%、5%、10%的显著水平。括号内为 t 值，标准误经公司层面聚类（Cluster）调整。

进一步地，本章探究了放开首日限价改革效应对科创板新股市场表现的影响，结果如表6-8所示。

Panel A 的数据结果表明，新股 IPO 溢价率对未来市场表现的影响为负，特别在上市后120个交易日至180个交易日区间内较为显著，即 IPO 溢价率越高的股票中长期投资回报越低，该实证结果与较多既有文献的发现一致（Chi and Padgett，2005；张学勇和张叶青，2016）。在此基础上，科创板交易机制改革弱化了 IPO 溢价率与未来市场表现的负向关系。

其原因可能是：这类公司较高的 IPO 溢价率一方面来自本身较高的标的质量，因而收获了市场一致乐观预期，此时 IPO 溢价率更多体现了市场对公司的认可，而非投机炒作；另一方面，IPO 溢价率较高的公司往往能吸引更多的投资者关注，而囿于投资者注意力的有限性（Da et al.，2011）、滞后性和传染性等特征（成松豪和张兵，2014），此类 IPO 公司在上市后中期内可能反而具有较好的市场表现，由此 IPO 溢价率与中期内市场表现之间的负相关关系弱化，甚至进一步逆转为正相关关系。

Panel B 的数据结果表明，对科创板市场而言，首日实际收益率对中长期市场表现的影响显著为负，即首日实际收益率越高的股票中长期投资回报越低。在此基础上，科创板放开首日限价改革进一步强化了首日实际收益率与未来市场表现的负向关系，特别是上市初期的市场表现。在科创板市场中，首日实际收益率越高的公司在短期内市场表现越差。该结果也印证了科创板交易机制改革加快了股票价格发现过程，通过新股上市初期市场投资者充分博弈，促使市场均衡定价较快形成，因此科创板市场较好地发挥了价格发现的定价功能。

Panel C 的数据结果表明，首日实际换手率对科创板市场表现的影响较为微弱。从科创板交易机制改革背景想，较高的首日实际换手率不再意味着新股存在较为严重的投机炒作空间，反而较为活跃的市场交易一定程度上反映了市场对股票未来市场表现的积极预期，此外，上述结果还可能意味着得益于科创板市场定价效率的显著提升，以及价格发现功能的有效发挥，科创板股票在短期内较快地完成了新股的价格发现过程，由此表现为较高的首日实际换手率。上述结果均为科创板放开首日限价改革的市场效率优化功能提供了证据支持。

表 6 – 8　科创板放开首日限价改革效应对未来市场表现的影响

	Panel A：IPO 溢价率							
	$CAR30$	$CAR60$	$CAR120$	$CAR180$	$BHAR30$	$BHAR60$	$BHAR120$	$BHAR180$
$Treat$	0. 1095 ***	0. 1717 ***	0. 2381 ***	0. 2676 **	0. 0981 **	0. 1379 ***	0. 2107 ***	0. 1236
	(2. 96)	(3. 84)	(3. 90)	(1. 97)	(2. 56)	(3. 09)	(3. 47)	(0. 99)
$Treat^*$ $IROP\_over$	0. 0109	0. 0163	0. 0478 **	0. 1334 **	0. 0140	0. 0196	0. 0451 **	0. 1532 **
	(0. 61)	(0. 79)	(2. 19)	(2. 01)	(0. 75)	(0. 96)	(2. 25)	(2. 42)
$IROP\_over$	− 0. 0132	− 0. 0126	− 0. 0466 **	− 0. 0597 **	− 0. 0146	− 0. 0146	− 0. 0445 **	− 0. 0499 **
	(− 0. 74)	(− 0. 61)	(− 2. 32)	(− 2. 44)	(− 0. 78)	(− 0. 72)	(− 2. 37)	(− 2. 03)
控制变量	控制	控制	控制	控制	控制	控制	控制	控制
时间、行业	控制	控制	控制	控制	控制	控制	控制	控制
样本数	317	303	268	239	317	303	268	239
F 统计量	3. 73 ***	3. 87 ***	5. 54 ***	6. 53 ***	3. 48 ***	3. 46 ***	4. 4 ***	5. 35 ***
Adj. R^2	0. 0368	0. 0473	0. 0615	0. 1038	0. 0333	0. 0399	0. 0475	0. 0864

续表

	Panel B：首日实际收益率							
	*CAR*30	*CAR*60	*CAR*120	*CAR*180	*BHAR*30	*BHAR*60	*BHAR*120	*BHAR*180
Treat	0.1769 ***	0.2382 ***	0.2683 ***	0.3094 **	0.1507 ***	0.1788 ***	0.2343 ***	0.2024 *
	(3.55)	(3.83)	(3.06)	(2.38)	(2.88)	(2.75)	(2.61)	(1.73)
Treat * *IPOret*	−0.0453 *	−0.0382	−0.0179	0.0899	−0.0394 *	−0.0148	−0.0097	0.1100 *
	(−1.99)	(−1.25)	(−0.39)	(1.29)	(−1.87)	(−0.49)	(−0.21)	(1.73)
IPOret	0.0057	0.0035	−0.0131	−0.0206 *	0.0073	0.0046	−0.0105	−0.0114
	(0.78)	(0.41)	(−1.43)	(−1.67)	(0.82)	(0.52)	(−1.39)	(−0.92)
控制变量	控制	控制	控制	控制	控制	控制	控制	控制
时间、行业	控制	控制	控制	控制	控制	控制	控制	控制
样本数	317	303	268	239	317	303	268	239
F 统计量	3.78 ***	3.85 ***	4.83 ***	5.94 ***	3.45 ***	2.93 ***	3.5 ***	4.34 ***
Adj. R^2	0.0394	0.0474	0.0574	0.1011	0.0365	0.0391	0.0406	0.0754
	Panel C：首日实际换手率							
	*CAR*30	*CAR*60	*CAR*120	*CAR*180	*BHAR*30	*BHAR*60	*BHAR*120	*BHAR*180
Treat	−0.0528	−0.0497	−0.0884	−0.3291	0.1343	0.1694	0.2326	0.3434
	(−0.38)	(−0.28)	(−0.43)	(−1.12)	(0.69)	(0.7)	(0.78)	(1.42)
Treat * *IPOturn*	0.1814	0.2370	0.3912	0.9656 **	−0.0838	−0.1009	−0.0753	−0.2431
	(0.85)	(0.9)	(1.27)	(2.35)	(−0.29)	(−0.3)	(−0.18)	(−0.71)
IPOturn	0.1232	0.2350 *	0.1913	0.1828	0.1354	0.2430 **	0.1972	0.2101 *
	(1.16)	(1.91)	(1.35)	(1.03)	(1.17)	(2.02)	(1.51)	(1.68)
控制变量	控制	控制	控制	控制	控制	控制	控制	控制
时间、行业	控制	控制	控制	控制	控制	控制	控制	控制
样本数	317	303	268	239	317	303	268	239
F 统计量	3.51 ***	4.2 ***	4.64 ***	6.08 ***	3.2 ***	3.25 ***	3.13 ***	4.17 ***
Adj. R^2	0.0427	0.0653	0.0589	0.0947	0.0393	0.057	0.0445	0.0824

注：***、**、*分别代表1%、5%、10%的显著水平。括号内为 t 值，标准误经公司层面聚类（Cluster）调整。

（四）注册制融券机制改革路径的定价效应

为了考察科创板市场融券机制改革对市场定价效率的影响，本章将控制组非科创板股票分成了可融券股票标的和不可融券股票标的，其中可融券股票标的是沪市主板及创业板部分股票在上市一段时间后被纳入了融资融券标的股票，而不可融券股票标的则是指上市后一直未被加入融资融券标的的控制组剩余部分股票。在得到"科创板股票 VS 非科创板可融券股票"和"科创板股票 VS 非科创板不可融券股票"两个子样本后，本章运用模型（6－8）和模型（6－9）对上述两个子样本重新分组检验，分别论证上市初期的融资融券机制安排对市场定价效率及股票市场表现的影响效应，以及融资融券机制存在本身的市场功能。

表6－9　融券机制改革下科创板市场定价效率提升效应的检验结果

	科创板股票 VS 非科创板可融券股票			科创板股票 VS 非科创板不可融券股票		
	SYNCH （1）	*ROU* （2）	*DELAY* （3）	*SYNCH* （4）	*ROU* （5）	*DELAY* （6）
Treat	－1.0400 *** （－6.67）	－0.2742 *** （－2.97）	－0.1408 *** （－5.38）	－0.95556 *** （－9.67）	－0.22966 *** （－4.78）	－0.14326 *** （－9.91）
MktSent	－0.2157 *** （－4.23）	－0.0761 ** （－2.42）	－0.0199 ** （－2.03）	－0.25286 *** （－10.68）	－0.0211 （－1.42）	－0.01966 *** （－4.55）
Amihud	0.0005 （0.08）	0.0346 *** （4.33）	0.0027 *** （2.88）	0.01156 *** （4.50）	0.03786 *** （12.74）	0.00406 *** （11.17）
Turnover	4.2472 *** （6.33）	4.9614 *** （6.51）	0.8431 *** （7.21）	3.23026 *** （6.65）	3.29256 *** （9.35）	0.69956 *** （9.13）
Volumn	－0.1022 * （－1.66）	－0.0615 （－1.46）	－0.0141 （－1.59）	0.17056 *** （4.41）	0.0101 （0.48）	0.01506 ** （2.50）
Size	0.0710 （1.11）	0.0865 * （1.94）	0.0177 * （1.69）	0.12566 ** （2.25）	0.12346 *** （4.90）	0.03136 *** （3.85）
Leverage	1.1216 *** （3.71）	0.2732 （1.14）	0.1710 *** （2.92）	0.1460 （0.69）	－0.1325 （－1.33）	0.0049 （0.16）
ROA	0.0390 *** （3.24）	0.0065 （0.82）	0.0052 ** （2.50）	0.03596 *** （4.50）	0.0051 （1.33）	0.00406 *** （3.47）
PB	0.0421 （0.89）	－0.0031 （－0.11）	0.0056 （1.01）	－0.0338 （－1.10）	－0.0157 （－0.86）	－0.0045 （－0.93）
常数项	0.9628 （1.08）	0.8872 （1.44）	0.5945 *** （4.55）	－2.92556 *** （－5.55）	－0.4455 （－1.57）	0.16336 ** （2.01）
时间、行业	控制	控制	控制	控制	控制	控制
样本数	1860	1860	1854	6632	6632	6609
F 统计量	26.61 ***	8.84 ***	22.74 ***	74.666 ***	40.976 ***	93.96 ***
Adj. R^2	0.2662	0.2251	0.1972	0.1922	0.2851	0.1762

注：***、**、*分别代表1%、5%、10%的显著水平。括号内为 t 值，标准误经公司层面聚类（Cluster）调整。

首先，对比科创板市场与主板市场及创业板市场可融券标的的子样本，由于该部分股票标的在上市一段时间后才被纳入了融资融券标的的股票，因此其与科创板市场股票定价效率之间的差异反映了上市初期融券机制改革的影响效应。根据表 6-9 中第（1）至（3）列数据显示，科创板市场的股价同步性（SYNCH）、相关系数指标（ROU）、价格延迟度（DELAY）均显著较低，表明科创板市场的信息发现效率及信息反映速度均显著优于沪市主板市场及创业板市场。因此，上市初期的融资融券制度设计有效提升了科创板市场的定价效率与信息含量。其次，对比科创板市场与主板市场及创业板市场不可融券标的的子样本，由于该部分股票标的上市后一直未被纳入融资融券标的的股票，因此其与科创板市场股票定价效率之间的差异反映了融资融券制度本身的影响效应。根据表 6-9 中第（4）至（6）列数据显示，科创板市场的股价同步性（SYNCH）、相关系数指标（ROU）、价格延迟度（DELAY）同样显著较低。综合上述分析，科创板融券机制改革不仅增加了上市初期的股票供给，发挥了抑制过分炒作的作用，加快了市场均衡价格的有效形成，也在日后的市场运行中提供了必要的流动性供给，为卖方投资者表达自身供给意愿提供了工具和渠道，促进市场多空双方的充分博弈，假设 H_4 证明成立。

表 6-10 科创板融券机制改革效应对未来市场表现的影响

	Panel A：科创板股票 VS 非科创板可融券股票							
	CAR30 (1)	CAR60 (2)	CAR120 (3)	CAR180 (4)	BHAR30 (5)	BHAR60 (6)	BHAR120 (7)	BHAR180 (8)
Treat	0.0870 * (1.75)	0.1068 * (1.91)	0.1812 ** (2.18)	0.4147 *** (3.21)	0.0820 * (1.83)	0.1137 * (1.72)	0.1812 ** (2.21)	0.3370 *** (2.76)
控制变量	控制	控制	控制	控制	控制	控制	控制	控制
时间、行业	控制	控制	控制	控制	控制	控制	控制	控制
样本数	132	120	89	65	132	120	89	65
F 统计量	2.08 ***	2.2 ***	3.6 ***	6.01 ***	2.02 ***	2.08 ***	3.36 ***	4.07 ***
Adj. R^2	0.0349	0.0824	0.1262	0.2462	0.04	0.0597	0.0904	0.2076

续表

	Panel B: 科创板股票 VS 非科创板不可融券股票							
	CAR30	CAR60	CAR120	CAR180	BHAR30	BHAR60	BHAR120	BHAR180
Treat	0.1152 ***	0.1857 ***	0.2342 ***	0.4211 ***	0.1114 ***	0.1573 ***	0.2080 ***	0.3438 ***
	(3.09)	(3.88)	(3.45)	(4.59)	(2.95)	(3.35)	(3.07)	(3.99)
控制变量	控制	控制	控制	控制	控制	控制	控制	控制
时间、行业	控制	控制	控制	控制	控制	控制	控制	控制
样本数	279	265	230	201	279	265	230	201
F 统计量	4.28 ***	3.78 ***	4.44 ***	5.16 ***	3.94 ***	2.92 ***	3.28 ***	4.19 ***
Adj. R^2	0.0422	0.0443	0.0426	0.0739	0.0402	0.0374	0.0296	0.0524

注：***、**、*分别代表1%、5%、10%的显著水平。括号内为 t 值，标准误经公司层面聚类（Cluster）调整。

表 6-10 报告了科创板市场表现优化效应的分组检验结果。首先，Panel A 对比了科创板市场股票与主板市场及创业板市场可融券标的股票样本，可以看到科创板市场属性的回归系数显著为正，而且随着时间的推移，回归系数呈现正向增长趋势，意味着科创板市场基础制度改革对新股上市后市场表现的正向影响效应日益提升。与该结果相类似，Panel B 对比的是科创板市场股票与主板市场及创业板市场不可融券标的股票样本，同样可以看到科创板市场属性的回归系数显著为正，且随着时间而上升。值得注意的是，Panel B 中的科创板市场属性回归系数数值相比 Panel A 中的回归系数数值来说较大，即科创板市场相对主板市场及创业板市场不可融券标的的定价效率提升程度要高于科创板市场相对主板市场及创业板市场可融券标的的定价效率提升程度，该结果也从侧面印证了融资融券交易具有推动市场效率和市场表现提升的市场功能。

6.4 研究结论与交易机制改革展望

6.4.1 研究结论总结

本章在科创板注册制改革背景下，基于市场定价效率的视角，探究了一级市场询价机制改革和二级市场交易机制改革对资本市场价格发现功能的影响效应。研究发现：（1）相比主板市场及创业板市场，科创板市场定价效率显著提升、市场表现显著优化，因此注册制改革经检验较好地达到了改革预期目标；（2）从具体改革路径来看，注册制询价机制改革显著抑制了询价机构报价的差异程度、改善了询价机构报价的有效性，并打破了IPO人为抑价发行的管制约束；（3）放开首日限价改革则有效抑制了新股首日实际收益率，即新股投机炒作行为，同时弱化了IPO溢价率和首日实际换手率指标的投机属性，更多地体现为市场对上市公司的认可和乐观预期；（4）融券机制改革不仅加快了上市初期市场均衡价格的有效形成，也在日后的市场运行中促进了多空双方的充分博弈以及市场供需关系的自发平衡。

研究结果表明，中国资本市场通过引入以注册制改革为载体的基础性制度改革来提升市场定价效率的政策目标，已经取得了初步性进展和卓有成效的实施效果。基于上述多维度改革举措，科创板市场的价格发现功能得以优化，而较高的市场定价效率也有助于资本市场通过价格信号引导资源配置、服务实体经济的功能实现。这也为科创板注册制改革有利于改善资产定价效率和提高市场质量这一研究结论提供了最新的经验证据。

6.4.2　交易机制改革展望

交易机制改革与优化是当前中国资本市场基础性制度改革的核心内容。作为资本市场发展的基础性制度，交易机制会对市场运行的稳定性和有效性产生深刻影响。当前，中国资本市场基础性制度改革正在加速推进，交易机制改革成为A股市场基础性制度改革的关键①。相比主板交易机制，科创板已引入了一系列创新交易机制安排，例如放宽涨跌幅限制等，而与之相配套的T+0交易机制是否需要同步引入，却引发了较大争议。

2020年5月29日，上交所在回应2020年全国"两会"期间代表委员关于资本市场的建议时，提出将"适时推出做市商制度、研究引入单次T+0交易，保证市场的流动性，从而保证价格发现功能的正常实现"。②日内单次T+0交易，是指投资者当日买入的股票允许当日卖出，但该部分卖出所

① 2019年6月13日，刘鹤副总理在"陆家嘴论坛"上提到中国资本市场持续健康发展时，明确指出"以更加市场化、便利化为导向推进交易机制改革"是当前尤其需要抓好的几个重点问题之一。2019年9月11日，中国证监会主席易会满在《人民日报》发表《努力建设规范、透明、开放、有活力、有韧性的资本市场》署名文章，进一步强调了稳步、分步推进交易制度改革的重要性，特别指出交易机制改革关系到资本市场的稳定健康发展，因此对于金融风险防控和经济高质量发展具有重要意义。

② 具体参见：上海证券交易所. 江畔鸣锣看两会　资本市场"关键词"：科创板、注册制、净化生态、指数表征［EB/OL］.（2020 – 05 – 29）. http://www. sse. com. cn/aboutus/mediacenter/hotandd/c/c_20200529_5114606. shtml.

得资金不得再次使用。一方面，相比于 T+1 交易机制，单次 T+0 交易机制充分发挥了 T+0 交易优势，改善当前股市供给与流动性不足，促进多空双方充分博弈、市场供需动态平衡、价格信号快速修正；另一方面，相比于完全无限制的 T+0 交易机制，单次 T+0 交易机制通过限制资金日内回转交易次数，可有效防范市场过度投机炒作，抑制日内频繁交易。

为何 A 股市场引进 T+0 交易机制改革，主要是 T+1 交易机制存在以下四个方面的问题[①]：（1）T+1 交易机制存在"流动性干扰"效应。相比海外成熟市场，A 股市场的价格冲击成本、隔夜风险、供需失衡程度显著更高。（2）T+1 交易机制存在"定价效率损失"效应。A 股市场个股与市场同涨跌的趋势性较强，表明股价特质信息含量较少，定价效率较低。（3）T+1 交易机制存在"市场波动加剧"效应。T+1 交易机制并不能对市场波动和个股日内波动起到有效的抑制作用，相反会增大日间波动溢出，尤其当市场发生异常波动时，T+1 交易下的股票多空博弈更不均衡，价格难以及时反映投资者预期和市场增量信息。（4）T+1 交易机制存在"投资者行为扭曲"效应。T+1 交易机制不但限制中小投资者及时止损，同时为市场操纵和炒作提供了便利。

针对 A 股市场是否引入 T+0 交易机制改革，关键的争议点与监管层顾虑主要集中在以下三方面：引入 T+0 是否引发 A 股市场过度投机？T+0 是否对中小投资者保护产生负面效果？T+0 交易机制是否引发市场过度波动？针对这三方面问题，需要进一步引入 T+0 交易机制改革效应的动态模型与数值模拟。[②] 研究结果发现：（1）T+1 交易机制通过限制股票日内供给与投资者交易意愿的表达空间，反而令趋势投机者受益，却损失了流动性供应者福利；（2）T+0 交易的引入则大大改善了市场交易量与流动性供应者福利，但也驱使了交易诱导者最大程度地运用自身资金实力诱导趋势投机者跟风交易，致使股价过度波动；（3）基于该潜在风险的考虑，通过限制资金日内回转交易次数，即推行日内单次 T+0 交易，既可充分发挥 T+0 交易优势，又抑制了市场过度操纵与过度波动风险。

未来 A 股市场实施日内单次 T+0 交易机制改革的实施路径与政策建

---

① 张宗新. 科创板注册制实现中国资本市场改革"双重突破"［N］. 国际金融报，2020 – 07 – 05.

② 张宗新，吴钊颖. A 股市场是否需要引入 T+0 交易机制改革？——基于投资者动态博弈模型的交易机制改革效应研究［D］. 上海：复旦大学金融研究院工作论文，2019.

议，具体有以下三点。第一，应以市场化为原则，审慎、平稳推进资本市场交易机制改革。考虑到 T+0 交易潜在弊端的影响，需进一步通过限制资金日内回转交易次数来抑制日内频繁交易、防范市场过度投机炒作，保证投资者充分博弈的同时实现一定的资产价格稳定性。第二，以科创板为试点，率先实施日内单次 T+0 交易机制，具有如下优势：新旧机制过渡的制度成本较低，对市场整体的影响较小；投资者结构更加优化，投资者群体更加成熟、理性；有助于实现交易机制市场化改革的各项目标等。第三，加强对严重投机炒作行为的规范化监管。坚持"建制度、不干预、零容忍"，在增强交易便利性、市场流动性和市场活跃度的同时，强化异常交易行为和市场过度投机行为的监管，加大违法违规行为处罚力度，从根本上规范投资者交易行为，遏制市场操纵现象。

第七章 注册制改革、信息披露监管与投资者保护

7.1 科创板试点注册制改革的充分信息披露要求

7.1.1 充分有效的信息披露是注册制改革的核心

作为基础性制度重大创新的载体，科创板并试点注册制改革是中国资本市场制度性改革的重要里程碑。2019 年 6 月 13 日，科创板在陆家嘴论坛正式开板；2019 年 7 月 22 日，首批 25 家科创企业正式挂牌上市，预示着我国第一个以信息披露为核心的发行体制正式落地。

与科创板并试点注册制改革的快速推进相配套，从国家法律法规层面的法律法规制度也在逐步落地。2019 年 12 月 28 日，十三届全国人大常委会审议通过新修订的《证券法》，并于 2020 年 3 月 1 日起施行。新《证券法》贯彻落实十八届三中全会关于注册制改革的有关要求和十九届四中全会关于完善资本市场基础制度要求，在总结上海证券交易所设立科创板并试点注册制的经验基础上，按照全面推行注册制的基本定位，明确提出"全面推行证券发行注册制度"。

全面推进注册制改革是当前中国资本市场基础性制度改革的重中之重。所谓发行注册制，是指证券监管部门对发行人发行证券事先不作实质性审查，仅对申请文件进行形式审查；其核心是信息披露和定价权的市场化。作为资本市场基础性变革，注册制改革在总结科创板并试点注册制的经验基础上，稳步、有序、全面推行新股发行注册制度。科创板并试点注册制是否"坚守定位"与能否改革成功，直接关系到我国原有资本市场体系与制度能否优化与帕累托改进，直接关系到我国战略性新兴产业发展和国家科技战略实现，直接关系到资本市场基础性制度改革能否激发市场活力和提高市场效率。

资本市场实施股票发行注册制改革，其基本内涵和核心要义包括两点。一是政府与市场关系的重新界定。注册制意味着市场要在发行上市领域起决定性

作用，同时更好地发挥政府作用，这意味着以"选择权交给市场"为导向的对政府和市场关系的深度重构。二是以信息披露为核心。试点注册制要坚持"以信息披露为核心"的监管体系的去权力化的市场化重构，注册制的所有流程环节，从事前、事中、事后，都必须以信息披露为核心来统筹安排各项制度。

7.1.2 注册制改革实践的企业注册上市流程与充分信息披露要求

充分、高效的信息披露制度是注册制改革的灵魂。科创板试点注册制改革下，上市审核核心为信息披露，注册制简化了企业上市流程，提高了上市效率和市场化水平。在科创板试点注册制改革实践中，企业科创板注册制上市过程需经过 8 个步骤：上交所申报材料受理；交易所审核问询；发行人回复问询；上市委审议；交易所出具审核意见；向证监会报送材料；证监会履行发行注册程序；股票公开发行上市（张奥平，2019）。

在科创板注册制流程实施过程中，始终贯彻公开、充分、透明的信息披露监管规则。根据《科创板上市公司证券发行注册管理办法》等注册制改革文件，上交所在科创板并试点注册制改革实践中，紧紧围绕简便快捷和强化信息披露的基本要求，有序推进股票发行注册制改革。科创板注册制流程，如图 7 - 1 所示。

7.1.3 注册制条件下的信息披露监管的要点

基于科创板改革的突破口，当前中国资本市场基础性制度改革已加速推进，资本市场顶层设计正逐步加强。通过践行科创板设立与试点注册制改革这一国家战略举措，中国资本市场系统性功能再造正在显现，注册制条件下的信息披露监管的要素与要点尤其需要强调以下几点。

1. 摒弃注册制改革是监管弱化的误区，信息披露监管是"注册制三角"的核心

注册制改革的本质是"以信息披露为核心"的新股发行市场化改革，是新股发行和 IPO 定价权"回归市场"，实现真正把选择权、定价权交给市场，从而依托市场化内在机制提升资本市场资源配置功能。全球主要资本市场发展的实践表明，新股发行注册制是市场化和资源配置优化的制度前提。我国股票市场推行注册制改革，有利于优化资源配置效率提升。贯彻落实新《证券法》，在目前科创板进一步深化落实新股发行注册制改革，稳步、有序、全面推行注册制改革与完善资本市场基础性制度。

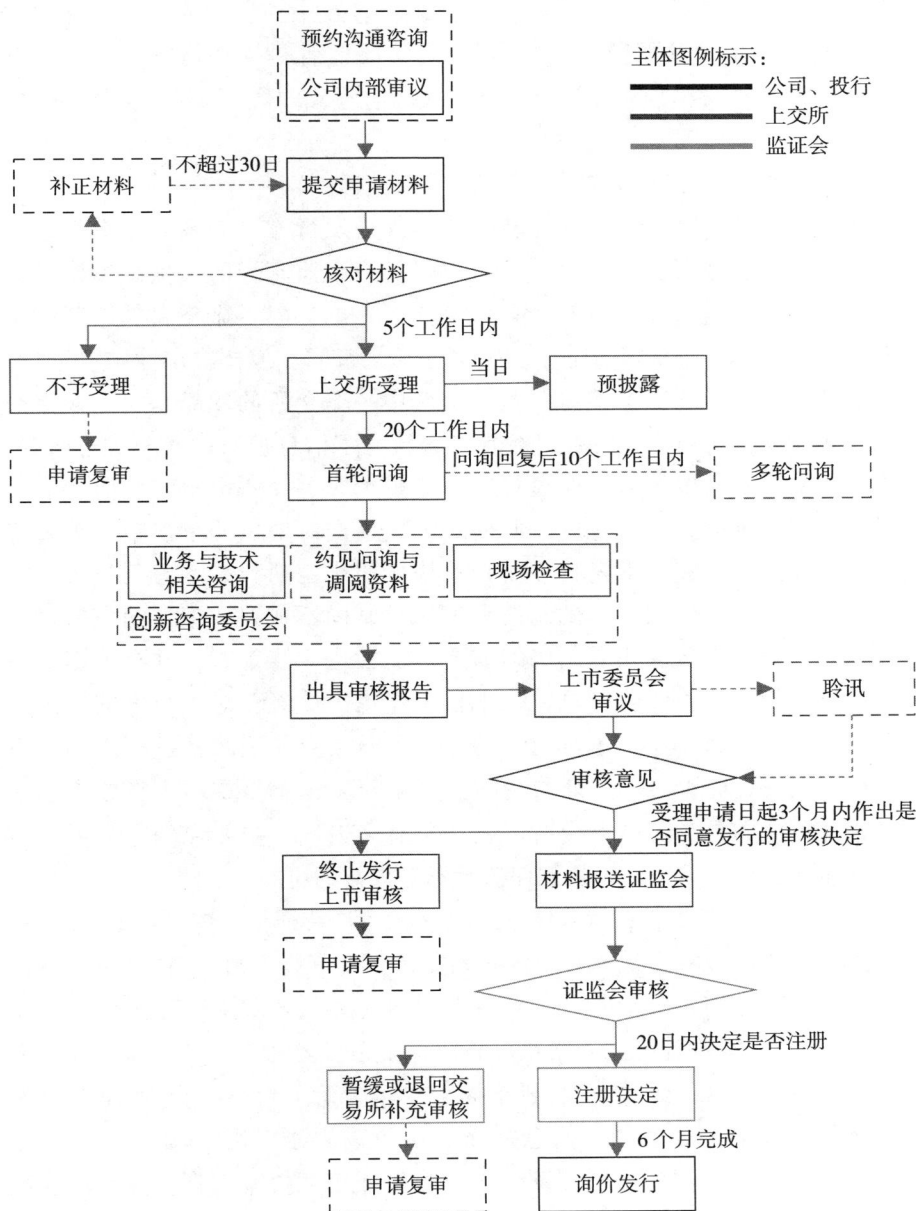

图 7-1 科创板注册制流程与充分信息披露

主体图例标示：
- 公司、投行
- 上交所
- 监证会

预约沟通咨询 / 公司内部审议

补正材料 →(不超过30日)→ 提交申请材料

核对材料

5个工作日内

不予受理 / 申请复审

上交所受理 →(当日)→ 预披露

20个工作日内

首轮问询 →(问询回复后10个工作日内)→ 多轮问询

业务与技术相关咨询 / 约见问询与调阅资料 / 现场检查 / 创新咨询委员会

出具审核报告 → 上市委员会审议 →→ 聆讯

审核意见

受理申请日起3个月内作出是否同意发行的审核决定

终止发行上市审核 / 申请复审

材料报送证监会

证监会审核

20日内决定是否注册

暂缓或退回交易所补充审核 / 申请复审

注册决定

6个月完成

询价发行

注册制改革的 IPO 市场化发行与定价，绝非监管的弱化；相反，注册制改革在放开 IPO 前端市场准入的同时，必须实施后端强监管，否则对投资者权益保护问题构成严重挑战。在注册制改革实践中，发行人、监管部门与信息披露构成了"注册制三角"，而信息披露监管是"注册制三角"的核心。注册制改革必须强化证券市场信息披露监管，"压实"相关责任主体的责任。

2. 监管模式的转变与监管角色的"再定位"

股票发行核准制向注册制的转变，不仅是发行方式的变革，更是监管方式的变革。在注册制改革下，监管模式从行政监管转向以信息披露为核心的监管方式，监管部门的监管角色将进行"再定位"，监管部门在新股发行将彻底"去特权"化，真正"使市场在资源配置中发挥决定性作用"。

在推行科创板并试点注册制改革实践中，上交所的职能是对企业提交的注册申请文件进行形式审查，对其是否履行了信息披露的义务进行监督、问询。证监会在股票发行注册过程中，侧重于对上交所审核工作质量进行审核、监督。证监会可以通过注册程序审核上交所提供的审议报告等内容有无遗漏，监督上交所审核程序是否严格按照规定执行。考虑到我国科创板试点注册制时间较短，基础制度和市场机制尚不成熟，市场约束力量仍不够有效，科创板试点注册制仍然需要证监会进一步审查，并在关键节点发挥决定性作用。若证监会对发行审核工作提出质疑，对发行人的信息披露提出质疑的，证监会有权不予注册。① 在形式上，证监会进行事前、事中、事后全过程监管，但是证监会的监管审核工作不是重新审核或者双重审核，其关注的重点还是上交所审议结果有无遗漏，主要目的是督促发行人进一步完善信息披露，以达到保护投资者权益的目的。

3. 科创板试点注册制信息披露的"新三性"特征

按照《上海证券交易所科创板股票发行上市审核规则》，科创板试点注册制下，上交所将从充分性、一致性和可理解性（即"新三性"）进行审核。信息披露"新三性"，与之相对的信息披露"老三性"是指真实性、准确性和完整性。"新三性"审核要求提出并非摒弃"老三性"，而是在"老三性"的基础上，对发行人信息披露提出更高要求，以"新三性"促进"老三性"。在注册制试点下，发行人应当保证信息披露的真实性、准确性

---

① 恒安嘉新是经上交所审核通过但证监会却不予注册的发行企业，原因在于监管部门认为发行人存在会计基础工作薄弱和内控缺失、未按招股说明书的要求对上述前期会计差错更正事项进行披露等情形。中国证监会官网．关于不予同意恒安嘉新（北京）科技股份公司首次公开发行股票注册的决定［N］．2019－08－30．

和完整性，保荐人、证券服务机构对发行人的信息披露承担把关责任。尤其是针对新经济背景下的科创板上市公司的科创属性，新技术、新产业、新业态的科创公司信息充分揭示非常必要。

针对"新经济"产业的信息披露指引，创业板对科创型企业的前瞻性信息披露也不断完善。2019 年 11 月，深交所制定并发布了工业机器人、集成电路、锂电池、非金属建材四个行业信息披露指引。[①] 指引聚焦关键核心问题，强化特有信息披露，对公司商业模式、所处产业链环节、环境信息等关键性信息作出具体披露要求，以方便投资者看懂、看清、看透上市公司，从而为投资者合理股票定价、市场交易与投资判断提供信息基础。

4. 注册制改革强调信息披露的各方责任，证券服务机构须承担"守门人"角色

注册制改革下的信息披露，关键在于明确落实各方的责任。信息披露有"三道关卡"，即发行人、中介机构和股票上市委员会。发行人是信息的原始供给者，其披露的信息对于投资者进行价值判断和作出正确的投资决策有着不可或缺的作用，强调发行人必须依法公开与股票发行有关的全部信息。中介服务机构要对公司公布材料的真实性承担相应的法律责任，这就意味着对发行人进行实质性审核的责任有很大一部分由中介机构承担。股票上市委员会在发行审核环节，着重关注发行人信息披露的质量。监管部门对企业披露的文件不做实质性审查，这就要求中介机构能够切实承担起"守门人"的责任。

5. 强化投资者权益保护，是注册制改革的根本要义

中国资本市场实施注册制改革有"两大难题"，分别是企业层面与监管层面（刘纪鹏、张润泽；2020）。化解注册制改革的"两大难题"的关键，在于强化信息披露监管与投资者保护。建立更加严格、全面、深入、精准的信息披露要求，压实发行人及中介机构等市场主体的责任，强化事前、事中、事后全链条监管，严防上市公司"隧道效应"以及杜绝大股东"掏空上市公司"行为，加大违法违规行为处罚力度，强化投资者权益保护，是我国推进注册制改革的根本要义。尤其是随着 2020 年 3 月 1 日新《证券

---

① 关于发布《深圳证券交易所创业板行业信息披露指引第 11 号——上市公司从事工业机器人产业链相关业务》《深圳证券交易所创业板行业信息披露指引第 12 号——上市公司从事集成电路相关业务》《深圳证券交易所创业板行业信息披露指引第 13 号——上市公司从事锂离子电池产业链相关业务》的通知，深证上〔2019〕697 号，2019 - 11 - 03。http：//www.szse.cn/lawrules/rule/all-rules/bussiness/t20191103_571723.html。

法》的正式实施，坚决打击财务造假、内幕交易、操纵市场等违法违规行为将成为常态，构建立体化的欺诈发行责任追究体系，造假者将受到更严厉的处罚。

7.2 注册制问询在科创板的实践效果

7.2.1 问询函反馈轮次特征

自科创板设立至 2020 年 5 月 21 日，科创板注册生效的 121 家企业中，平均收到上交所 3.19 轮问询。最多为 6 轮，最少 2 轮。其中收到 3 轮反馈意见的公司最多，共有 65 家企业，合计占比为 54%；有 20 家企业在 2 轮及以下问询回复后即获得有效声明文件。经历 6 轮及以上的问询企业仅 2 家，占比为 1.67%（见图 7－2）。

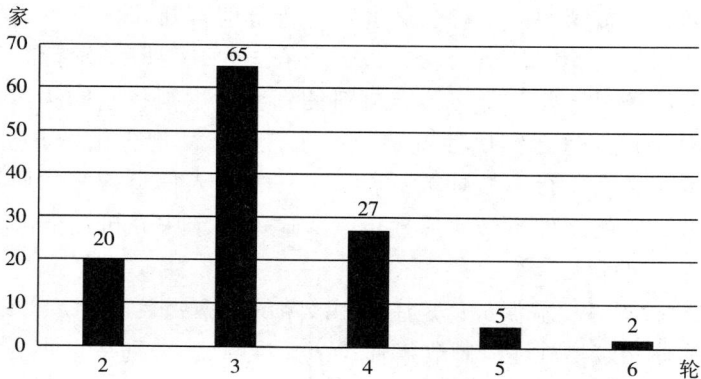

图 7－2　问询函反馈轮次数

分行业来看，2020 年上半年通过上交所科创板注册审核的 121 家企业行业分布相对集中，不同行业的问询轮次有略微差异。从公司数量来看，审核通过的公司数量最多的行业依次是新一代信息技术产业、生物产业、新材料产业和高端装备制造产业，分别有 50 家、30 家、18 家和 16 家。从审核问询轮次来看，由于其他行业审核通过企业数较少，不具有统计意义，对于数量最多的四个行业而言，平均问询反馈轮次依次为，新一代信息技术产业 3.10 轮、生物产业 3.41 轮、新材料产业 3.17 轮和高端装备制造产业 3.38 轮，差异并不显著。问询轮次最少的行业为节能环保产业（见图7－3）。

各行业企业数量（注册生效）

各行业平均问询反馈轮次

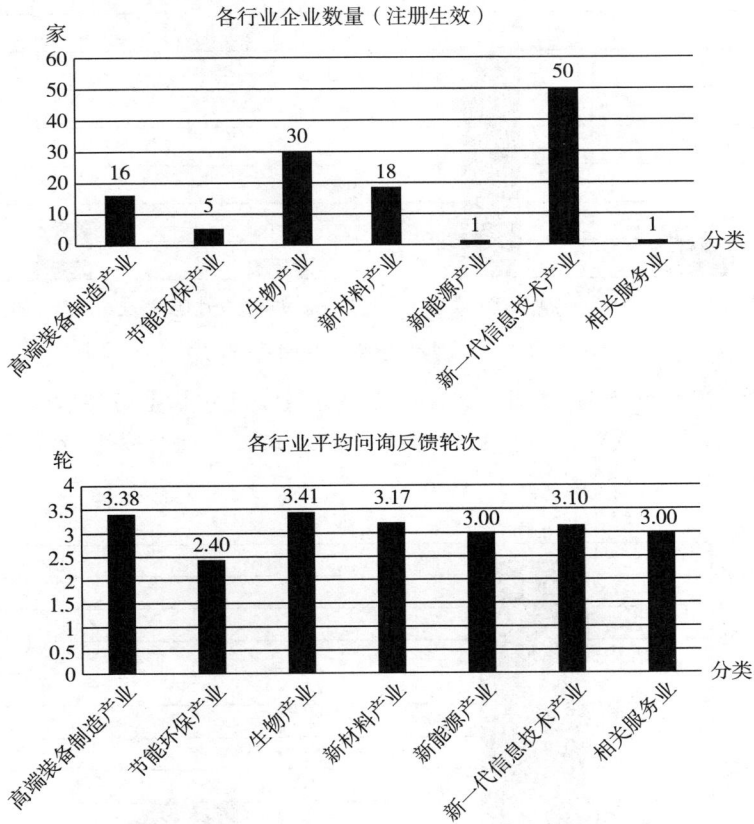

图 7-3　各行业企业数量和各行业平均反馈轮次

注册生效总体平均用时 187 天，第一轮反馈意见平均用时 19 天。从审核总体用时来看，注册生效周期（即从企业首次提交招股说明书申报稿到注册生效的时间）最短为 67 天，最长为 367 天，平均为 187 天。大多数公司审核用时超过 5 个月，共计 88 家公司，占比为 73.33%。从各轮问询的用时来看，第一轮反馈意见周期（即从企业首次提交申报稿到上交所第一次问询的时间）最短为 4 天，最长为 118 天，平均为 19.51 天；问询至上市委通过最短 51 天，最长 297 天，平均用时 124.55 天；上市委会议通过至提交注册稿最短仅 1 天，最长 112 天，平均 11.08 天；提交注册至注册生效，最短 1 天，最长 141 天，平均用时 31.54 天。其中用时最多为问询至上市委通过阶段，也即问询回复阶段，占注册生效周期的 66.72%（见图 7-4）。

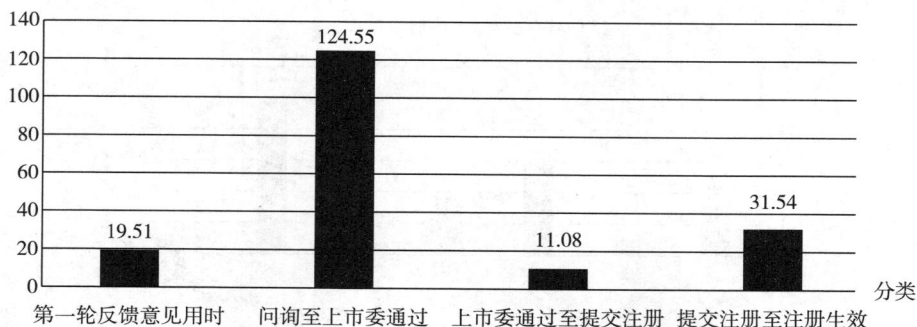

图7-4　各阶段平均用时百分比

截至2020年5月21日，科创板注册通过率（包括上市委审核通过、提交注册、注册生效）为47%，注册终止率为11%。通过率维持在相对较高的水平（见图7-5）。

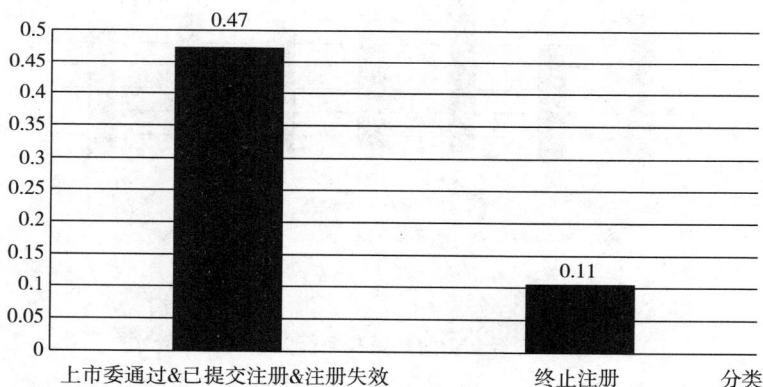

图7-5　注册通过率和终止率

7.2.2　企业上市问询特征分析

根据科创板上市招股说明书，重点对企业上市问询特征分析，并重点对"风险因素""发行人基本情况""业务与技术""公司治理与独立性""财务会计信息与管理层分析""募集资金运用与未来发展规划""投资者保护"和"其他重要事项"进行数据分析。根据问题内容判断是针对哪一部分提出的问询，分别统计涉及的157家公司的问询情况，统计结果如图7-6、图7-7所示。

审议会议结果公告的"审核意见"与"上市委会议提出问询的主要问

家

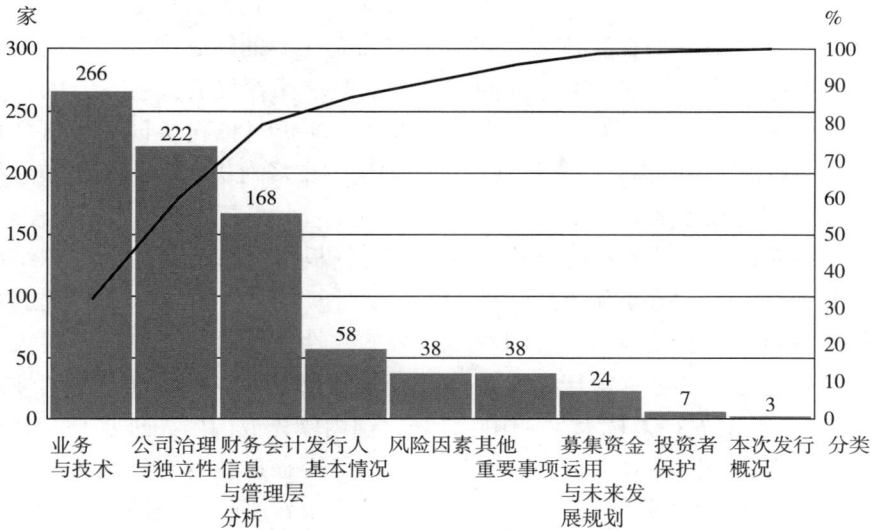

图7-6　科创板上市委审议会议结果公告审核意见与上市委会
提出问询的主要问题内容分类

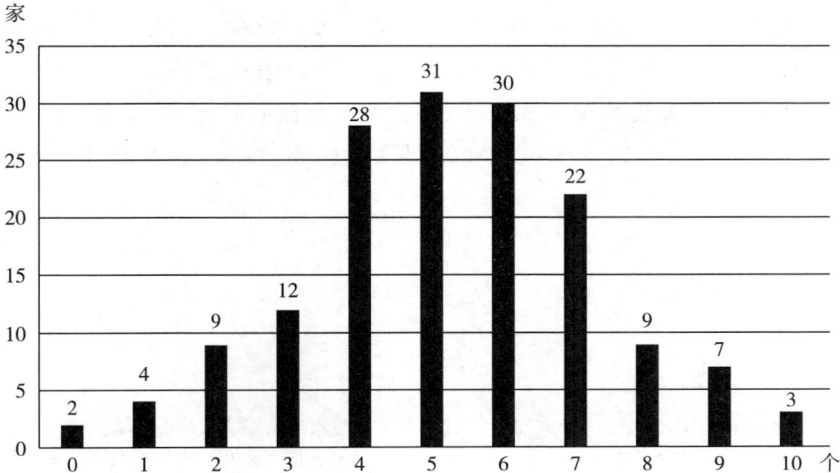

图7-7　科创板上市委审议会议结果公告审核意见与上市委会
提出问询的主要问题数量与公司数量统计

题"中,共有824个问题,问题最少的公司有0个问题,最多有10个,问题数量为5个的公司最多,平均每家公司有5.25个问题。涉及"业务与技术"的问题最多,达到266个,占问题总数的32.28%,其次涉及"公司治理与独立性"的问题有 222 个，比例为 26.94%，这两部分问题占所有问题的比例接近 60%。而在涉及"公司治理与独立性"的问题中，很多问题是对公司业务完整性与技术独立性的问询，并要求保荐代表人就发行人业务完整性和独立性发表意见。监管机构在审核中注重对拟在科创板上市公司"业务与技术"的问询，凸显科创板"增强资本市场对提高我国关键核心技术创新能力的服务水平"。

根据对以上问题内容的分析，可以对科创板拟上市公司的问询总结出以下八个特征：一是强调产品与技术的竞争性。侧重对发行人与可比公司就技术差异、竞争优势、技术和产品的可替代性进行对比。请保荐代表人发表明确意见。二是对发行人关键核心技术的权威性、独立性、持续性进行问询。[①] 针对发行人技术达到国际领先、国内领先或国内先进水平及其权威性进行询价；同时对发行人技术独立性、是否存在技术专利纠纷、竞争对手等情况进行详尽问询。三是突出对研发支出水平、构成的问询。如对发行人的研发费用的人力成本、物料消耗、折旧与摊销等构成情况，研发费用中的折旧摊销占公司总折旧摊销比重的合理性等进行解释说明。四是重视风险因素披露的完整性。尤其针对发行人业务特点可能对发行人产生的经营风险进行特别风险提示。五是重视专利保护和专利先进性水平。六是关注业务与技术披露的准确性和真实性。强调信息披露的可理解性。七是关注核心技术人员情况。如要求披露发行人核心技术人员的认定规则、认定依据，以及核心技术人员变动情况及其影响。八是重视发行人未来发展规划。

---

① 根据科创板相关制度办法的要求，申请上市企业应当符合国家战略，拥有关键核心技术，科技创新能力突出，主要依靠核心技术开展生产经营；同时，应当真实披露所处行业的基本特点、主要技术门槛，新技术、新产业、新业态、新模式的发展情况和未来发展趋势；核心竞争优势，核心经营团队和技术团队的竞争力分析，以及报告期内获得相关权利证书或者批准文件的核心技术储备等情况。技术先进性、技术竞争优势、知识产权实力与风险、研发团队等直接关系到科创企业的竞争力和持续创新能力。围绕科创板企业的专利技术信息披露的相关制度要求，有必要建立以专利大数据为基础支撑的科创板知识产权评议与监测机制，围绕科创板上市审核及信息披露的相关制度要求，对科创板企业知识产权大数据分析、监测与评价，完善科创板上市公司知识产权信息披露制度。具体见张宗新，林宇清. 建立知识产权评议与监测机制，完善科创板信息披露制度 [N]. 上海证券报，2019 - 08 - 21.

7.3 强化注册制改革过程中信息披露监管与投资者保护

7.3.1 信息透明度与投资者保护

市场透明度和投资者保护之间存在着密切内在关联，信息不对称程度和较差投资者保护环境呈正相关性，不对称信息增加将恶化投资者保护环境。一般认为，市场透明度提高，有助于市场质量改进和投资者权益保护。而维护证券市场透明度，则需要有效的证券监管。在证券监管职能中，信息监管是证券市场监管体系的基石，高质量信息监管是抑制证券投机、防止内幕操纵、保护投资者利益、减少证券市场外部性的重要手段。信息监管的重要功能就是增强信息的对称程度，防止未披露信息的"泄露"（Tipping）以及非法的内幕交易行为（Insider trading）发生，维护信息在不同投资者之间的公平性和对等性。

衡量信息监管是否有效的重要标志，就是证券监管是否提高了证券市场上相关信息的质量。按照国际会计准则委员会（IASC）公布的《关于编制和提供财务报表的框架》，信息质量的主要内涵是以可靠性和相关性为基本特征。可靠性标志是"没有重要差错或偏差并如实反映其所拟反映或理当反映的情况而提供给使用者作依据"；而对相关性判断则是"通过使用者评估过去、现在或未来的事件或通过确证或纠正使用者过去的评价，影响到使用者的经济决策"。其实，信息质量内涵的可靠性和相关性特征，正是体现了证券监管部门对信息披露"三性"（及时性、充分性和准确性）信息监管最基本、最重要的要求。及时性是衡量信息质量的一般原则和制约因素；充分性是会计信息质量"相关性"重要内容，它为投资者提供足够多的信息，以便其降低搜寻私人信息的成本和时间；准确性是衡量信息质量"可靠性"的本质特征。

强化信息监管，提高市场透明度，决定着证券信息质量高低，直接关系到证券市场上参与者利益，即投资者保护，尤其是弱势群体——中小投资者的权益保护。而证券市场的强制性监管——信息公开披露主要有两大目标，保护投资者和维护市场质量（见图7-8）。信息披露监管的实质就是维护市场透明和保护投资者利益，这本身就是证券监管部门的核心职责。可见，对投资者保护是与高质量的证券市场密切联系的，而高质量市场的基本特征就是高质量的证券信息，只有这样才能保证证券市场有序运行，保障证券市场基本功能得以实现。

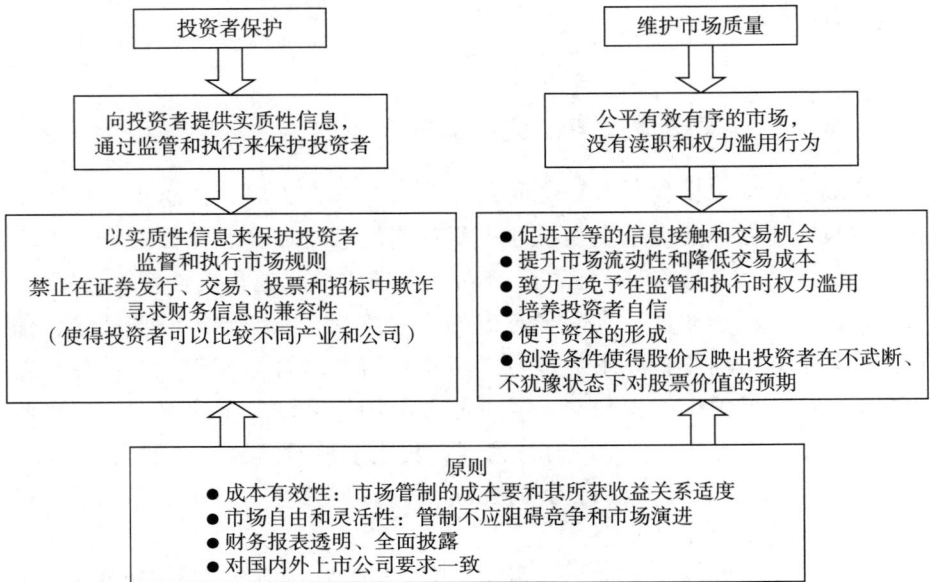

```
┌─────────────┐                    ┌─────────────┐
│  投资者保护  │                    │ 维护市场质量 │
└──────┬──────┘                    └──────┬──────┘
       ↓                                  ↓
┌──────────────────────┐        ┌──────────────────────┐
│ 向投资者提供实质性信息, │        │ 公平有效有序的市场,    │
│ 通过监管和执行来保护投资者│        │ 没有渎职和权力滥用行为  │
└──────┬───────────────┘        └──────┬───────────────┘
       ↓                                  ↓
┌──────────────────────┐        ┌──────────────────────────┐
│  以实质性信息来保护投资者 │        │ ● 促进平等的信息接触和交易机会 │
│  监督和执行市场规则       │        │ ● 提升市场流动性和降低交易成本 │
│ 禁止在证券发行、交易、投票 │        │ ● 致力于免予在监管和执行时权力滥用 │
│ 和招标中欺诈             │        │ ● 培养投资者自信            │
│ 寻求财务信息的兼容性      │        │ ● 便于资本的形成            │
│（使得投资者可以比较不同产业 │        │ ● 创造条件使得股价反映出投资者在不武断、│
│ 和公司）                │        │   不犹豫状态下对股票价值的预期 │
└──────┬───────────────┘        └──────┬───────────────────┘
       ↑                                  ↑
       └──────────┬───────────────────────┘
                  │
┌─────────────────────────────────────────┐
│ 原则                                      │
│ ● 成本有效性：市场管制的成本要和其所获收益关系适度 │
│ ● 市场自由和灵活性：管制不应阻碍竞争和市场演进    │
│ ● 财务报表透明、全面披露                    │
│ ● 对国内外上市公司要求一致                  │
└─────────────────────────────────────────┘
```

图 7 - 8　市场质量与投资者保护

对于信息监管对投资者保护的这种效能，同样可以从信息生产的两个层次加以剖析。

一方面，信息监管有助于提升事件信息质量，提高上市公司运作透明度，尽量减少经营者与所有者之间的信息不对称，保障外部投资者公平获取信息的权利，这是发挥证券市场功能推动上市公司治理改进的基础条件，也是证券监管部门保护投资者特别是中小投资者权益的核心任务。证券市场上公司"内部人控制"、盈余操纵及其他对外部股东的"掠夺"行为存在的重要根源，在于信息披露质量不高与缺乏市场透明度。由于在委托代理条件下，倾向于内部控制人利益的代理人可能出现隐藏行动或隐藏信息的道德风险，甚至向市场参与者传递"噪声"。公司大股东或内部股东利用公司信息优势和控制权优势对中小股东或外部股东进行掠夺，侵占外部股东利益。在中小股东利益被掠夺的情况下，处于信息劣势的外部股东（投资者）不愿意继续持有公司股票而进行"用脚投票"，或对公司股票只愿意付出较低的市场价格，从而导致公司市场价值下跌，证券市场就会呈现"柠檬化"市场（Lemon Market）。随着信息披露质量的提高，上市公司信息可以及时、有效、充分地向外部投资者传递，信息供给程度提高，外部投资者与内部股东之间的信息不对称程度减少，有利于形成有效监控机制与约束机制，减少内部人对外部股东"掠夺"，控制"内部人控制"和提高公司治理水平，限制公司管理层的财务舞弊和盈余操纵行为，保障中小股东的投资知情权，以此保护外部投资者及其利益相关者利益。可见，有效的信息披露制度是防止证券欺诈行为出现、保护外部投资者利益的一个关键因素。

另一方面，信息监管有利于提升交易信息质量，保障证券市场交易公平、公正和公开。交易信息越公开市场透明度越高，投资者越方便监控经纪代理其交易的质量，证券市场的价格发现功能就越强，投资者对市场公平的信心就越强。反之，如果证券市场交易信息失真，外部投资者知情权缺失，内幕操纵严重，则市场上参与者的利益必然被内部交易者非法掠夺，中小投资者的投资信心必然会遭受严重打击，这种现象在证券市场初级阶段以及新兴市场较为严重。为保障中小投资者权利，维护证券市场公平就成为证券信息监管的重要使命。在一定程度上，信息监管可以说是市场内幕操纵的"克星"，证券监管部门在加大市场违规操纵处罚力度的同时，也提高了交易信息透明度，内部交易者对市场操纵难度无疑加大。

7.3.2 信息披露监管与投资者保护功能发挥

中国资本市场注册制改革能否成功，是以信息披露为核心的信息披露监管制度是否有效执行到位，中小投资者权益是否有效得到保护为重要标志。提高上市公司信息披露质量是投资者保护的重要环节，而投资者保护本身就是证券市场发展的必要条件。从国际经验看，良好的投资者保护可以促进资本市场发展。目前，学术界关于投资者保护与证券市场发展的实证研究，主要是 Rafael La Porta，Florencio Lopez – de – Silanes，Andrei Shleifer and Robert Vishny（以下简称 LLSV）系列论文，如 1997 年的《决定外部融资的法律因素》（*Legal Determinants of External Finance*）、1998 年的《法律和金融》（*Law and Finance*）、1999 年的《投资者保护：起源、后果和改革》（*Investor Protection：Origins，Consequences，Reform*）等。在上述论文中，LLSV 搜集整理了 49 个国家的法律和证券市场发展的资料，根据法律体系的起源和特点分为四类，即英国、德国、法国和斯堪的纳维亚法系。其中，第一类就是英美法系或普通法系，第二、三、四类属于大陆法系或民法法系。LLSV 将样本国家的股东和债权人的权利编制指数，同时使用司法制度的效率、腐败和会计准则的质量来衡量这些国家金融市场的执行质量，来考察不同法系国家的执法质量和投资者保护水平（见表 7 – 1）。

表7-1 不同法系国家的投资者保护水平

指标 ＼ 法系	普通法系（18 国）	法国法系（21 国）	德国法系（6 国）	斯勘的维纳亚法系（4 国）	全球平均（共49 国）
股东权利保护					
防董事权指数（Anti-director rights index）	4.00	2.33	2.33	3.00	3.00
邮件代理投票权（Proxy by mail）（%）	39	5	0	25	18
股东大会前股份不设限（%）	100	57	17	100	71
累计投票代表比例（%）	28	29	33	0	27
少数股东受压制（%）	94	29	50	0	53
优先认股权（%）	44	62	33	75	53
召开临时股东会议的最低股份比例（%）	94	52	0	0	78
债权人保护					
债权人权利指数	3.11	1.58	2.33	2.00	2.30
不得自动扣押抵押品（%）	72	26	67	25	49
首先支付有抵押的债权人（%）	89	65	100	100	81
对进入重组的限制（%）	72	42	33	75	55
管理层不得参与重组（%）	78	26	33	0	45
执法效率					
司法制度效率	8.15	6.56	8.54	10.00	7.67
腐败	7.06	5.84	8.03	10.00	6.90
会计标准	69.92	51.17	62.67	74.00	60.93

注："防董事权指数"是用于衡量股东权利保护的概括性指标，采取1～6 分值。

资料来源：LLSV. Investor Protection：Origin，Consequences，Reform［D］. NBER Working Paper No. 7428，1999.

投资者保护是各国政府证券监管的核心目标，而信息披露质量则是投资者保护的重要内容。Dyck 和 Zingles（2004）分析了 1990—2000 年 39 个国家的证券市场交易情况，并以投资者权利、信息披露和执法强度这三个指标来表示投资者保护水平，通过对 412 个样本进行实证，发现较好的投资者保护有助于降低控股股东的私有收益。LLSV 探讨了投资者保护程度与股市发展程度的关系，研究发现投资者保护程度越高，股市越发达。LLSV 以一国股市总市值与该国国民生产总值之比（股市/GNP）来代表股票市场的发展程度，英美法系国家的股市最发达（平均为 1.05），德国法系国家次之（0.70），法国法系国家最低（0.45）。每百万人口中的上市公司数目，英美法系国家平均为 35.45 家，斯堪的纳维亚法系国家为 27.26 家，德国法系国家 16.79 家，法国法系国家只有 10 家。较好的投资者保护不仅推动了本国资本市场的发展，而且对于本土金融市场的稳定也具有深远的影响。为此，Johnson，Boone，Breac 和 Friedman（2000）对 1997—1998 年亚洲金融危机期间 25 个国家的股价和汇率变动情况进行了分析，研究发现，投资者保护指数和执法质量与市场波动有紧密的关系，投资者保护较好的国家在危机中表现更加稳健。Mitton（2002）通过对企业层次的实证研究发现，在 398 家遭受亚洲金融危机冲击的公司中，如果对中小投资者保护较好，如信息透明、披露质量高、股权结构合理、主业集中，在危机期间股价水平更加稳定。

表 7 – 2　投资者保护与资本市场发展

指标 ＼ 法系	普通法系（18 国）	法国法系（21 国）	德国法系（6 国）	斯堪的纳维亚法系（4 国）	全球平均（共 49 国）
资本市场市值/GNP（%）	60	19	46	30	40
公司数/百万人	33.45	11.89	16.79	27.26	21.59
公开发行数/百万人	2.23	0.28	0.12	2.14	1.02
债务/GNP（%）	68	56	97	57	59

资料来源：Johnson, Simon and Andrei Shleifer. Privation and Governance. Manuscript [D]. Harvard Business School, 2001.

在证券市场上，有效的信息披露机制在促进和规范上市公司信息披露行为，提高上市公司信息透明度，降低信息弱势群体（如中小投资者）所面临的信息不对称等方面发挥着重要作用。尤其像中国这样的新兴市场，投资者保护制度相对薄弱，而信息披露制度在资本市场中的作用显得越来越突出，上市公司所披露的信息在股票定价与公司治理方面扮演着重要角色。相对于证券市场的发展，我国法律规定和法律执行层面的发展却较为缓慢，这种特定的背景为财务会计系统可以作为补偿弱投资者保护负面效应的一种替代机制提供了机会。

作为投资者保护的一种替代机制，信息披露制度是如何发挥其投资者保护的功能呢？在此，有必要重新审视资本市场上投资者保护的两个最基本的问题，信息问题和代理问题（Healy and Palepu，2001）。上市公司信息披露作为投资者进行投资决策的主要信息来源，不仅有助于提高市场透明度，降低信息成本，缓解事前的信息不对称，推动市场资产定价机制实现，向投资者提供形成正确资产定价和投资决策的价值相关信息，减少由于错误定价或投资决策带来的资产损失；而且有助于降低代理成本，缓解事后的信息不对称程度，约束内部人的机会主义行为，保护投资者的合法权益。针对上市公司信息披露制度对投资者保护功能的作用机制，可以从公司层面、市场层面和宏观层面进行分析（魏明海等，2007）。首先，从宏观层面看，不同的法律法规制度、股权文化、政治体制等宏观因素对投资者保护作用和证券市场信息供给机制具有重要影响，La Porta 等（1998，2002）为不同国家的投资者法律保护和执行程度提供了量化指标体系。其次，从市场层面看，独立审计行为和以证券分析师为主要组成部分的信息中介对财务会计信息的作用机制具有重要影响，为上市公司信息披露的真实性提供了保障。尤其是独立审计不但限制了内部人的机会主义会计选择，而且提高了上市公司会计信息披露质量。再次，从公司层面看，内部控制和公司治理机制可以激励和监督保证会计信息真实性与相关性，维护会计信息使用者权益。其中，内部控制是保证财务会计信息可靠性的最直接因素，例如美国反虚假财务报告委员会下属的发起人委员会（The Committee of Sponsoring Organization of the Treadway Commission，CO-SO）于 1992 年发布的《内部控制整合框架》（COSO-IC）提出：内部控制为达到财务的可靠性、经营活动的效率和效果以及相关法律法规的遵循等目标提供基本保证；公司治理则为投资者获取合理的投资回报提供了基本准则（见图 7-9）。

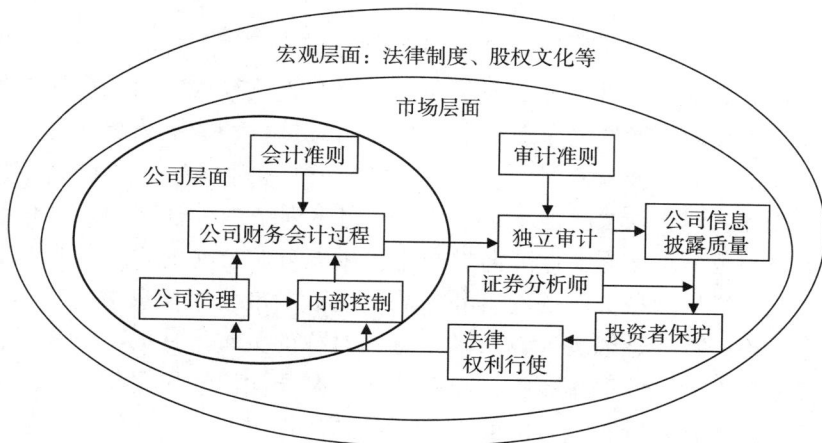

图7－9　信息披露机制与投资者保护功能发挥的机理

7.4　优化注册制改革的信息披露监管体系

7.4.1　完善多层级证券监管体系，切实保障投资者权益

随着中国资本市场的逐渐成熟，实施注册制与强化证券监管是投资者保护的必然要求，上市公司信息披露制度完善也提上市场基础制度建设的日程。与此相适应，信息披露监管的相关法律法规的完善也成为当前市场制度建设的重点，这是上市公司信息披露制度完善的基础和前提。由于上市公司信息披露制度建设是一项系统性工程，上市公司透明度涵盖了强制性披露和自愿性披露两方面，体现了信息披露的真实性、及时性、充分性、清晰性等综合状况。严格规范的上市公司信息披露制度是维护证券市场稳定、强化投资者信心的关键，是发展现代证券市场的核心原则。因此，证券市场法律法规重构和完善，直接关系到投资者保护和证券市场持续发展的重要环节。

在我国，上市公司信息披露制度的完善存在两重含义：一是建立完善的信息披露监管制度；二是完善法律法规的配套体系。从第一方面看，尽快建立与国际接轨的上市公司信息披露体系，健全会计信息披露准则体系，制定科学、配套的会计规范体系，规范上市公司信息披露行为，实施连续、动态监管，提高上市公司透明度。目前，尽管我国已经建立了《证券法》《公司法》《会计法》《注册会计师法》等财务会计披露的法律法规，以及

《股票发行与交易管理暂行条例》《禁止证券欺诈暂行办法》《证券市场禁入暂行规定》等部门规章以及最高人民法院的相关司法解释等，但这些法律法规都存在不足，难以有效地规制和惩罚虚假陈述行为，导致证券市场信息披露违规行为屡屡发生。造成上市公司信息披露违规的重要原因，在于我国上市公司信息披露监管乏力，公司内生约束机制不强，社会外部监督乏力。因此，建立以法规、外部监管、公司治理结构为框架的会计信息披露体系来规范信息披露，保障向投资者提供充分、公允的财务信息和其他信息，同时增加信息披露的内容和方法，规范上市公司信息披露行为，满足信息供给的需要是解决证券市场信息不对称的关键。从第二方面看，相关法律法规不能有效配套衔接，虚假陈述、误导性信息披露等违法行为的责任与补偿制度难以实施。由前文分析可见，我国上市公司违规主要体现为信息披露违规，大多数违规行为都是以中小投资者损失为代价。然而，信息披露违规行为的责任补偿和投资者利益保护一直难以落实。随着新《证券法》的实施，如何加强对中小投资者的保护与救济，完善相关的证券民事赔偿法律体系与追责制度，是践行注册制与强化中小投资者的基本要义。

根据多层次的监管体系与监管框架，结合新《证券法》的实施，证监会应调整其监管工作的范围和重点，将日常的市场管理工作更多地移交给证券交易所，以发挥证券交易所的一线监管职能。针对这种监管分工体系，证券交易所应该逐渐增强其独立性，减少证监会的直接控管，使其更好地发挥组织市场、管理市场的功能，及时对损害市场行为和内幕交易进行监管，以此分担更多的政府管理证券市场的责任和风险。为此，证监会应该将证券交易所作为自己的监管对象，而不是下设机构或部门来对待，更不应该是证券交易所的实际控制者。按照上述监管框架和监管原则，证券交易所的职责重心应该是证券市场运行监管，通过制定和完善相关的章程和规则对上市证券及其交易实施管理，发挥证券交易所一线监管职责。在新《证券法》实施与注册制践行方面，赋予交易所监督权的基础上，对证券上市、交易和市场运行进行及时、有效的动态监管。

7.4.2　构建信息披露的动态监管体系

尽管我国已经建立多层级的信息披露监管体系，《证券法》等法律法规对上市公司持续性信息披露有明确规定，但信息持续性、动态性监管不足，重大事件等信息披露监管仍不到位，上市公司敏感性信息时常泄露，内幕信息从未在证券市场绝迹，不同投资者之间的信息不对称性问题一直没有得到有效解决。因此，如何加强对上市公司的持续性信息披露的动态监管，就成为当前投资者保护的重点。

上市公司持续性信息披露和动态监管，提高信息深度和信息广度，这对证券市场有效性提高，社会公众投资者的保护，减少证券市场信息不对称性具有重要意义。将传统的一次性信息披露改为连续性、动态性的信息披露。增加信息披露，提高公司透明度。上市公司则应该忠实履行持续信息披露的义务，除应该按照强制信息披露的要求披露信息外，有义务及时披露所有可能对股东和其他利益相关者决策产生实质性影响的信息，并保证其披露信息的时间、方式能使所有股东有平等的机会获得信息。通过信息披露动态监管，可以有效减少上市公司信息披露的随意性，规范公司信息披露行为，提高输出信息的精度和准确度，这显然有利于提高证券市场透明度和市场效率，减少证券市场内幕交易、信息披露违规等行为产生（见图7-10）。

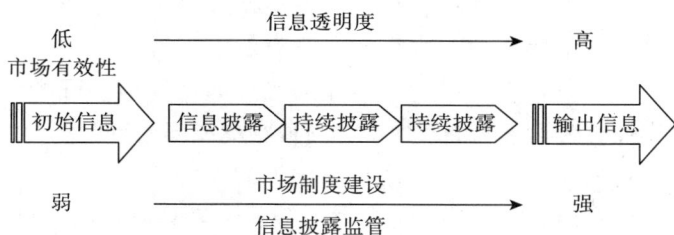

图7-10　动态监管与持续信息披露

为提高上市公司经营的透明度，拓展信息披露广度与深度，持续性信息披露（Continuing Disclosure）成为市场公平高效运作的基本规则。根据国际证券市场的经验，上市公司持续性信息披露的一般准则包括：重要性（实质性）信息准则、平等披露准则、法定披露渠道准则和鼓励自愿披露准则。在我国信息披露制度构建中，应逐渐构建连续性、动态性的信息披露制度。合理引导公司持续性信息披露，将传统的一次性信息披露发展为连续性、动态性信息披露。增加信息披露，提高公司透明度。上市公司应对公司发展战略、财务等前瞻性信息及时向外部投资者沟通，这就要求上市公司信息披露在提供实质性信息披露的同时，鼓励自愿性信息供给，以减少市场的信息不对称性。加强敏感性信息披露监管，在处理重要信息外泄时应该遵循如下原则：（1）上市公司必须公告所有已外泄到市场上的重要、未公开信息，即使该信息原本在豁免披露的信息范围内（如不管事项交易是否仍处于谈判阶段）；（2）若公司尚未准备好对外泄信息作出证实，或者尚有太多内容不能确定，应发布临时声明对该状况进行充分解释；（3）若公司认为未出现信息外泄情况，但股价和交易量已经对相关报道内容作出了反应，公司有义务发布声明对该情况作出澄清，或对报道内容予以证实，即使该声明中未提供任何新的重要信息。若上市公司不执行如上规定，而市场秩序出现紊乱，交易所可能会暂停该证券的交易。

在信息披露动态监管中，在此强调对上市公司并购行为等重大事件监管尤其重要。随着全流通时代的来临，市场中收购与反收购行为频繁发生，并购行为是最容易滋生内幕交易和市场操纵等违法行为的。因此，如何加强证券市场并购与重组过程的信息动态监管，成为当前证券市场投资者保护的重要环节。

7.4.3　鼓励前瞻性信息披露，加强 MD&A 前瞻性信息披露引导

前瞻性信息是管理层已知的对公司未来财务状况和经营成果具有重大影响的趋势的不确定性事项，这些事项可能由于不符合会计确认和计量的标准而尚未列入财务报告，但这些事项发生或即将发生，可能将导致财务报告不能真实反映公司未来经营业绩、财务状况或现金流。

前瞻性信息披露从内容上看是未来发生的事件，是信息披露主体依据自身所拥有的信息做出的预期，主要是对公司未来具有很高的价值相关性，满足会计信息使用者对信息相关性的前瞻性的要求。美国证券监管部门对前瞻性信息披露现在采取的是鼓励为主、强制为辅的政策。由于投资者的投资决策以对未来的预期为基础，前瞻性信息对投资者而言是至关重要的。这些信息不外乎是投资者自己加工处理而得，或从市场上的信息中介获得，抑或从上市公司的信息披露中获得。但投资者无论怎样获得这些信息，同等条件下，从上市公司进行前瞻性信息披露的动机或是其所拥有的信息优势来看，上市公司自身所披露的此类信息具有更高的信息价值。基于此，对上市公司的前瞻性信息披露应予鼓励，同时，由于前瞻性信息披露内容的性质，其又总是难以达到公司的预期与未来的实际情况一致的情况，故不强制进行前瞻性的信息披露，以免引发相应的处罚而打击上市公司进行前瞻性披露的意愿。因而，美国证监会为前瞻性信息披露提供了一个"安全港"条款。根据这条规则，只要信息披露主体的前瞻性信息披露是出于善意并存在合理依据，那么即使其披露与将来的实际情况不符的信息，披露主体也无须承担证券欺诈责任。

在前瞻性信息披露过程中，必须按照公平披露准则向投资者提供充分、公允的公司未来发展信息，严禁选择性披露和内幕交易行为发生。无论是西方成熟市场还是新兴市场，中小投资者和机构投资者的信息都是不对称的，机构投资者往往在其他公众投资者之前收到秘密信息或内幕信息。为加强上市公司信息传递的平等性，美国证监会自 2000 年实施的"FD 规则"（Regulation Fair Disclosure）是为了制止选择性披露行为，即公司选择在将信息公开前提前透露给机构投资者的行为。该法律要求若上市公司向特定人员披露重要的非公开信息，则必须在 24 小时内公开披露该信息。违反 FD规则的公司或个人，无论从"秘密消息"获利，或者散布秘密信息，都将面临终止令（Cease & Desist Order）、禁令（Injunction）或民事罚款。FD 规则有助于监管部门实现保护投资者，达到维护证券市场公平秩序的使命。

为鼓励上市公司前瞻性信息披露，有必要进一步规范和引导上市公司管理层讨论和分析（Management's Discussion & Analysis，MD&A）信息披露行为。在这里，由于 MD&A 信息中的前瞻性信息具有很高的价值相关性和信息含量，其对股价造成的影响往往是巨大的，相关责任也是重大的。若上市公司利用前瞻性信息进行内幕交易和操纵股价，则对中小投资者造成重大的利益侵害。因此，应当加强我国上市公司 MD&A 前瞻性信息披露和引导，提高"软信息"在公司财务报告的地位和作用，使强制性信息披露和自愿性信息披露相互补充，可以更好地为投资者提供充分、真实、公司的信息。

7.4.4　强化证券市场信息披露监管，"压实"相关责任主体责任

在上市公司的信息披露制度构建中，上市公司、会计师事务所、审计事务所、律师事务所、证券信用评级公司等专业性中介机构对信息披露质量的监督起着不容忽视的作用。证券市场信息供给的及时、准确和完整，不仅完全取决于上市公司信息披露行为自身因素，而且在很大程度上依赖于会计审计机构、律师事务所等中介机构能否保持中立和诚信地履行职责，投资银行能否尽职尽责，证券咨询机构是否客观有效的信息供给等一系列制度安排。

证券市场中介机构是指为证券的发行与交易提供服务的各类机构，中介机构是连接证券投资人与筹资人的桥梁，是证券市场运行的组织系统。证券市场功能的发挥，在很大程度上取决于证券中介机构的活动。通过其自身的经营服务活动，沟通了证券需求者与证券供应者之间的联系，不仅

保证了各种证券的发行和交易，还起到维持证券市场秩序的作用。由于信息不对称性是证券市场的基本属性，证券市场中各参与主体如上市公司、投资者、大股东、监管者之间存在着信息的不对称。一般而言，作为筹资者的上市公司及其经理层、大股东拥有较多的信息在信息量上处于强势地位；而作为外部投资者的社会公众股东，特别是广大中小投资者拥有较少的信息，处于弱势地位。处于信息劣势的投资者和信息优势的筹资者之间的信息不对称会引起两类问题：逆向选择和道德风险。逆向选择是指在买卖双方信息不对称的情况下，当交易双方的其中一方对于交易可能出现的风险状况比另一方知道得更多时，便会产生逆向选择问题。而道德风险是指在协议达成后，协议的一方通过改变自己的行为，来损害对方的利益。逆向选择和道德风险都会破坏证券市场秩序，因此需要证券市场监管和提高信息透明度来解决。作为筹资方的上市公司向外部投资者提供虚假、错误或是遗漏某些重大信息误导投资者，会使投资者产生重大损失。为解决这一信息不对称问题，证券市场引入了证券中介制度。通过独立、公正的中介机构作为第三方在筹资者和投资者之间传递信息，希望通过处于第三者地位的证券中介机构来规范和监督上市公司，以降低各方的信息不对称程度。

在我国，证券市场中介机构的功能是按照中国证监会、沪深证券交易所和中国证券业协会的规定，在提供中介服务的同时对市场主体的信息披露行为与证券交易活动进行评价和鉴别，并履行相应的监督责任。同时，证券中介机构行为也受到证券监管部门的约束和监督，并对其行为承担相应的法律责任。证券市场中介机构通常受聘于发行人（上市公司），审查验证有关材料，并出具具有法律效力的审计报告、财务报告、资产评估报告、法律意见书等意见或文件。这些文件将成为上市公司申请发行和上市的重要上报材料或作为上市公司向外界进行持续信息披露的内容。然而，由于当前上市公司信息披露的法律监管制度尚未完善，而且某些中介机构执业人员的道德素质低、职业操守观念差，出具虚假会计审计等信息，从而误导投资者的事件屡见不鲜，严重损害了中小投资者的合法利益。在此强调的是，近年来我国立法监管部门加强了证券市场中介的证券法律法规约束，但是司法执行和投资者保护的效果并不理想。中介机构行为约束和信息披露的监管效果较差的重要原因，在于我国证券市场仍缺乏中介机构责任实施的"软约束"，立法和司法解释根本仍是空白，对连带责任的过错的判断规则缺乏明确、可行的判断标准，对证券中介机构缺乏科学的"问责机制"，从而导致中介机构对上市公司信息披露监管作用大打折扣，对证券市场违法机构和个人的处罚的共同侵权行为过错损失缺乏量化标准，导致证券市场中介机构和相关责任人的约束效应弱化。针对我国证券市场中介机构在信息披露过程中存在的问题，如何加强中介机构的行为、责任约束，保证作为信息传递者的中介机构能准确、公正地传递信息，是社会公众投资者权益保护的重要内容。

如何有效解决会计审计机构的独立性问题，是证券市场信息有效供给的首要问题。在中国这样的新兴市场上，由于制度不完备和法律约束有限，证券市场的会计造假和公司欺诈现象一直难以杜绝，会计审计机构与上市公司的合谋大量存在，因此，如何对会计审计机构行为进行有效监管，通过合理有效的机制设计化解中介机构和上市公司合谋行为就成为上市公司信息披露质量的有效保障。在中国证券市场上，会计机构造假及其与上市公司合谋行为的原因有许多，但从制度经济学分析，行为背后主要是因为激励问题所产生的委托代理关系，即投资者和中介机构之间的委托代理关系。[1] 在这种委托代理关系中，作为委托人的投资者不可能用积极的激励措施来监督作为代理人的中介机构，其原因就在于目前在我国证券市场上，中介机构的利益直接来自被监督的对象，即上市公司。这一机制导致中介机构行为必然要顾及上市公司的利益，很难做出客观、公正、准确的信息披露，因此，如何进行会计、审计机构的委托激励重新设计，实现会计审计机构对上市公司信息披露行为进行监控，成为保障中国股票市场有效消息的关键问题之一。

在解决会计审计机构独立性问题的同时，有必要大力培育会计审计机构。注册会计师则扮演着"经济警察"的角色，担当着鉴证上市公司财务报告合法性、公允性的重任。在新兴市场上培养合格的会计审计机构异常重要，其不仅要强化会计审计部门的职业操守观念，而且要对会计审计机构的审计行为进行督察，以防其在制度不健全的条件下寻租，恶化市场信息披露环境和质量。在新兴市场上，为保护不直接参与公司经营的劣势信息的中小投资者权益，就必须发挥会计审计部门的"经济警察"作用，加强信息生成的全过程监督，对上市公司的信息披露行为主要进行质量上的

---

[1] 康美药业在 2016—2018 年连续三年重大财务造假事件中，上市公司与"看门人"中介机构存在合谋造假嫌疑，财务报告的真实性存疑，涉嫌虚假陈述等违法违规行为。详见《证监会对康美药业调查进展通报》，中国证监会官网，2019 年 5 月 17 日。

严格把关，通过会计信息生成过程的全过程监督保证上市公司会计信息质量，保证上市公司信息披露的有效性。

为加强会计审计机构对上市公司信息披露监管，还必须加强会计审计的民事归责责任约束。我国证券立法中有关法律责任的归责责任存在明显的制度缺陷，对于民事归责责任缺乏明确规定，致使未能通过针对会计信息披露违法行为的民事诉讼来有效制约违法者，这显然不利于有效保护投资者利益，不利于证券市场的有效运行，也不利于增强注册会计师的风险意识和审计质量的提高。同时，注册会计师会因为出具虚假审计报告或欺诈而承担民事责任。但由于种种原因，注册会计师在毫无过错的情况下仍然可能出具虚假审计报告，而此时法律上无明确规定能使用无过错责任，采用过错责任原则归责又会带来一系列问题，因而只能采用公平责任归责原则。为此，必须充分考虑无过错虚假审计报告的特殊性，真正公平地认定注册会计师应承担的民事责任。为完善审计法律责任，有必要强化审计对第三者的民事赔偿责任。赔偿责任对审计人员的威慑作用有利于审计人员保证审计质量，提高投资者对审计的信赖。若证券投资者参考了虚假的或具有误导性陈述的公司会计信息而受损失时，投资者应拥有向主要责任者的索赔权。

7.4.5 以保护中小投资者权益为目标，完善信息披露追责机制

与机构投资者相比，中小投资者在证券市场中处于弱势地位，这种弱势地位不仅表现在投资实力和谈判能力方面，更重要的是表现在信息的获取方面。在西方国家，每年都有大量的中小投资者行政追责和民事诉讼案例。而在我国，由于长期受法律体系制约以及相关民事处罚缺乏细则，这就造成广大中小投资者在合法权益受到侵害后无处得到相应赔偿。投资者民事赔偿是投资者权益保护的重要环节，长期以来我国为在证券市场中遭受损失的投资者提供的救济手段和途径极为欠缺：一方面受害者不重视通过诉讼途径保护自己的权利；更重要的是，相应主管部门和司法机关的实践仍不适应赔偿法律机制的要求，更多采用行政处罚和调解手段；证券市场中的中小投资者过于分散，且证券价格浮动较大，损失不易统计，这是民事赔偿难以落实的客观原因；集团诉讼由于司法系统缺乏解决经验，证券案件又具有专业性、复杂性，无形中又增加了案件的审理难度；另外，执行难又加大对中小投资者救济的落实难度。为此，在投资者保护制度建设中，一方面是对侵害投资者权益的行为的强制制裁，另一方面是对投资

者权益的有效补偿。投资者民事赔偿通过对投资者权益进行有效补偿，从而保护投资者的权益，有助于维持投资者对市场的信心，维持证券市场的健康持续发展。因而，需要建立有效的民事赔偿制度以切实保障投资者的权益。而 2020 年 3 月 1 日修订后的新《证券法》，为解决投资者民事赔偿这一难题提供了法律性保障。

为加快推进新《证券法》实践中民事追责的司法实施，在此有必要提出以下几方面建议。（1）加快上市公司信息披露的民事赔偿立法，相关司法机构应出台具体的司法解释，以保障中小投资者的集体诉讼权。针对证券市场违法违规行为、保护公众投资者，特别是中小投资者利益仍是值得关注思考和亟待解决的问题，应尽快推出《证券投资者权益保护法》，作为全流通时代中国资本市场投资者保护的基本法律准则。（2）建立投资者保护和救济制度。在信息披露行为监管中，对信息披露违规行为的惩罚和制裁对于投资者保护而言仅是其中的一个方面，其虽然可能有效地降低信息披露违规行为对投资者利益的侵害，但却无法对投资者受到的侵害施以补偿，而且这种强制性制裁通常难以对重大违规行为形成有效威慑，这些因素使得投资者参与证券时的顾虑及不确定性仍然难以有效减弱。在这种情况下，投资者保护和救济制度在投资者保护中便显得格外重要，因为它能够直接对投资者的损失进行补偿，有效地保护投资者的根本利益，有利于提高投资者参与市场的积极性，维持证券市场的持续发展。因此，为保护投资者权益，必须快速建立落实证券民事责任的争讼解决机制。通过完善证券民事救济制度，建立健全透明、公正、高效的证券民事救济制度。（3）真正落实上市公司的信息披露责任人的追究责任，不仅追究上市公司相关责任人的信息披露违规责任，同时对中介机构信息披露违法犯罪进行处罚。（4）法院采取判例模式，针对上市公司或个人违反信息披露法律法规的犯罪行为，向权威人士或机构咨询，以寻求提供专业咨询意见作为判案依据。（5）实行信息披露赔偿制度。上市公司信息披露若出现重大失误，中小投资者有权要求赔偿。目前，我国上市公司财务报表更正现象（俗称"打补丁"）时有发生，如豫金刚石 2019 年度业绩预告的"戏剧性"变更①。频繁的业绩变

---

① 2020 年 1 月 18 日，该公司披露 2019 年度业绩预告，预计 2019 年度归属于上市公司股东的净利润为 6743.80 万元至 9634.00 万元；2 月 29 日，豫金刚石的业绩快报称，预计 2019 年度净利润为 8040.34 万元。但 4 月 3 日，豫金刚石披露了业绩快报修正公告，将 2019 年度预计净利润修正为亏损 515149.70 万元。

更对中小投资者权益造成了重大侵害，而对于上市公司"打补丁"问题，因为涉及公司信息披露违规，所以更有必要加大信息披露违规处罚力度，建立完善信息披露赔偿制度，对造成外部投资者重大损失的行为追究赔偿责任。①

---

① 自 2020 年 3 月 1 日修订后的新《证券法》实施以来，已有延安必康、秀强股份、泰和科技、雅本化学、豫金刚石、长城影视等上市公司因涉嫌信息披露违规被中国证监会立案调查。

第八章 科创板建设与上海全球科创中心建设的协同效应①

上海证券交易所设立科创板并试点注册制，是国家推动实体经济、科技创新和现代金融融合发展的一项科技兴国的重要国家战略，是上海市建设全球科技创新中心战略目标进行"破题"的重要举措。科创板并试点注册制与上海科创中心建设应发挥"双轮驱动"的协调效应，优化制度路径与协同机制。上海证券交易所设立科创板并试点注册制对全球科技创新中心战略目标实现具有"迭代创新"推进效应；利用科创板包容性制度设计，推动科技创新与金融资本的高度融合；发挥上海市科创板推出与试点注册制改革落地的先导优势，打造上海市高端制造与智能制造的产业集群；建立"科技创新改革国家实验区"，提升科技创新基础设施水平。

8.1 科创板定位与上海科创中心"科创本位"的协同性

8.1.1 上海建设全球科创中心的"科创本位"

2014年5月，习近平总书记对上海作出建设具有全球影响力的科技创新中心的重要指示。2015年5月，上海市颁布《关于加快建设具有全球影响力的科技创新中心的意见》，明确提出上海建设具有全球影响力的科技创新中心的发展目标，服务国家创新发展驱动战略；并提出"两步走"建设全球科技创新中心，即2020年前形成科技创新中心基本框架体系，2030年形成科技创新中心城市的核心功能。上海建设全球科技创新中心的战略已经实施五年，尽管上海科创中心建设总体进展良好，但距离全球科创中心的总体要求仍存在一定差距，全球科创中心目标的战略目标实现仍有待于

---

① 本部分观点刊登于《上海证券报》2020年2月26日，具体请见《上海科创中心建设必须与科创板协同发力》一文，http://news.cnstock.com/paper，2019 – 11 – 04，1244306.htm。

有效"破题"。

上海科创中心建设瞄准世界科技前沿领域和顶尖水平,顺应全球产业革命大趋势,围绕产业链部署创新链。根据《2019 上海科技创新中心指数报告》[①],构成上海科技创新中心指数的"五力"一级指标逐渐拉开差距,科技创新辐射带动力、科技成果国际影响力、新兴产业发展引领力等指标不断提升,而创新环境吸引力、全球创新资源集聚力发展缓慢有限甚至出现同比下降。从上海科技创新中心指数评估报告看,上海科创中心建设仍存在基础研究投入不足、企业创新能力有待提升、创新生态有待完善等"短板"(见图 8-1)。

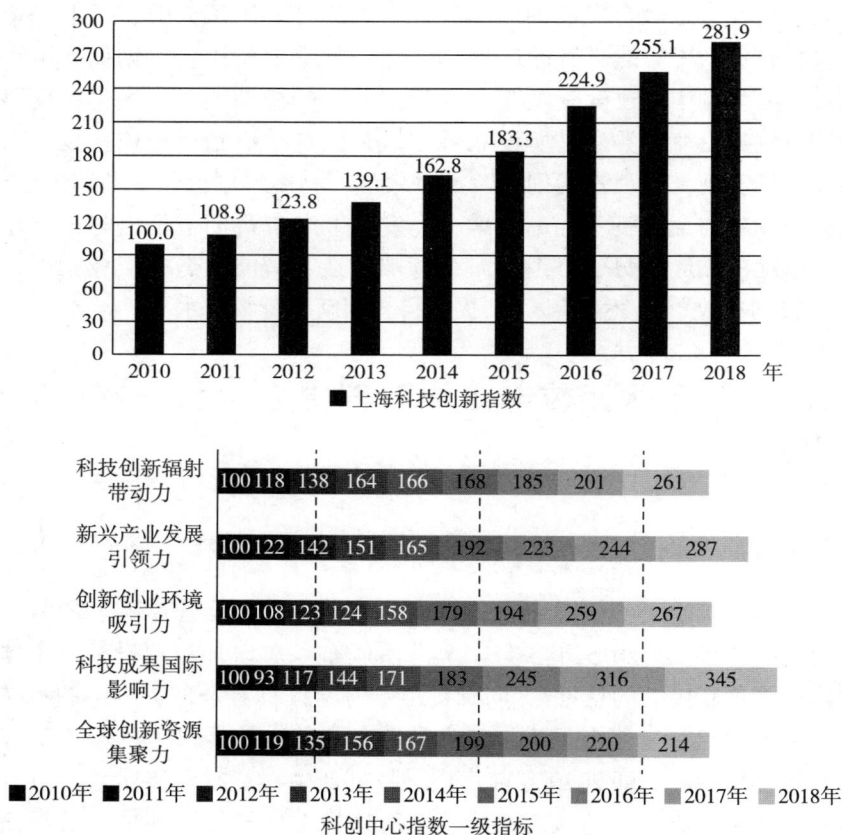

图 8-1 上海科技创新中心指数发展及一级指标构成

(资料来源:上海市科学学研究所. 2019 上海科技创新中心指数报告 [R]. 2020)

---

① 上海市科学学研究所. 2019 上海科技创新中心指数报告 [R]. 2020.

上海科创中心建设应坚守"科创本位"的基本定位。习近平总书记对上海科创中心建设的基本要求主要体现在三个"牢牢把握",即"牢牢把握科技进步大方向,瞄准世界科技前沿领域和顶尖水平""牢牢把握产业革命大趋势,围绕产业链部署创新链""牢牢把握集聚人才大举措,让各类人才的创新智慧竞相迸发"。

8.1.2 科创板建设与上海科创中心建设的"双轮驱动"协同机制

2020 年是上海建成具有全球影响力的科技创新中心基本框架的"关键之年"和"交卷之年"。设立科创板有助于解决上海科创中心建设过程中的痛点和核心需求,是设立科创板并试点注册制的战略要义。上海设立科创板不仅是中国资本市场基础制度的重大创新,更是关系到大国经济到科技强国转型的能否实现。

2018 年 11 月 5 日,习近平总书记在首届进博会开幕式上宣布,"在上海证券交易所设立科创板并试点注册制",支持上海国际金融中心和科技创新中心建设。2019 年 11 月,习近平总书记再次定调科创板:"科创板并试点注册制要坚守定位,支持和鼓励'硬科技'企业上市。""要强化科技创新策源功能,努力实现科学新发现、技术新发明、产业新方向、发展新理念从无到有的跨越,成为科学规律的第一发现者、技术发明的第一创造者、创新产业的第一开拓者、创新理念的第一实践者,形成一批基础研究和应用基础研究的原创性成果,突破一批卡脖子的关键核心技术。要强化高端产业引领功能,坚持现代服务业为主体、先进制造业为支撑的战略定位,努力掌握产业链核心环节、占据价值链高端地位。"

上海作为践行科创板和注册制改革的前沿阵地,在落实支持上海国际金融中心和科技创新中心建设这一国家战略举措上,其战略内涵至少包括以下两个维度:一是中国经济战略转型与科技驱动战略,落实资本市场对我国关键核心技术创新能力的服务能力,支持上海国际金融中心和科技创新服务能力建设,充分发挥上海市科创板推出与试点注册制改革落地的先导优势,打造上海市高端制造的产业集群;二是中国资本市场改革"试验田"效应,完善中国资本市场基础性制度,通过 A 股市场边际性改革,推动"科创板—创业板—主板"注册制落地,实现中国金融供给侧结构性改革,实现中国资本市场"二次变革"。

这两个战略内涵维度,正式体现了中央对上海国际金融中心和科技创新中心"双中心建设"的顶层设计与大力支持。如何借助上交所设立科创板并试点注册制对上海科创中心建设过程中的难点进行有效"破题"？如何强化高端产业引领、推动经济高质量发展，是当前上海市建设科创中心并实现经济战略转型升级的重要目标。

上交所设立科创板并试点注册制实践的"先导优势"助推上海科创中心建设，应发挥上海设立科创板与建设科创中心的"双轮驱动"协同效应机制，具体包括以下五方面。

第一，上交所设立科创板并试点注册制改革有助于上海科创中心建设的迭代升级，即从"2020基本框架版"迭代升级至"2030核心功能版"。

资本市场如何成为科技创新的推进器，是科创板设立的战略内涵和战略本位。科创板重点培育具有世界科技前沿领域和顶尖水平的科创产业与项目，对标世界科技前沿发展趋势。上海科创中心建设目标进行迭代升级，即从"2020基本框架版"（建成科技创新中心基本框架体系）迭代升级至"2030核心功能版"（形成科技创新中心城市的核心功能），必须突破上海科创中心建设的"短板"难题。科创板并试点注册制改革是一项系统性工程，科创板并试点注册制"坚守定位"，为卡脖子的"硬科技"创新提供推动力，为我国科技驱动发展战略提供顶层设计。从目前科创板实践效果看，科创板推出后总体有利于创新资源集聚、科创环境有所改善，这在一定程度上弥补了上海科创中心建设的"短板"。接下来，科创板并试点注册制是否达到改革的预期目标？是否存在战略执行偏差？是否有利于孵化与培育创新型科技龙头？这些问题都有必要定期进行系统性评估、测度与改革优化。只要有利于上海建设全球科创中心，有利于科技驱动战略，科创板并试点注册制的改革就可以大胆突破。

第二，科技与资本对接平台，为全球科技创新中心建设进行资本赋能。

上交所设立科创板并试点注册制，是资本市场与科技创新深度融合的重要举措。而设立科创板并试点注册制，上海具有"先行先试"的先导优势。上海应紧抓中央赋予上海的战略使命，紧抓科创板建设并试点注册制实践的"先导优势"，科技与资本对接，率先建成"具有全球影响力的科技创新中心"。全球领先科技产业基础投入相对不足，是当前上海科创中心建设的主要"短板"之一。卡脖子"硬科技"有基础投入大、产业周期长、对资本投资的周期性、包容性与风险性要求高的科创属性。科创板上市企业聚焦于新一代信息技术、生物制药、新能源、新材料等战略新兴产业；科创板并试点注册制提供上市包容性，科创板上市的五套标准，其中四套没有盈利门槛要求，均体现了科创项目的融资属性。上海设立科创板的"先导性优势"，在于搭建科技创业与大量资本投入的高效对接平台，以资本市场形态吸引积聚社会资金，布局聚焦重大战略新兴产业，为重大科技创新进行资本赋能，孵化出一批全球性创新型科技项目，攻克卡脖子"硬科技"。

第三，金融资本与科技创业的多重要素进行高度融合，科创中心建设是"硬要素"与"软要素"有机融合的过程。

全球主要科创中心的成功经验表明，科创中心建设是金融资本与科技创业的多重要素进行高度融合的过程。科技、资本、人才、文化、制度与体制等核心要素能否高效配置融合，决定了科创中心建设的成败。无论是美国硅谷模式还是以色列溪谷模式，都是金融资本、科技创新、创业文化等多要素高度融合的产物，包括"硬科技"、科技人才等"硬元素"，以及创业环境等"软要素"在市场力量推动下有机结合，从而激发全社会创新创业的激情。上海设立科创板并试点注册制是科创要素融合的重要契机，积极探索金融资本与科技创新等多重要素有机结合的新路径，围绕高科技研发、科创项目孵化与培育、企业上市等产业链条进行科创"软硬要素"高度融合，优化科技创新生态环境与科技资本形成机制，激发科创精神与科创文化，加速科技价值商业化。

第四，科创板"改革试验田"，助推科创中心打造"科技核"和全球性科技创新示范基地。

上海设立科创板并试点注册制改革，是国家科技驱动战略的载体。上海建设具有全球影响力的科创中心，必须要打造科创中心的"科技核"，其主要体现在要形成科技创新中心城市的核心功能，优化布局基础科学研究基地，补齐原始创新短板，构筑科技创新重要策源地，在服务国家参与全球经济科技合作与竞争中发挥枢纽作用。上海设立科创板，一方面，要助力建设全球影响力科创中心"科技核"的打造，建设全球性科技创新示范基地，服务国家创新驱动发展战略；另一方面，科创板并试点注册制承载着"改革试验田"角色，并在引领支撑创新驱动方面担负着"改革经验"辐射推广的重要使命。

第五，实现金融生态多样性与科技创新商业价值链延展性的协同。

从资本市场多层次性角度看，上海在天使资本、风险投资和场外市场等方面存在一定短板，资本市场结构性问题对科创企业孵化与成长造成约束。借力科创板助推多层次资本市场建设及其服务科创企业成长的能力。

上海加快具有全球影响力的科创中心建设，必须依托资本市场对科技企业创新发展的支持，实现金融资本与科创项目的高效对接。尤其结合科创项目属性提供金融支持，把握科技创新过程的非线性螺旋式上升的特性，科创项目的基础研究—应用开发—技术中试—规模化的商业化价值链条延展性决定了科创企业投入大、周期长和风险高的特点，因此如何实现金融生态多样性与科技创新商业链条延展性相匹配，就成为科创中心建设与金融体系协调发展的重要课题。设立科创板并试点注册制，有助于实现科创项目融资的前移过程，吸引金融资源围绕科创产业链进行集聚，从而弥补上海多层次资本市场的短板，实现创业资本、风险资本与多层次金融市场体系之间的协同一致性，这有利于实现中央对上海国际金融中心和科技创新中心"双中心建设"的战略目标。

8.2 上海全球科创中心建设"破题"的制度路径优化

上海证券交易所设立科创板并试点注册制是上海建设全球科技创新中心战略目标进行"破题"的重要举措。科创板并试点注册制推进与上海科创中心建设应发挥"双轮驱动"的协调效应。建议构建科创板并试点注册制与上海科创中心建设的"双轮驱动"模式和协同效应机制，将上海科创中心建设成全国科创示范、全球有重要影响力的科创中心。具体而言，上海市建设科创中心的制度优化路径与政策建议如下。

1. 贯彻新《证券法》实施，树立上海践行注册制改革"标杆"

新《证券法》实施为全面推进注册制改革扫清制度性障碍。在注册制改革框架下，进一步加快改革并贯彻新《证券法》实施，"完善主板、科创板、中小企业板、创业板和全国中小企业股份转让系统（新三板）市场建设，是当前我国要素市场化配置体制机制改革的基本方向"。[①] 注册制新股发行制度是以"真实信息披露"为核心指引，资本市场的投资秩序与资本配置都是以有效信息与价格信号进行引导。无论是"瑞幸咖啡"财务造假事件还是 2019—2020 年中国证监会首发企业现场检查结果（34.8% 拟 IPO

---

① 具体参见《中共中央、国务院发布关于构建更加完善的要素市场化配置体制机制的意见》，新华社，2020.

坚守科创板定位，不断增强科创板的包容性、承载力、覆盖面，做好上市服务和市场推广，发挥科创板示范效应、规模效应，发挥科创板资本市场"改革试验田"作用，努力形成可复制可推广的改革经验。2020年7月，科创板并试点注册制改革已经实施一周年并取得了中国资本市场基础性改革的实质性改革成果，在科创板2.0时代继续发挥引领中国资本市场基础改革的引领作用。科创板聚焦战略新兴产业与"硬核科技"，截至2020年7月末，上海地区有20家企业成功上市，融资额超过800亿元。接下来，有必要进一步探析科创企业的成长机制与科创中心建设路径，利用上海证券交易所科创板的区位优势和制度优势，进一步发挥科创板的示范效应、集聚效应和规模效应，支持和鼓励更多"硬科技"科创企业上市，孵化并培育高端制造的产业集群。尤其是以新一轮产业技术革命为牵引，立足于上海在芯片、半导体、生物制药等领域优势产业基础，充分利用科创板与注册制改革的制度红利，进一步充分发挥注册制改革的资本驱动力量并实现"科技与资本"的高效对接，打造上海市芯片、半导体、生物制药等先进高端制造与智能制造的产业集群。

4. 以上海为龙头打造"沪杭宁科创三角圈"，从长三角经济一体化角度优化科创空间地理与区域布局；同时有必要关注"沪杭宁科创三角圈"与"粤港大湾区"的竞合关系

上海建设全球具有影响力的科创中心，必须依托长三角经济圈。基于长三角经济一体化区域发展战略，打造以上海为龙头的"沪杭宁科创三角圈"，通过上海科创"桥头堡"辐射杭州、南京、苏州、无锡等长三角城市，打造世界级的先进制造业集群。而在"沪杭宁科创三角圈"发展建设过程中，务必发挥上海科创板的市场区位优势和制度优势，推动实体经济、科技创新和金融资本融合发展。

同时，在此特别强调"沪杭宁科创三角圈"与"粤港大湾区"的竞合关系，尤其是不能忽视深圳的科创基因、创业板科创板的市场化优势、"弯道超车"的潜力。2019年2月国务院颁布《粤港澳大湾区发展规划纲要》，2019年7月广东省颁布的《广东省推进粤港澳大湾区建设三年行动计划（2018—2020年)》，明确提出"建设具有全球影响力的国际科技创新中心"，粤港澳大湾区实现高质量发展、打造"世界一流湾区"的必经之路。2020年，深交所创业板注册制改革方案已经实质性落地。创业板竞争的同时，将创业板瞄准战略新兴产业，并已发布工业

机器人、集成电路、锂电池、非金属建材四个行业信息披露指引。①

5. 优化科创功能性平台，以开放性、前沿性导向聚集全球科创资源，打造全球领先性科创产业示范基地

从国际经验看，功能型平台是提升一个国家和地区产业核心竞争力的重要支撑。近年来，上海实施创新驱动发展战略，着力培养新经济、新产业、新业态的重要功能型平台，功能型平台是创造新技术、打造新团队、培育新产业、探索新机制的新型研发组织。平台面向产业链、创新链，着力促进创新资源开放协同，开展共性关键技术和产品攻关及应用，集聚和培育一批科技型企业，营造良好的产业创新生态。② 先期已经启动了"1 + 5"实施方案，即包括上海微技术工业研究院、石墨烯产业技术功能型平台、生物医药产业技术功能型平台、上海临港智能制造研究院、类脑芯片与片上智能系统功能型平台、集成电路产业功能型平台等。

接下来，利用上海设立科创板的战略机遇，进一步推动科创功能型平台与资本市场对接，为科创平台基础性资本投入注入新动力。同时，从构建更高层次对外开放新格局出发，开放性、前沿性导向打造科创策源地并聚集全球资源，推动科技要素与国际资源的深度融合，鼓励具备条件的功能性科创平台在科创板挂牌上市。

6. 创新生态体系打造科创内生基因，构建符合科技发展规律的科创体制机制，通过制度创新与创新激励为科创主体赋能

构建符合科技创新规律的体制、机制，营造更加良好的创新体系和创新生态。实施创新驱动发展战略是一项系统工程，尤其要加快制度改革与科技体制创新，优化科技创新环境和生态，破除影响创新要素自由流动的瓶颈和制约，积极探索金融资本与科技创新等多重要素有机结合的新路径，实现科创"软硬要素"高度融合。其中，在优化创新制度环境方面，要按照创新驱动发展战略的总体要求，破解体制、机制障碍，释放创新活力；在打造延展性融资体系方面，要把科创板建设成为服务全国科创企业的重要投融资平台，着力培育一大批优质科创上市资源，着力优化多层次、多元化的金融体系，为"硬科技"发展提供优质的科创金融支持体系；在吸

---

① 具体见深圳证券交易所网站，2019 年 11 年 3 日。http：//www.szse.cn/disclosure/notice/general/t20191103_571723.html.

② 《关于上海市推进研发与转化功能型平台建设的实施意见》，已于 2017 年 11 月 27 日上海市政府常务会议上通过，并于 2018 年 2 月 1 日起施行。

引创新团队与人才方面，要以国际前沿水平科技创新载体和平台，加强科研院所和高等院校创新条件建设，引进国际跨国研究机构、国家级研究院、国际顶尖研发团队与人才狠下功夫；在科创立法方面，要遵循科创企业的知识产权特性，注重加强知识产权保护，完善知识产权运用和保护机制。

7. 建立"科技创新改革国家实验区"，提升科技创新基础设施水平，实现"科创中心"全球资源集聚和辐射

上海一直承载着国家重要制度改革的"先行先试"试点，具有制度创新优势。在设立科创板与上海科创中心建设的改革中，上海应充分发挥制度创新的制度红利，建议试水"科创体制改革特区"模式，将浦东张江打造成高端产业集聚区、科创金融服务区和科技创新改革试验区的全球高地和示范基地。结合上海建设全球科创中心规划，建立"科技创新改革国家实验区"，对标全球主流科创中心模式进行税收体制、知识产权等重大改革，彻底打破阻碍科技创新的体制机制藩篱，一切有利于重大科技创新的体制机制，均可在"科创改革试验区"进行尝试。同时，"科技创新改革国家试验区"的国际科技企业允许在上海科创板挂牌上市。

8. 发挥上海"双中心建设"协同效应，优化完善科创驱动型经济金融市场体系

上海也承载着国际金融中心建设和全球科创中心建设的"双中心建设"的国家使命，打造科创驱动型经济金融市场体系是上海市推行的重要战略使命。2020 年 9 月 25 日，英国智库 Z/Yen 集团发布全球金融中心指数（GFCI），上海国际金融中心排名首次晋升全球前三甲，"纽伦港新"全球国际金融中心格局被打破，这标志着上海国际金融中心建设目标基本实现。①接下来，为进一步优化完善科创驱动型经济金融市场体系，实现资本要素和科技元素对接，提升上海经济金融体系的"科技成色"。

---

① 根据英国智库 Z/Yen 集团发布第 28 期全球金融中心指数（GFCI 28），全球前十大金融中心排名依次为：纽约、伦敦、上海、东京、香港、新加坡、北京、旧金山、深圳、苏黎世。

参考文献

［1］曹凤岐．推进我国股票发行注册制改革［J］．南开大学学报（哲学社会科学版），2014（2）．

［2］陈冬华，姚振晔．政府行为必然会提高股价同步性吗？——基于我国产业政策的实证研究［J］．经济研究，2018（12）．

［3］成松豪，张兵．投资者有限关注行为与IPO表现——基于百度指数的研究［J］．金融经济学研究，2014（6）．

［4］高山．基于DEA方法的科技型中小企业融资效率研究［J］．会计之友，2010（3）．

［5］高西有．中国金融体制的效率评价及改革［J］．经济与管理研究，2000（6）．

［6］辜慧敏．创业板企业融资效率及影响因素研究［D］．成都：西南财经大学研究生学位论文，2014．

［7］韩旭雯．基于DEA模型的企业融资效率评估［D］．济南：山东大学研究生学位论文，2016．

［8］何诚颖，等．设立科创板并试点注册制度对提高上市公司质量影响的研究［J］．中国证券，2019（7）．

［9］胡汝银．科创板是我国资本市场效率最高的一次改革，新三板峰会暨第四届金号角颁奖盛典演讲报告，2019 – 11 – 28．

［10］胡耀亭．完善创新资本形成的要素机制［J］．中国金融，2020（2）．

［11］何丽娜．我国科技创新型中小企业融资效率研究——基于创业板上市公司的DEA分析［J］．金融理论与实践，2016（3）．

［12］李冬昕，李心丹，俞红海，等．询价机构报价中的意见分歧与IPO定价机制研究［J］．经济研究，2014（7）．

［13］李常洪，等．创新投入、创新产出与企业绩效：基于CDM模型的实证研究［J］．华东经济管理，2013（5）．

［14］刘纪鹏，张润泽．注册制改革要化解两大难题，处理好两对关系

［N］．新浪财经，2020－05－28．

　　［15］刘文龙．股票发行注册制对我国股票市场融资效率的影响［D］．北京：对外经济贸易大学研究生学位论文，2017．

　　［16］李志生，等．融资融券交易的信息治理效应［J］．经济研究，2017（11）．

　　［17］李志生，陈晨，林秉旋．卖空机制提高了中国股票市场的定价效率吗？——基于自然实验的证据［J］．经济研究，2015（4）．

　　［18］刘志远，郑凯，何亚南．询价制度第一阶段改革有效吗？［J］．金融研究，2011（4）．

　　［19］孟庆斌，侯德帅，汪叔夜．融券卖空与股价崩盘风险——基于中国股票市场的经验证据［J］．管理世界，2018（4）．

　　［20］孟庆斌，黄清华．卖空机制是否降低了股价高估？——基于投资者异质信念的视角［J］．管理科学学报，2018（4）．

　　［21］邵新建，等．投资者情绪、承销商定价与IPO新股回报率［J］．金融研究，2013（4）．

　　［22］沈忱．中小企业在新三板市场融资效率研究——基于三阶段DEA模型定向增发研究［J］．审计与经济研究，2017（3）．

　　［23］沈友华．我国企业融资效率及影响因素研究［D］．南昌：江西财经大学研究生学位论文，2009．

　　［24］宋顺林，唐斯圆．IPO定价管制、价值不确定性与投资者"炒新"［J］．会计研究，2017（1）．

　　［25］宋顺林，唐斯圆．首日价格管制与新股投机：抑制还是助长？［J］．管理世界，2019（1）．

　　［26］苏冬蔚，倪博．转融券制度、卖空约束与股价变动［J］．经济研究，2018（3）．

　　［27］王一鸣，杨梅．企业创新投入、绩效与市场价值的关系——基于中国上市公司数据［J］．经济问题，2017（4）．

　　［28］王冰辉．价格管制与IPO时机选择［J］．经济学（季刊），2013（2）：407－428．

　　［29］王朝阳，王振霞．涨跌停、融资融券与股价波动率——基于AH股的比较研究［J］．经济研究，2017（4）．

　　［30］魏明海，等．投资者保护研究综述：财务会计信息的作用［J］．中国会计评论，2007（1）．

［31］魏先华，等．中国高新技术企业研发溢出与公司股票收益率：基于吸收能力的实证研究［J］．科技进步与对策，2016（14）．

［32］魏志华，等．IPO 首日限价政策能否抑制投资者"炒新"？［J］．管理世界，2019（1）．

［33］温建宁．科创板开板为何被视为中国资本市场发展史上具有里程碑意义的事件？［N］．上观新闻，2019－06－15．

［34］肖浩，孔爱国．融资融券对股价特质性波动的影响机理研究：基于双重差分模型的检验［J］．管理世界，2014（8）．

［35］杨宗杭，等．我国资本市场生态的特点、问题及优化路径［J］．证券市场导报，2019（5）．

［36］俞红海，刘烨，李心丹．询价制度改革与中国股市 IPO "三高"问题——基于网下机构投资者报价视角的研究［J］．金融研究，2013（10）．

［37］周铭山，等．创业板上市公司创新投入与市场表现：基于公司内外部的视角［J］．经济研究，2017（11）：135－149．

［38］周孝华，姜婷．询价制下后市流动性和 IPO 抑价研究［J］．经济与管理研究，2007（10）．

［39］张延良，等．基于 DEA 方法的金砖国家股票市场融资效率比较研究［J］．世界经济研究，2015（7）．

［40］张信东，薛艳梅．R&D 支出与公司成长性之关系及阶段特征——基于分位数回归技术的实证研究［J］．科学学与科学技术管理，2010（6）．

［41］张学勇，张叶青．风险投资、创新能力与公司 IPO 的市场表现［J］．经济研究，2016（10）．

［42］张宗新．科创板注册制实现中国资本市场改革"双重突破"［N］．国际金融报，2020－07－05．

［43］张宗新．上海科创中心建设必须与科创板协同发力［N］．上海证券报，2020－02－26．

［44］张宗新．上市公司信息披露质量与投资者保护研究［M］．北京：中国金融出版社，2009．

［45］张宗新，吴钊颖．科创板 IPO 改革效应［J］．中国金融，2020（3）．

［46］张宗新，吴钊颖．A 股市场是否需要引入 T＋0 交易机制改革？——基于投资者动态博弈模型的交易机制改革效应研究［D］．上海：复旦大学金融研究院工作论文，2019．

［47］张宗新，滕俊樑．注册制询价改革能否提高 IPO 定价效率？——基于科创板试点注册制改革的研究视角［D］．上海：复旦大学金融研究院工作论文，2020.

［48］邹高峰，张维，常中阳．询价制度下中国 IPO 长期表现［J］．管理科学学报，2012（11）.

［49］邹斌，夏新平．中国 IPO 股价的信息含量及其上市首日收益研究［J］．管理科学，2010（3）.

［50］曾江洪，陈迪宇．基于 DEA 的中小企业债务融资效率研究［J］．经济理论与经济管理，2008（1）.

［51］中共中央，国务院．关于构建更加完善的要素市场化配置体制机制的意见［N］．新华社，2020 - 04 - 09.

［52］Aharony, J., J. Wang and H. Yuan. Tunneling as an Incentive for Earnings Management during the IPO Process in China［J］. Journal of Accounting and Public Policy, 2010, 29（1）: 1 - 26.

［53］A D Bain. The Economics of the Financial System［M］. Oxford: Basil Backwell, 1992.

［54］Autore, D. M., S. B. Randall and K. Tunde. The 2008 Short Sale Ban: Liquidity, Dispersion of Opinion and the Cross - Section of Returns of US Financial Stocks［J］. Journal of Banking & Finance, 2011, 35: 2252 - 2266.

［55］Banker R D, Charnes A, Cooper W W. Some Models for Estimating Technical and Scale Inefficiencies in Data Envelopment Analysis［J］. Management Science, 1984, 30（9）: 1078 - 1092.

［56］Baker, M. and J. Wurgler. Investor Sentiment in the Stock Market［J］. Journal of Economic Perspectives, 2007, 21: 129 - 152.

［57］Barber B. M., and Terrance Odean. All That Glitters: The Effect of Attention and News on the Buying Behavior of Individual and Institutional Investors［J］. Review of Financial Studies, 2008, 21（2）: 785 - 818.

［58］Baron D P. A model of the demand for investment banking advising tribution services for newissues［J］. The Journal of Finance, 1982, 37 976.

se G E, Coelli T J. Frontier Production Functions, Technical Data: With Application to Paddy Farmers in India［J］. alysis, 1992, 3（1/2）: 153 - 169.

［60］Boehmer, E. , C. M. Jones, and X. Zhang. Which Shorts Are Informed? ［J］. Journal of Finance, 2008, 63: 491 – 527.

［61］Boehmer, E. , and J. Wu. Short Selling and the Price Discovery Process ［J］. Review of Financial Studies, 2013, 26: 287 – 322.

［62］Bris, Arturo, W. N. Goetzmann , and N. Zhu. Efficiency and the Bear: Short Sales and Markets Around the World ［J］. Journal of Finance, 2007, 62: 1029 – 1079.

［63］Charnes A, Cooper W W, Rhodes E. Measuring the efficiency of decision making units ［J］. European Journal of Operational Research, 1978, 2 (6): 429 – 444.

［64］Cheung, Y. L. , Z. Ouyang, and W. Tan. How regulatory changes affect IPO underpricing in China ［J］. China Economic Review, 2009, 20 (4): 692 – 702.

［65］Chan, S. H. , K. A. Kim, and S. G. Rhee. Price Limit Performance: Evidence from Transactions Data and the Limit Order Book ［J］. Journal of Empirical Finance, 2005, 12: 269 – 90.

［66］Chang, J. J. , and H. H. Shin. The SECs review of the registration statement and stock price movements during the seasoned equity issuance process ［J］. Pacific – Basin Finance Journal, 2004, 12 (4): 359 – 369.

［67］Chang, E. C. , J. W. Cheng and Y. Yu. Short Sales Constraints and Price Discovery: Evidence From the Hong Kong Market ［J］. Journal of Finance, 2007, 62: 2097 – 2121.

［68］Charoenrook, A. , and H. Daouk. A Study of Market – Wide Short – Selling Restrictions ［D］. SSRN Working Papers, 2003.

［69］Chi, J. and C. Padgett. The Performance and Long – Run Characteristics of the Chinese IPO Market ［J］. Pacific Economic Review, 2005, 10 (4): 451 – 469.

［70］Cornelli, Francesca, and David Goldreich. Bookbuilding and Strategic Allocation ［J］. Journal of Finance, 1989 (56): 2337 – 2369.

［71］Da, Zhi, J. Engelberg , and P. Gao. In Search of Attention ［J］. Journal of Finance, 2011, 66 (5): 1461 – 1499.

［72］Diamond. D. W. , and R. E. Verrecchia. Constraints on Short – Selling and Asset Price Adjustment to Private Information ［J］. Journal of Financ

[84] Houge, Todd, Tim Loughran, Cerry Suchanek, and Xuemin Yan. Divergence of Opinion, Uncertainty and the Quality of Initial Public Offerings [J]. Financial Management, 2001, 30: 5 – 23.

[85] Hsieh, P. H., Y. H. Kim, and J. J. Yang. The Magnet Effect of Price Limits: A Logit Approach [J]. Journal of Empirical Finance, 2009, 16: 830 – 837.

[86] Hutton, A. P., Marcus, A. J. and Tehranian, H. Opaque Financial Reports, R2, and Crash Risk [J]. Journal of Financial Economics, 2009, 94: 67 – 86.

[87] Jegadeesh N, Titman S. Returns to buying winners and selling losers: Implications for stock market efficiency [J]. The Journal of Finance, 1993, 48 (1): 65 – 91.

[88] Jenkinson, H Jones. Bids and allocations in European IPO bookbuilding [J]. Journal of Finance, 2004 (59): 2309 – 2338.

[89] Jeffrey Wurgler. Financial markets and the allocation of capital [J]. Journal of Financial Economics, 2000, 58 (1).

[90] Johnson, S., Boone, P., Breach, A., & Friedman, E. Corporate Governance in the Asian Financial Crisis [J]. Journal of Financial Economics, 2000, 58: 141 – 186.

[91] Kao, J. L., D. Wu and Z. Yang. Regulations, Earnings Management and Post – IPO Performance: The Chinese Evidence [J]. Journal of Banking and Finance, 2000, 33 (1): 63 – 76.

[92] Kim, K. A. and G. Rhee. Price Limit Performance: Evidence from the Tokyo Stock Exchange [J]. Journal of Finance, 1997, 52 (2): 885 – 901.

[93] La Porta, R., Shleifer, A. M Vishny, R., and Lopez de Silanes, F. Legal Determinants of External Financ [D]. NBER Working Paper, No. 5879, 1997.

[94] Law and Finance [J]. Journal of Political Economy, 1998, 106: 1113 – 1155.

[95] Corporate Ownership Around the World [J]. Journal of Finance, 1999, 54: 471 – 517.

[96] Investor Protection and Corporate Governance [J]. Journal of Financial Economics, 2000, 58: 3 – 27.

［97］Investor protection and corporate valuation ［J］. Journal of Finance, 2002, 57: 1147 - 1170.

［98］Logue D E. On the Pricing of Unseasoned Equity Issues ［J］. Journal of Financial&Quantitative Analysis, 1973, 8 (1): 91 - 103.

［99］Loughran T, Ritter J. Why has IPO underpricing changed over time ［J］. Financial Management, 2004: 5 - 37.

［100］Lehmann, B. N. Commentary: Volatility, Price Resolution, and the Effectiveness of Price Limits ［J］. Journal of Financial Services Research, 1989, 3 (2 - 3): 205 - 209.

［101］Mahoney, P. G. The origins of the blue - sky laws: a test of competing hypotheses ［J］. Journal of Law & Economics, 2003, 1: 229 - 251.

［102］Miller, E. M. Risk, uncertainty, and divergence of opinion ［J］. Journal of Finance, 1997, 32 (4): 1151 - 1168.

［103］Mitton, Todd. A Cross - firm Analysis of the Impact of Corporate Governance on the East Asian Financial Crisis ［J］. Journal of Financial Economics, 2002, 64: 215 - 241 .

［104］Morck, R., B. Yeung, and W. Yu. The Information Content of Stock Markets: Why Do Emerging Markets Have Synchronous Stock Price Movements? ［J］. Journal of Financial Economics, 2000, 58 (1 - 2): 215 - 260.

［105］Morrissey, D. J. The road not taken: rethinking securities regulation and the case for merit review ［M］. Social Science Electronic Publishing, 2010, 3: 535 - 542.

［106］Nagel, S. Short Sales, Institutional Investors and the Cross - Section of Stock Returns ［J］. Journal of Financial Economics, 2005, 78: 277 - 309.

［107］Purnanandam, A. K. and B. Swaminathan. Are IPOs Really Underpriced? ［J］. Review of Financial Studies, 2004, 17: 811 - 848.

［108］Roll, R., Subrahmanyam A. Liquidity skewness ［J］. Journal of Banking and Finance, 2010, 34 (10).

［109］Saffi, P. A. C., and K. Sigurdsson. Price Efficiency and Short Selling ［J］. Review of Financial Studies, 2011, 24: 821 - 852.

［110］Seasholes, Mark S., and Guojun Wu. Predictable Behavior, Profits, and Attention ［J］. Journal of Empirical Finance, 2007, 5: 590 - 610.

［111］Teoh, S. H., I. Welch and T. J. Wong. Earnings Management and the Long – Run Market Performance of Initial Public Offerings ［J］. Journal of Finance，1998，53（6）：1935 – 1974.

［112］ Tian，L. Regulatory Underpricing：Determinants of Chinese Extreme IPO Returns ［J］. Journal of Empirical Finance，2011，18（1）：78 – 90.